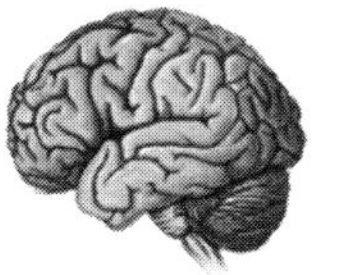

顾凡及 著

脑科学的新故事

——关于心智的故事

上海科学技术出版社

图书在版编目(CIP)数据

脑科学的新故事：关于心智的故事 / 顾凡及著. —上海：上海科学技术出版社，2017.10(2020.08 重印)
ISBN 978-7-5478-3587-6

Ⅰ. ①脑… Ⅱ. ①顾… Ⅲ. ①科学知识—普及读物 Ⅳ. ①Z228

中国版本图书馆 CIP 数据核字(2017)第 125614 号

脑科学的新故事——关于心智的故事
顾凡及　著

上海世纪出版(集团)有限公司
上 海 科 学 技 术 出 版 社　出版、发行
(上海钦州南路 71 号　邮政编码 200235　www.sstp.cn)
永清县晔盛亚胶印有限公司印刷
开本 720×1000　1/16　印张 16
字数 200 千字
2017 年 10 月第 1 版　2020 年 8 月第 2 次印刷
ISBN 978-7-5478-3587-6/N・122
定价：45.00 元

前言

心智①的生物学研究在21世纪所处的地位，就相当于基因研究在20世纪所处的地位，这已成为当前科学界的共识。

——坎德尔(E. Kandel)②

20世纪90年代(也就是所谓“脑的十年”)所取得的有关脑和心智的知识，可能比此前整个心理学和神经科学史上已获得的成绩还要多。

——达马西奥(A. Damasio)③

2011年拙作《脑科学的故事》出版以来，得到了许多读者的肯定和鼓励，笔者深受鼓舞，同时也有一丝遗憾，就是还有许多有趣的故事未能展开来讲。特别是，从初版问世到现在已经过了6年时间，脑科学又有了许多新进展。2013年和2014年，欧盟和美国分别批准和筹划耗资巨大的两大脑研究计划，尽管人们对这两大计划的具体目标、内容、可行性，以及应该如何组织脑科学研究，尚存在争议，但在是否应该巨款资助脑科学研究这一点上并无歧见④。坎德尔指出：“通过生物学认识人的心智，已经成为21世纪对科学的中心挑战。我们想要认识知觉、学习、记忆、思维、意识以至自由意志的生物学本质。”在

① 对“心智(mind)”有很多不同的称呼，如“心灵”，或者干脆“心”，当然也还有别的称呼，如“神智”。现在学术界用得比较多的是“心智”，而比较通俗一点的是“心灵”。我们在本书中对这两种称呼不加区分。

② 奥地利裔美国神经科学家，2000年诺贝尔生理学或医学奖得主，是当今记忆研究的领军人物。

③ 葡萄牙裔美国神经科学家，是当今情绪研究的领军人物。

④ 关于两大脑计划的内容及争议，可参看笔者近作：顾凡及《脑海探险——人类怎样认识自己》，上海科学技术出版社，2014。

上一本书中，虽然也讲到不少关于这方面的内容，特别是和视知觉有关的问题，但是就心智研究的其他内容来说，讲得不够多。该书除视知觉之外，讲得更多的是对脑和神经细胞的基础研究、对脑的可塑性以及对脑的交叉学科的研究。真正讲到视知觉之外心智问题的内容，不足全书 1/5，显然和这些心智问题的重要性很不匹配。因此笔者一直有一个愿望，希望能对《脑科学的故事》做一次大规模的修订，但是后来考虑到许多读者已经有了该书的第一版或第二版，于是萌生了重起炉灶另写一本续集的念头，把重点放到视知觉之外的心智研究上，以补不足。

当然，这样一本书在内容上不应该和《脑科学的故事》重复，但是在风格上则应该承袭前书努力融科学性、趣味性和前沿性于一炉，图文并茂的传统。内容不求其全，但是也要适当照顾系统性。这是因为本书并不是一本教科书或者专著，因此有些内容尽管非常重要，但是由于对一般读者来说，可能需要太多的专业知识且不易理解，就只能割爱。本书所讲的故事只是在有关心智研究的汪洋大海的岸边拾取的一些美丽贝壳，只是正餐之前的开胃菜，以引起读者的兴趣。不过在讲一些非常重要的问题(例如有关记忆机制、意识问题等)时，也可能有小部分内容不是很容易理解，那么对这些内容不是很关注的读者也可以跳过不读，这并不会严重影响读者对全书的理解。

笔者提出这一想法之后，得到了上海科学技术出版社的支持，这就是本书的缘起。因此可以说，本书是《脑科学的故事》续篇，后者提供了前者必需的准备知识，而前者则是对后者的补充和扩展，特别是介绍了近年来有关心智问题所取得的新认识。本书名定为《脑科学的新故事》，既强调内容之“新”，又强调和前书的沿袭。

在《脑科学的故事》中，以近一半的篇幅介绍视知觉，因此就可以有足够的篇幅介绍视觉系统的基本知识。该书还用相当篇幅介绍了包括神经细胞、神经脉冲、突触以及脑的大体结构等在内的基本知识，所以如果读者原来对脑科学所知甚少，那么笔者强烈建议你们先去读一下《脑科学的故事》，这些知识对理解本书所讲的内容有很大的帮助。虽然笔者在写作本书时也力求保持相对独立性，使读者尽可能在没有这些准备知识的条件下也还能读得下去，不过在理解的深度上不免要打折扣。关于在该书中没有讲到的有关脑结构的知识，笔者还是采取《脑科学的故事》中的方法，就是在讲到的地方用直观易懂的图解，配以简明扼要的图注，以最少的材料使读者获得最需要的知识。

本书的中心内容是心智，但关于什么是心智现在并没有一个公认的定义。"维基百科"中"心智"条目的第一句话是："心智就是得以产生意识、知觉、思维、判断和记忆的种种认知功能的总称，这正是人类所固有的特征，但是其他生命形式也可能有这些特性。"笔者想，大概不会有读者不同意上面这段话吧，然而笔者以为这段话并不能算是一个定义，因为它用了同样没有公认定义的概念"认知功能"来说明心智。这正如说心智就是心灵或者内心世界一样，仅仅是换了一种说法而已。这段话所讲的心智的内容如"意识"等，同样没有公认的定义。但是，我们每个人都知道有这些现象存在，也大致同意这种描述，我们就暂时以此作为出发点吧。说到这里，笔者不由得想起，20 世纪最伟大的生物学家[①]克里克(F. Crick)[②]在做了一个有关意识问题的演讲之后对一位听众提问的回答。那位听众的问题是："但是，克里克博士，您是在想解决所谓的意识问题啊！不过您连意识的定义都没有，您能不能对您所讲的给出一个清晰的定义呢？"克里克的回答是：

> 小伙子，在前 DNA 时代，生物学家从来也不坐在一起说："在我们研究生命以前，先让我们清楚地给生命一个定义。"我们只是一往无前地去探询生命究竟是什么。毫无疑

① 这是坎德尔对他的评价。

② 英国籍的美国分子生物学家和神经科学家，因发现 DNA 的双螺旋结构和破解遗传密码而和沃森(J. Watson)以及威尔金斯(M. Wilkins)共同获得 1962 年诺贝尔生理学或医学奖。他也是有关意识的自然科学研究的先驱。

问，对我们所讲的东西有一个粗略的概念总是好的，不过术语定义之类的问题最好还是留给那些专门做这种事的哲学家们去干。事实上清楚的定义常常来自经验研究。我们现在不再去争辩病毒究竟是不是活的这样一类问题。

笔者以为，我们现在对于心智问题也只能采取同样的态度。就本书的具体内容来说，笔者就上面所引用的坎德尔和“维基百科”提到的心智的几个主要方面分章加以介绍，这就是感知觉、记忆、情绪、注意和意识（包括下意识、自我、自由意志等相关问题）。这些内容中的一些，特别是有关意识及其相关的问题，目前尚有很大的争论。笔者在取材上不免带有自己的倾向，在某些问题上还发表了自己的见解，是否真有道理，还希望读者自己思考和判断。

在本书引用的参考文献中，国外的专著，找得到原著的，尽量采用原著，只有当找不到原著或原著是用英语以外的外语出版时，笔者才引用笔者觉得可信或比较可信的中译本。本书在取材中也用了不少《纽约时报》科学版的材料[这是笔者有一次在向江渊声（Nelson Y. S. Kiang）①教授请教时，他推荐笔者去阅读的]。如果在某一单篇中只用到了个别例子，那么为了使参考文献不致过于冗长，就不予列出，这是笔者需要向原作者致歉的。

希望喜欢《脑科学的故事》的读者也会喜欢本书。当然笔者知道自己能力有限，能不能够把心智这么一个大故事讲好，只有读者才能判断，笔者期望得到读者的批评指正。同时笔者也要借此机会再次向几十年来帮助和鼓励自己的师友郑竺英教授、寿天德教授、汪云九教授、孙复川教授、梁培基教授、吴思教授、郭爱克教授、唐孝威教授、杨雄里教授、李朝义教授、陈宜张教授、徐科教授、梅镇彤教授、路长林教授、梅岩艾教授、俞洪波教授、童勤业教授、李光教授、曹建庭教授、高上凯教授、齐翔林教授、林凤生教授、弗里曼（W. Freeman）教授、江渊

---

① 华裔美国神经科学家，哈佛大学和麻省理工学院退休教授。

声教授、凌瀚思(H. Liljenström)①教授等致以谢意,特别是寿天德教授、梁培基教授、孙复川教授和郭爱克教授还在百忙之中审阅了本书的初稿,并提出了修改意见。笔者也要感谢中国神经科学学会、中国生物物理学会、上海神经科学学会和上海生物物理学会的领导与同事们对笔者从事科普编著和翻译的一贯支持,当然也要向一贯支持我写作的上海科学技术出版社表示由衷的感谢。

顾凡及序于复旦大学

2017年5月

① 这是笔者为他起的中文名,并告诉他这个中文名字字面上的意义"飞越浩瀚的思想"。他很高兴以此作为他的中文名。

目 录

1　心灵之窗——感知觉的故事

从我们出生的那一刻起，甚至在此之前，我们都是通过各种感觉把信息传送到脑，从而使我们得以无论在智能、社会性还是在情绪方面发育和成长起来。

——亨肖(J. M. Henshaw)①

感官是脑接收刺激的界面，也可以说是心灵对外的窗口②。但是我们的感知觉并不就像照相机或录音器那样只是把外界对象忠实地记录下来，而是把感觉输入、脑中先天遗传所得，以及后天学习所得的知识综合起来，最后在脑中产生相应的知觉。所以，德裔美国神经科学家科赫(C. Koch)说道："我们并不是用眼睛来看的，而完全是用脑来看的。"其实，对其他感觉也可以说完全类似的话。感官是脑对外的窗口，脑对感觉进行了复杂的处理，最后产生知觉，因此人们常把眼睛称为"心灵之窗"，而其他感官又何尝不是如此呢？这可以说是心灵的第一步。如此看来，在这一本专门介绍心灵探秘的书中，首先介绍感知觉是再自然不过的了。不过，读者在读了目录以后可能对于这一章中没有谈到视觉不免感到奇怪。俗话说"百闻不如一见"，视觉在感觉中占有最重要的位置，为什么在专门介绍感知觉的一章中竟会漏掉了

① 美国塔尔萨(Tulsa)大学工程系主任，机械工程教授，这条引语出自他2012年的新著《感觉之旅》(*A Tour of the Senses*)。

② 严格讲，也还有接收体内信号的感受器，例如检测血压、酸碱度等的感受器。不过在本书中，我们不打算介绍这方面的内容。

视知觉呢？这并不是由于笔者的疏忽，而是因为在本书的姐妹篇《脑科学的故事》中，已经用了几乎一半的篇幅介绍视知觉，所以在本书中就不再重复了。对于没有读过那本书的读者，笔者建议他们去读一下。

1.1 喧闹的世界——听觉的故事

哲学上有个老问题，如果在深山老林里有棵参天大树倒了下来而无人听到，那么还有没有声音？以笔者的管见，这个问题混淆了“声音”的两层不同意思：“声音”既可以指像空气这样的媒质来回振动，就这个层面来讲，当然有没有声音和有没有人听到完全没有关系；“声音”还有另一层意思，那就是媒质振动触发了人内耳毛细胞纤毛的振动，最后使人脑听到声音。这是一种主观体验特性，在这个意义上，如果没有人的话，那还有什么被人体验到的“声音”可言呢？这一节要讲的是后一种意义上的声音，也就是听觉的故事。与科赫对“看到”的论断类似，使人“听到”声音的同样是脑，而不是耳朵！

耳听六方——双耳定向的故事

相信许多读者都是“福尔摩斯探案”系列的粉丝，不少读者大概还记得《巴斯克维尔的猎犬》里最后惊心动魄的一幕：

> 我们在黑暗中向前乱跑，不时地撞到乱石，勉强挤过金雀花丛，上气不接下气地跑上了小山，再顺着另一个斜坡冲了下去，一直朝着那可怕的声音传来的方向前进①。

福尔摩斯和华生这样跑，为的是去阻止一次可怕的谋杀。他们在

① 译文引自倏萤译《巴斯克维尔的猎犬》，载于柯南道尔著、丁钟华等译《福尔摩斯探案集》，群众出版社，1979。下面引号内的引文也都引自同一译本。

黑暗的荒原中什么也看不见，只是听到了"一阵可怕的尖叫声——一阵连绵不断的恐惧与暴怒的喊叫声冲破了沼地上的寂静"。他们是凭什么判断惨案发生方向的呢？凭什么"一直朝着那可怕的声音传来的方向前进"呢？经过几十年的研究，特别是日裔美国神经科学家小西正一(M. Konishi)对一种猫头鹰——棚枭(barn owl)(图 1.1)的深入研究，科学家们已经清楚地认识到，这靠的是双耳听觉。正是双耳在接收外界对象所发出的同一声音方面的微小差异，对声音的空间知觉(声源定向)起到至关紧要的作用。如果福尔摩斯和华生都各有一只耳朵聋了，那么即使听到了令人毛骨悚然的惊叫声，他们也无从判断声音来自哪个方向，从而不知道该往哪个方向跑。

人们早就知道，由于人的双耳分布在头的两侧，声源水平方向的定向靠的是同一声源发出的声音到达双耳时间上和强度上的微小差异。对这一点最明显的证据就是，让受试者戴上一副耳机，然后向两个耳机分别发送同样的声音，只是在强度上，或是在到达耳朵的时间上有微小的差异，这时受试者知觉到的并不是有一点微小差异的两个声音，而是在颅内或颅外某一方向处的一个立体声。如果两只耳朵里同时传来强度相同的声音，那么您就感到声音来源于您头的正前方，如果右侧耳机里传来的声音要响一点，或在时间上到得早一点，那么您就感觉到声源偏向右方，偏离的多少则和两侧声音强度上的差别，或者到达双耳时间上的差别有关。因此，如果您有一副立体声耳机，然而您只把其中的一个塞在耳朵里，那么您就听不到立体声了。

1963 年小西刚取得动物学博士学位，在一次学术报告会上他听说，棚枭能在月黑之夜准确地从天而降捕捉猎物，靠的就是猎物跑动时所发出的声音线索。他本来就对动物的双耳定向问题感兴趣，问题是以什么动物作为实验标本。经过三年，在获得了所需的条件之后，他就开始以棚枭为对象进行这方面研究，这一研究一下子就延续了半个世纪。

起初，当他用红外录像机监视暗室中的棚枭时，他就对棚枭把头转向噪声源方向的速度和精确度印象深刻。他觉得以棚枭的转头反应作为指标，可能是研究双耳定向的一条很好途径。对棚枭不像对人那样，研究上有那么多的伦理问题，可以把电极插到棚枭脑中的不同部位，去研究相关的脑机制。

首先，他们发现棚枭确实是利用双耳来确定声源方向的，因为如果用耳塞把棚枭的一个耳道塞住，它们就不能转头对准声源方向了。其次，他们用一个扬声器环绕着棚枭头部外的一个想象中的球面移动，同时在棚枭的两个耳道内放置很小的微音器，以检测声音到达这些耳道的强度和时间，再在它头上固定两个相互垂直的小线圈，检测它的头在一个强磁场中转动时所产生的电流，从而测定其转动。他们发现，当扬声器在水平方向转动时，到达两耳的时间差也随之变化，而声强差的变化不明显。但是，当扬声器在棚枭眼睛所在部位上下运动时，这种强度差的变化就很明显了(图 1.1)。这是因为棚枭的耳朵和人耳不一样，它的左耳高于眼睛，并朝下；而右耳低于眼睛并朝上。因此，左耳对来自下方的声音更敏感，右耳则对来自上方的声音更敏感。如果同时给棚枭双耳内的耳机发送声强有差别的声音，它的头就会上下移动；反过来，如果向双耳发送的是强度相同但有一定时间差的声音，那么棚枭的头就左右转动。如果根据置于棚枭双耳耳道内的微音

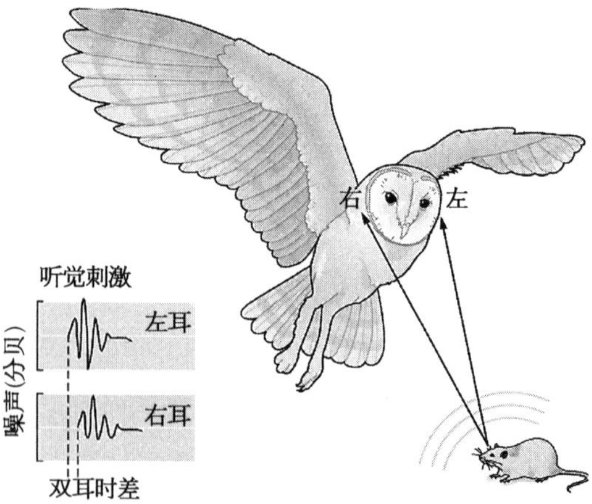

图 1.1 棚枭利用双耳时差检测声源所在位置的水平方向，而利用双耳声强差检测声源所在位置的高低。(引自 Kandel et al.，2013)

器实际测得的某个扬声器所发出的声音到达双耳的时间和强度，通过耳机发送同样的声音，那么它的头就转向该“虚拟”扬声器的方向。这充分说明，棚枭确实也是利用声源到达双耳的时间差和强度差，来确定声源所在位置的方向的。

棚枭和人在双耳结构上存在差别，这很可能是由于，对棚枭来说，确定声源(食物或天敌)位置的高低更为重要，所以进化就发展出这样的安排：它们的双耳位置在垂直方向上也要错开一点，并且朝向也正好相反。对棚枭来说，是通过双耳时差检测声源所在位置的水平方向，而通过双耳声强差检测声源所在位置的垂直方向(图 1.1)。这一点和人不一样，对人来说，两只耳朵除了一左一右之外，并无其他区别。进入双耳的声音无论有时间差还是强度差，对检测声源所在位置的水平方向都有贡献。人的双耳处于同一水平位置，朝向也相同，那么人靠什么线索判定声源所在位置的垂直方向呢？原来形状复杂的外耳耳郭对此起重要作用。声音到达耳朵时，一方面通过外耳道直接推动鼓膜，另一方面在外耳郭上经过复杂的反射后再进入外耳道(图 1.2)。当声源的垂直方向位置不同时，反射结果也不同，脑就利用这一信息来判断声源的高低。因此，如果在外耳道中塞进开口塑料管，

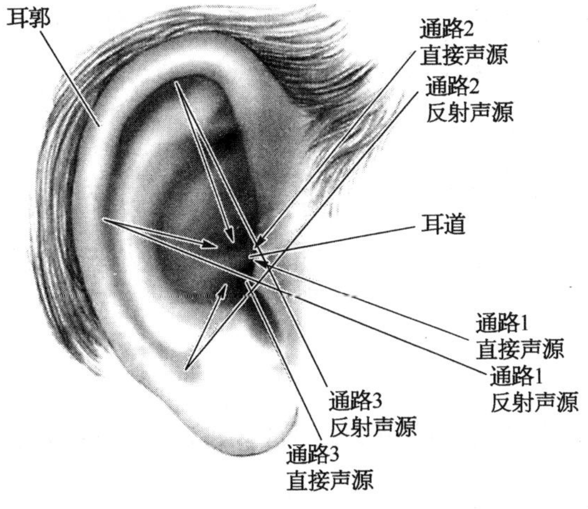

图 1.2 人是靠入射声在耳郭上的复杂反射来确定声源位置高低的。(引自 Bear et al.，2001，王建军等译，2004)

使得从外耳道上反射回来的声音不再能进入外耳道,或是用胶泥把外耳抹平,那时人就无从判断声源的高低了。

"蝙蝠侠"——根据自己发出咔嗒声的回声检测目标的盲人的故事

如果说棚枭和一般人都是被动地根据目标发出的声音来定位的话,那么蝙蝠则自己主动地发出超声波,然后根据这种超声波从目标上反射回来的回波来检测目标,这是一般人所不具备的能力,但是美国加州有位奇人安德伍德(B. Underwood)居然也有这样的"特异功能",真说得上是现实版的"蝙蝠侠"了!

安德伍德在三岁时由于视网膜癌而失去双目。不久之后,他的听觉开始替代视觉的某些功能,例如当他乘车经过高楼时能知道路旁有高楼,这是因为交通噪声产生的回声有了变化。他能听出其中的区别,而随着时间的流逝他也逐渐懂得了其中的含义。到他 7 岁那年,他在听觉方面甚至更上一层楼,开始养成一种习惯,不断地发出一种奇怪的咔嗒声,并且根据它所产生的回声来指导他在那看不见的世界里行动。他的这种特别的回声定位的本领,使他不用手杖或是导盲犬就能到处行走,甚至还能骑自行车和溜滑板。加州大学圣芭芭拉(Santa Barbara)分校的研究者们证实了他确实能够根据目标的形状,通过回声对一些小物体进行辨认。不幸的是 2009 年他 16 岁时因癌症复发终于一瞑不视。

安德伍德虽然在人类中属于异数,但他的回声定位能力还是不能与蝙蝠、鲸和海豚相提并论。他的这种惊人能力依然受制于人耳这一器官的局限性。

听上去不像自己说话声的高保真录音——两种声音传导途径的故事

您也许有过这样的经历,当您重放自己在某个时候的讲话录音时，总觉得声音有点怪，不像是自己的。但是要您的家人听同一段录音，他们却没有这种感觉，觉得录音中的声音正是平时所听到的您的声音。为什么会这样呢？

这要从我们的听觉器官讲起。我们都知道，一般说来，外界的声音首先都要到达您的耳朵，通过外耳道，推动外耳道底部的鼓膜跟着振动。鼓膜的振动带动了连在它上面的一小块骨头——锤骨跟着运动，而锤骨的运动又带动了和它连接在一起的砧骨的运动，并推动连接在砧骨底部的镫骨以及连在其上的称为前庭窗的一块薄膜来回运动，由此引起前庭窗后面耳蜗中的液体也跟着运动，进而刺激埋藏在此液体中的听觉感受器，把机械振动转化为神经电脉冲而向脑传送，最后产生听觉(图 1.3)。

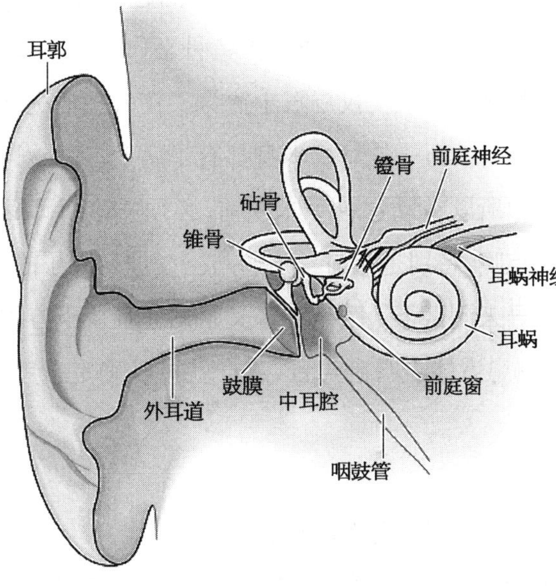

图 1.3 耳朵的解剖结构　声音通过外耳道推动外耳道底部鼓膜的振动，鼓膜的振动带动了连在它上面、由三根听小骨组成的杠杆系统的运动，最后由镫骨推拉内耳耳蜗上面的一个小孔——前庭窗上面的薄膜并使之振动，由此引起前庭窗后面耳蜗中的液体也跟着运动，进而刺激埋藏在此液体中的听觉感受器，把机械振动转化为神经电脉冲向脑传送，最后产生听觉。(引自 Kandel et al., 2013)

其实上面所讲的只是声音到达耳蜗的一条主要通路，另外声音也可以通过颅骨传导到耳蜗，这在科学上被称为“骨传导”。如果您去医院补牙，当医生用牙科钻钻牙时，牙齿的振动就可以通过颅骨传导到耳蜗而使您听到声音。当您张口说话的时候，除了通过空气到达耳朵这条主要途径之外，您声带的振动也会通过您的颅骨传送到耳蜗。但是，当您听自己录音的时候，您所听到的只是前一部分声音，这样当然就觉得好像少了点什么，不太像了。对于别人来说，他们无论是听您直接讲话还是听您的录音，听到的都是前一种途径所提供的声音，因此不会有异样的感觉。

上面的知识在临床上有实际用处。有一种称为耳硬化症的传导性耳聋，这是由于在镫骨底部产生了越来越多的海绵状物质，这种物质最后硬化，使得镫骨固定在某个位置上不能振动，从而切断了前一条通路，而后一条通路在通常情况下的效率要比前一条通路低得多，因此造成失聪。目前我们还不知道这种病的起因，也没有药物可用，唯一的办法是施行手术，移植一块人工镫骨来代替。不过这样做的前提是发生病变的部位必须仅仅局限于镫骨。在有些情况下，这种疾病会扩展到耳蜗本身。万一连耳蜗本身都有了病变，那么对镫骨动手术就是多余的了。所以在动这种手术以前，必须先诊断耳蜗是否正常。怎样做到这一点呢，特别是在前一条通路已经被切断了的情况下？那就要通过骨传导来测试了。医生把音叉紧贴在耳朵下方的颅骨上，使音叉振动，检查患者能否听到声音，这样就可以确定患者的耳蜗有没有问题了。

雾海孤帆——神经性耳聋的故事

耳聋有种种原因，像上面所说的听骨病变，或是中耳发炎积液等，都会影响声音的传导而导致听力下降。这还不是最严重的，更严重的是听觉的神经系统受到了损伤，特别是听觉中枢受到了损伤，那么患者在听觉方面就真的和外界隔离开来了。

默克(H. Merker)是一位教授和作家，她在刚成年时就由于一次滑雪事故而耳聋。正因为她不是先天性耳聋，突然从一个喧闹多彩的世界陷入孤立，这样的反差使她加倍感受到失聪的痛苦。她是这样说的：

> 我是一个失去了绝大部分听力的成年人……我就像是在浓雾中漂流，周围陆地和同样被雾笼罩着的船只，都几乎辨别不出。您知道一定有些什么东西在那里，轮廓却非常模糊……您意识到这些，但就是被隔绝了开来，令人恐惧和感到孤立无援。日子还是一天天地过去，但是您总也赶不上。这就是受到严重听觉损伤以后的感受。

正如俗话所说，只有当失去之后，才能体会原来习以为常的东西有多宝贵，而我们正常人往往体会不到这一点。只有那些原来有听觉的人，当他们完全失聪之后，这才体会到失聪是件多么痛苦和孤立无援的事情。失聪不仅使人听不到他人说话，还使人在某种程度上和其所处的环境隔离开来。凯勒（H. Keller）[1]用下面这段话叙说了与世界隔离开来的痛苦：

> 我又盲又聋。跟看不见东西比起来，耳聋所带来的问题更严重也更复杂，即使不说更紧要的话。耳聋是一种更要命的不幸，因为这意味着失去了最重要的刺激，也就是语言所赖的声音。声音使我们产生思想，并让我们得以与智者为伴。我觉得耳聋比看不见东西为严重。

耳聋大概是最普遍的一种残疾，单是在美国就有接近 3 000 万人为听力损伤所苦，其中有 200 万人完全失聪。在耳聋中相当普遍的一种病因是听觉感受器——毛细胞受到了损伤。造成毛细胞损伤的一个重要原因是强噪声，特别是像爆炸声这样突然产生的巨响。这是因

---

① 凯勒自幼又盲又聋，但是她以惊人的毅力和乐观的精神，学会了识字、读书甚至写作，成为励志的典型。她得到了丘吉尔、罗斯福、爱因斯坦和萧伯纳等世界名人的交口称誉。丘吉尔称她为“20 世纪最伟大的女人”。关于她的故事，可以参看她的自传《我的生活》（*The Story of My Life*）（叶敏等译，民主与建设出版社，2006）。本书稍后的一段引语就出自这个中译本。

为听觉系统虽然在一定范围里有对强声的自动保护机制[1]，但是这种机制的启动需要一定的时间，对像爆炸声这样突然产生的巨响就猝不及防，起不了作用了，因此放爆竹，特别是放大爆竹，对听觉的危害很大。战场上的士兵，甚至好莱坞拍西部片的演员，也常被爆炸声损害了听觉，美国前总统里根就是在当影星的时候损伤了听觉。另外，长时间处于音量很高的音响或噪声环境中，也会造成毛细胞的损伤，例如纺织工人、经常参加摇滚乐队音乐会的人，甚至使用音量开得相当高的随身听或是智能手机的人，都可能受到听力损伤。另外，一些药物也会造成听力损伤，例如大剂量、长时间使用抗生素就可能破坏毛细胞，香烟中的尼古丁可能会使耳朵中的血管收缩，从而阻碍对听觉细胞的血液供应。大剂量服用阿司匹林对毛细胞也会有影响，经常在噪声环境中工作的人要慎服阿司匹林。如果您常用耳机的话，那么千万把音量调低到只要还能听清楚的程度，千万别太响了。既然听觉对人的生活是如此重要，那么请养成好的习惯，保护好自己的听觉吧！

1.2 浑身上下都有的感觉——体感的故事

我们接收外界刺激的感官一般都局处身体的一隅，只有一种感官遍布全身，这就是体感。其实体感并不只是一种单一的感觉，而是若干种不同感觉的总称，包括触觉、痛觉、温度觉和本体感觉。而且前三种感觉的感受器都在皮肤下面，接受环境的直接接触刺激（图 1.4）。

1.2.1 无所不在的感觉——触觉的故事

触觉无所不在，从出生的那一刻起，我们就不断地感知周围环

[1] 当声音强度变大时，它会刺激牵拉听小骨的小肌肉收缩，从而减小鼓膜的振动幅度，以保护毛细胞。但是从声音变强到肌肉收缩等过程需要一定的时间，因此对突然升高的爆破声，这种保护机制就不起作用了。

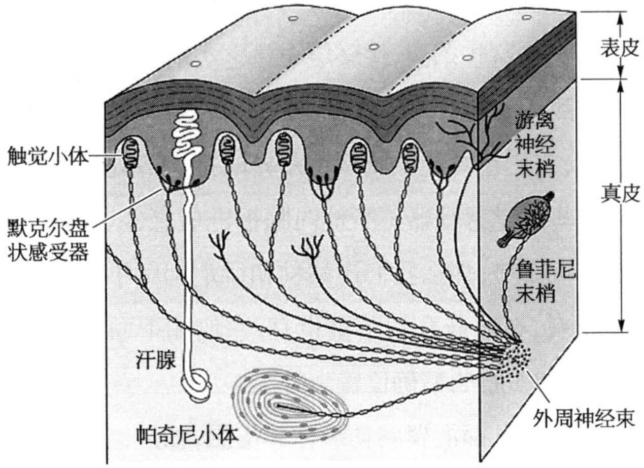

图 1.4 遍布皮肤下面的各种触觉、痛觉和温度觉感受器(引自 Kandel et al., 2013)

境加给我们的压力和温度。不仅如此,触觉对我们的早期发育也至关重要。在实验室里把刚出生的幼鼠和母鼠分开后,幼鼠分泌的生长激素立刻就减少了,除非研究人员用润湿的画笔轻轻地在它们身上划来划去。如果长时间完全不给触觉刺激,幼鼠脑和身体的发育都会不正常。因此,对早产儿必须经常进行全身按摩。还有科学家做了下面这样的实验:把初生的猴崽和它的母亲隔离开来,然后在猴崽的饲养室里放了两个假"母亲"——一个用铁丝扎就的模型,在其胸部放有两个奶瓶;还有一个是毛绒模型。当猴崽感受到威胁时,它就会跑到毛绒"母亲"那儿依偎在"她"怀中,而不是那个铁丝扎就的"衣食父母"。这也从一个侧面反映了触觉对婴幼儿发育的重要性。

除此之外,我们还通过主动触摸外界事物去探索自己所在的环境。外界事物的有一些特性,如重量、硬度、光滑程度等,都要靠触觉才能认识。

图 1.4 所示的不同触觉感受器在功能上也有所分工。环层小体对频率在 40～1 000 Hz 的振动最敏感。当我们把手机置于振动挡时,正是环层小体使我们知道有来电。当我们驱车时,也是车胎或发动机所

产生的振动,使我们知道这些部件出了问题。当然,进化不可能预料我们人类会发明出这些东西,像环层小体之类的感受器当初可能是用来检测是否有敌人迫近所引起的地面振动。触觉小体对 0.3～3 Hz 的振动最敏感,它们在需要检测微小差异的指尖等处最为密集。如果没有足底的这些触觉感受器不断地向脑报告信息,以计划下一步如何保持身体的正直姿势,那么我们连站稳和行走都做不到。鲁菲尼末梢不仅在真皮里有,在四肢和关节里也有,它们和下面要讲的本体感受器一起,使脑得知四肢的精确位置。

所有的触觉信息都汇聚到初级体感皮层,如果这个皮层受到了损伤,那么患者就再也不能闭着眼睛摸索着关掉闹钟铃声。

体感皮层把来自肌肉、关节、肌腱和皮肤的体感整合起来,建立起有关自身的一个内部表征或者说内心影像。因此在正常情况下,我们很清楚自己有多高、多重和多宽,我们会知道适当地躬身经过一道矮门,或是侧身穿过一条狭径。其实,这种内心影像也是“自我感”的空间方面,也就是说,我们知道“自我”正在我们自己的身体之内。有些神经性厌食症患者老是觉得自己很胖,说他们对自己的身体有一个歪曲了的内心影像。德国神经科学家格伦瓦尔德(M. Grunwald)猜测,这可能是体感皮层的整合功能出了问题,因此他们的触觉觉知也可能有问题。为检验这一假设,他们分别让蒙上了眼罩的正常人和厌食症患者触摸像图 1.5a 上所刻的图形,同时记录他们的脑电活动。然后把模板拿走,让受试者睁开眼睛凭记忆把摸到的图形在纸上画下来。图 1.5b 是正常人画出来的图形,而图 1.5c 是厌食症患者画出来的图形。由图可见,厌食症患者画出的图没有正常人精确,而且在摸的时候,他们的右顶叶皮层活动也不如正常人那么活跃。

1.2.2 一种既坏又好的感觉——痛觉的故事

我们每个人都有痛的经验,当我们光脚踩到一枚图钉时,在我们还没意识到这一点之前,疼痛刺激就使我们立即把脚缩了回来,避免

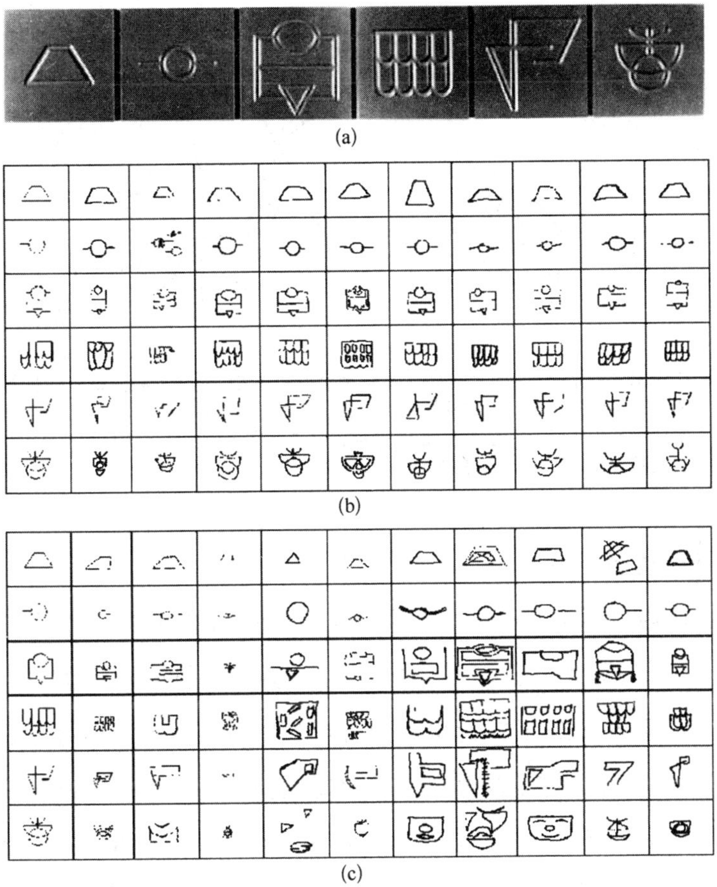

图 1.5 (a) 刻在塑料板上的图形;(b) 正常人在蒙眼摸过塑料板上的图形以后,凭记忆睁眼画出来的对应图形;(c) 厌食症患者在蒙眼触摸过塑料板上的图形以后,凭记忆睁眼画出来的对应图形。(引自 Grunwald, 2004)

受到进一步的伤害。这样的疼痛对我们的生存有重要意义,一旦缺少了这种痛觉,生活会变得很糟,我们将在 1.2.4 中举例介绍。但是,偏头痛、牙痛、腰背痛以至癌症引起的慢性疼痛会令人寝食难安,需要用药物止痛。所以和一般人想象的不太一样,痛既有好的一面,也有坏的一面。痛觉感受器是直径最小的一类无髓鞘神经纤维末梢,它们既可能分布在皮肤下和肌肉中,也可能分布在内脏表面(图 1.6)。不同类型的痛觉感受器对不同的刺激起反应,其中包括热、冷、压力,以及暴露在某些化学物质中。

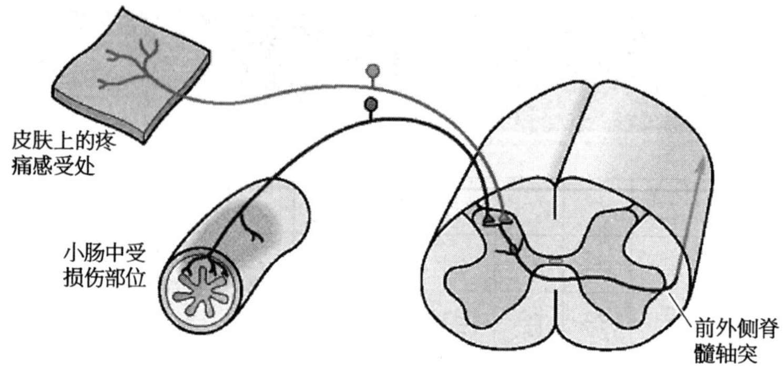

图 1.6 痛觉感受器是直径最小的一类无髓鞘神经纤维末梢，它们多数分布在皮肤下，也可能分布在内脏表面。这两种纤维还可能汇聚在脊髓背角的同一个投射神经元上面，由此再上传到脑。在这种情况下，脑就没有办法区分产生疼痛的刺激究竟是源于皮肤还是源于内脏了。(引自 Kandel，2000)

针刺镇痛

在医院的手术间里，一个要进行左叶肺切除的中年患者躺在手术台上，主刀医生打开了患者的胸腔。患者的纵隔上下波动，妨碍了医生动手术。医生告诉患者屏住呼吸一会儿，患者照办了，这表明患者的神志是完全清楚的。那难道没有对患者注射麻醉药吗？正是如此……不过和往常不同的是，患者身旁多了两位针灸大夫，他们用各种手法对插在患者全身各处的 60 多根针不断地提、插、捻、转。患者不时地和医生或护士进行简单对话，没有叫过一声痛，最后手术完全成功。

上面所描写的是 40 多年前发生过的真实一幕。现在年纪轻一点的读者已经很少听说“针麻”(“针刺麻醉”的简称)这个词了，但在当时和随后在“文化大革命”中的一段时间里，“针麻”成了在中国还能进行的唯一一项神经生理学研究。我国神经生理学泰斗张香桐院士(图 1.7)为了能对这一奇特的现象给出正确的评价，并力图解开针刺为什么能够镇痛这一谜团，亲自到医院里去观摩针麻手术，还让针灸医生在他自己身上像在开刀的患者身上一样施针，以得到针刺感觉的第一手资料。张院士后来回忆说：“把数十根针刺入上下肢的软组织内所引起的感觉，是很难用语言或文字表达出来的。首先是当针尖开始刺入表皮时的尖锐痛……这只不过是一瞬间的事。当针刺进入皮下深部组织，针灸师施展其提、插、捻、转等手法时，取而代之的是一种难以用语言形容的、极不愉快的特殊感觉。在操作停止后很长一段时间还不消退。……毫无疑问，我那被针刺粗暴侵犯过的深部组织，一定受到了严重损伤，需要相当长的时间才能恢复。事实上，在针刺后的几天内，我的左手几乎完全丧失了功能。”①从他亲身的体验和实验中，他发现在针刺过程和以后的一段时间里，身体各代表区的体表痛阈确实有一定程度的提高，也就是说，针刺确实在一定程度上可以镇痛。另外，针刺深部组织所引起的那种强烈而持久的所谓“酸、麻、重、胀”的非常不愉快的感觉并不是痛觉。那么，为何针刺能够镇痛呢？

图 1.7 95 岁时的张香桐院士（寿天德教授提供）

现在关于针刺镇痛的原理有不少种解释，其中广泛流行的一种是所谓“闸门学说”(图 1.8)。人们早就知道，体感神经纤维有几种不同的类型，其中传导痛觉的是直径最小的一种纤维(C 纤维)；而传导深部组织的非痛觉的神经纤维，其直径则比较大(A 纤维)。通常由 C 纤维传导的痛觉信息经过脊髓背角投射神经元(P)上传到脑产生痛觉，但是如果同时 A 纤维也有活动，它就激活抑制性中间神经元(I)，后者对投射神经元起抑制作用，就像把闸门关闭了一样，使得由 C 纤维来的痛觉不能上传，从而起到镇痛的作用。这也是平时当我们碰痛了的时候，总是要反复用手揉按碰痛部位的道理。

① 引自张香桐《脑研究的崎岖道路》，科学技术文献出版社，1995。

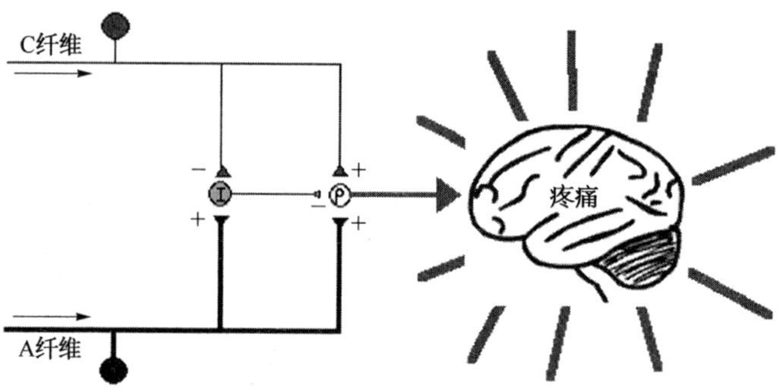

图 1.8　针麻镇痛的闸门学说示意图

针麻镇痛的另一种可能机制，是我国科学家在20世纪70—80年代的一项发现：在针刺时，体内会产生一种天然的镇痛物质——内啡肽。研究者把经过针刺处理的大鼠的血输送到未经针刺的大鼠中，结果后者对疼痛的耐受性居然也增高了。

后来的研究发现，针刺的作用还涉及脑的高级部位。人们用功能性磁共振成像(fMRI)检测发现，针刺会引起脑内许多和痛觉处理有关部位的活动发生改变。针刺还会使脑内产生多种激素、神经递质、内啡肽和其他天然镇痛物质，由此甚至引起血流和免疫细胞功能的变化。但是，针刺为什么会引起这些物质的释放？还有其他的可能吗？对这些问题都还不清楚。看来要揭开针刺镇痛之谜还有很长的路要走。

安慰剂镇痛

人们也提出过，针刺镇痛只是一种心理作用。如果说到“心理作用”，其实也是有其物质基础的。最能说明问题的就是所谓“安慰剂”的镇痛作用。如果把头痛患者分成三组：对一组不做任何处理，一组给予真正的止痛片，而对还有一组则给予跟止痛片外形和大小都一模一样的糖片。后两组人被告知，给他们的是最新发明的最有效的止痛片。经过若干时间，发现第一组患者中只有一小部分人不药而愈，第二组患者绝大多数都不痛了，第三组则有相当一部分患者也不痛了，虽然数量上比第二组要少得多。用统计检验可以发现，这三组结果之间都有显著性差异，说明安慰剂确实也有一定程度的止痛作用。原因何在呢？

1978 年有人发现，如果让患者同时服用纳洛酮（naloxone），安慰剂就会失效。科学家知道，纳洛酮是一种吗啡拮抗剂，它会阻断内啡肽的作用，因此有理由相信，安慰剂就像针刺一样，也会诱发脑分泌内啡肽。直接的证据是，对安慰剂有效的患者，其脑脊液中内啡肽的浓度要比安慰剂无效的患者高得多。至于安慰剂为什么会导致内啡肽的分泌，也许可以用巴甫洛夫的条件反射来解释。这也就是说，如果服用了某种药物能引起内啡肽的分泌，那么分泌内啡肽就和服用这样形状的药片之间建立起了联系，以后即使没有服用真正的药物，而只要服用了外形相似的片剂，甚至由于医生的暗示，都会导致内啡肽的分泌。以前人们往往把安慰剂归之为某种心理作用，这句话常带有贬义，通过上面的介绍，我们应该为“心理作用”正名了。

里根总统枪击案——迟来的剧痛

1981 年 3 月 30 日，新上任不久的美国总统里根（R. Reagan）在华盛顿希尔顿饭店发表演讲之后，在走出饭店边门向自己的轿车走去时，一位富二代无业游民欣克利（J. Hinckley）为了干出一番使世人震惊的“伟业”以博取好莱坞女星福斯特（J. Foster）的芳心，混在记者群里掏出左轮手枪向里根连开 6 枪，其中一颗子弹击中里根的胸部。他的贴身保镖慌忙把他塞进车里，在一片混乱之中，他和车里其他人竟然都没有发现他中枪了。只是在身离险境之后，他才开始感到有点不舒服，车里的人都还在讨论，是不是他在上车时被车门撞伤了呢！至于感到剧痛，那是以后的事了。在急救病房里，当他的夫人南希（N. D. Reagan）问他当时发生了什么情况时，里根以惯有的幽默口吻回答说：“亲爱的，我忘记躲开了。”一年之后，在面对哥伦比亚广播公司的采访时，他说道："以前我只在自己饰演的影片中被'枪击'过，总会在表演时作痛苦状；现在我才知道，真实情况并非一定如此。"①

事实上，在突发事件中受伤的当时不觉得疼痛，只是在以后才痛得不能动弹的，并非只有里根一人。还有一个著名的例子来自一位瑞士少校，他在滑雪时垂直坠入一条冰缝，卡在其中无法脱身，他的一条手臂压在头上，全身无法动弹。尽管如此，当时他一点都没感到疼痛。他抬头向上望去，可以看见同伴正在裂口处向下张望，于是他喊着告诉他们，除了不能动以外一切都好。同伴们把一位同伴用绳子吊了下来，在他身上绑了绳子之后终于把他吊上去。同伴们早就用无线电呼叫了一架直升机。25 分钟之后，直升机到达，同伴们把他搬上了直升机。到此为止，他都没有感到疼痛，他既为自己的安全脱险而庆幸，也担心由于这次事故所表现出来的粗心大意而影响到晋升。

只是在直升机上安顿下来以后，也就是在事故发生 45 分钟以后，他才开始感到剧烈的疼痛。这种烧灼一样的剧痛始自左肩，然后延及颈部和胸部。疼痛使他大声呼叫，不得不用急救箱中的吗啡对他注射止痛。飞机到达医院之后，对他进行了检查，发现他左肩脱臼，左锁骨和胸骨骨折，还有多处瘀伤。他经止痛后就昏睡了过去，第二天醒来，左肩依旧剧痛，不能移动也不能触摸，并整天昏昏欲睡。

战场上的伤兵在受伤以后也多半有类似的经历。他们在受伤时多半并不觉得疼痛，疼痛都是后来的事。

从上述案例可以看到，在意外事故中遭遇严重损伤之后，主体的反应分成两个阶段：开始时主体并不感到疼痛，因为此时主体必须集中全部精力应付事故，以求得生存；而在此之后，主体才感到剧痛，阻止受伤部位移动和受到触摸，并且整个机体陷于昏睡之中。这实际上正是机体得以康复的最好策略。

从这一案例中也可看到，与一般人想象的不一样，疼痛不是只有

---

① 里根这段话的译文引自沃尔著、周晓林等译《疼痛——为痛苦而生的科学》，生活·新知·读书三联书店，2004。

感受器受到刺激，然后直送痛觉中枢这一条直线通路，而是有着复杂相互作用的多通路系统。不仅有上行信号，而且还有从中枢下行的信号，可以增强或者减弱感觉信号的作用。疼痛是一种主观的知觉，下一小节所讲的幻肢痛，更清楚地说明了这个问题。

幻肢痛

在拙著《脑科学的故事》里曾经介绍过幻肢痛，也就是说失去了某个肢体的人感到那个肢体还在。这本来已经够奇怪了，更奇怪的是，患者还常常感到他已经没有了的手指掐进手掌里而痛不可耐，或者感到他已经没有了的手臂老是处在一个令他十分不舒服的位置。这使得医生一筹莫展——您怎么治疗一只根本就不再存在了的手臂呢？

汤森(R. Townsend)是一位工程师，由于癌症而被截去了肘上6英寸(1英寸≈2.54厘米)的左臂。截肢之后，他非常生动地感觉到有一条幻肢，这条幻肢经常不由自主地握紧拳到痉挛，而且无法放松手。汤森说道："就好像我的指甲要掐进我的幻手里一样，痛得没法忍受。"

正像在本章一开头说过的那样，我们的一切感知觉其实都发生在我们的脑里。当有几种不同的感知觉彼此竞争时，视知觉常常会占上风。印度裔的美国神经科学家拉马钱德兰(V. S. Ramachandran)想到，能不能用一种虚拟现实的方法，使患者以为看到了自己的幻拳松开，这会不会解除幻肢痛呢？不过，如果要用新技术建立一套这样的虚拟现实系统，可能花光他所有的科研经费都不够，然而他不是一个轻言放弃的人。终于，他想到了一条妙招，就是用一只大纸箱，在箱的前壁开两个洞，使汤森可以自在地把右手和残存的左臂分别从这两个洞中伸进去。在箱子的正中间用一面大镜子直立地把箱子隔成左右两半，当汤森从右侧看镜子时，适当调整左臂的位置，直至感到幻左手的位置正好和镜子里面右手的像重合(图1.9)。拉马钱德兰让汤森先用健侧握拳，然后试着同时松开"两"手。汤森第一次这样做的时候就宣称他的

图 1.9　拉马钱德兰的虚拟现实箱　患者从右侧看放在箱子正中的镜子，经过适当调节之后，他会把从镜子中看到的右手在镜子中的像，当成自己的幻肢。

幻拳随着健侧一起松开了，疼痛也随之而去。在把双臂伸出来以后，有好几个小时幻手就一直张开着，直到后来又自发地产生新一轮的痉挛。拉马钱德兰让汤森把箱子带回了家，每当他觉得幻手又握拳而痉挛的时候，就重新做一次。如果不用这个箱子的话，即使竭尽全力，他也无法松开拳头，但是用了这面镜子，幻手一下子就松开了。

上述结果表明，在不同的脑区之间有许许多多的相互作用，只要在视觉上看到拳头松开了，这种信息就会反馈到患者的运动通路和触觉通路，并使患者感到拳头松开了，从而消除了在一只并不存在的手上的疼痛错觉。虽然在脑中没有痛觉感受器，但是使您感知到疼痛的正是脑，而不是身体的其他任何地方！要不然的话，幻肢患者怎么能感觉到并不存在的幻肢会疼痛呢？对幻肢和幻肢痛特别感兴趣的读者，可以读一下拉马钱德兰的名著《脑中魅影》(*Phantoms in the Brain*)①。

1.2.3　"第六感"——本体感觉的故事

在体感中，我们容易注意到触觉、痛觉和温度觉，它们也容易进入我们的意识之中。但是还有一种体感，如果不是出了毛病，我们会一点都不把它放在心上，似乎它根本就不存在，与我们的日常生活毫无关系一样。直到出了毛病，我们才理解它的可贵和须臾不能离。这就是本体感觉。这种感觉告诉我们的脑，有关我们的每一条肌肉和每一个关节的空间位置、运动、速度，以及它们所受到的力(虽然这些信息并不进入我们的意识)。脑可以将这些信息和高级中枢下达的命令整合在一起，决定我们下一步该做的动作，或者该维持的必要姿势。

① 中译本：顾凡及《脑中魅影》，湖南科学技术出版社，2017。

19 世纪的英国神经解剖学家贝尔(C. Bell)爵士把本体感觉称为“第六感”。既然如此,我们还是先来看看,当本体感觉有了问题之后,生活将变得如何吧。

不看就找不到自己躯体的患者

克里斯蒂娜(Christina)是一位有两个孩子的年轻母亲,以在家编制计算机程序为业。她健康、活跃,从来不知道生病为何物。但是正所谓“天有不测风云,人有旦夕祸福”,1985 年她突然被发现有胆囊结石,需要动手术而住进了医院。就在手术的头天晚上,她做了一个噩梦,梦见自己剧烈地晃动而站立不住,她感觉不到脚下的地面,也感觉不到手里的东西,手也在不停地抖动。惊醒以后她告诉医生:“我从来也没有做过这样的梦,我忘不了这可怕的梦境。”医生请了一位精神科医生来咨询,精神科医生安慰她说:“这是术前忧虑,很普通,我们经常碰到这种情况。”

不幸的是就在这天稍晚些时候,噩梦竟然应验了!她站立不稳,不断地晃动,东西都从手里掉下来。于是又把精神科医生请了来。精神科医生一开始有点恼火,不过看到患者的情况后,他表现出片刻的困惑,但是接着他还是不当回事地说:“忧郁歇斯底里,这是一种典型的转换综合征,您老是能看到这种情形。”

然而就在手术当天,克里斯蒂娜的情况进一步恶化。要是不看着双脚的话,她根本就站立不住。如果不盯着自己的双手,她就拿不住任何东西,老是不断地摇晃。当她伸手去拿东西时,不是伸得太近,就是伸过了头。她甚至坐不起来,面部毫无表情,嘴巴张开,连话都说不清楚。

她咕哝道:“出大问题了,我感觉不到自己的身体。我有一种灵魂出窍的古怪感觉。”

这真是太奇怪了!她的主治医生萨克斯(O. Sacks)博士[1]对身边

① 美国著名神经病学家和作家,他写作的大量有关神经病学的科普作品已成为经典,例如《错把妻子当帽子》等。

的住院医生说："这话听起来很奇怪，很难想象她怎么会说出这种话来。"

"萨克斯博士，她歇斯底里呀！那位精神科医生不是这么说的吗？"

"是的，他是这样说过。不过您看到过这样的歇斯底里吗？假定您看到的现象都是真的，假定她的身体和精神状态都不是假装出来的，而在心理和物理上构成一个整体，那会有什么原因，使得患者在身体和精神两方面都出现这样的问题呢？"

萨克斯博士又补充了一句："我这不是在考你们，我和你们同样困惑不解，我以前从来也没有看到过、想到过这样的情形。"

大家都静默了下来思考。有一位住院医生问了一句："有可能是双侧顶叶综合征吗？"

萨克斯博士回答道："这是一种可能性，就好像双侧顶叶得不到它们通常不断收到的感觉信息。让我们来做一下感觉检查，同时也检查一下顶叶功能。"

检查的结果是，她丧失了全部本体感受，她的双侧顶叶是好的，但是接收不到来自本体感受器的信息。克里斯蒂娜可能是有些歇斯底里，不过她的问题远不止于此。她的问题是萨克斯博士和其他医生从来没有碰到过的，因此他们决定再请一位专家，不过这次请的不是精神科医生，而是理疗专家。

理疗专家很快就到了，他对克里斯蒂娜做了仔细检查，然后对神经和肌肉功能做了电测试。检查完毕后，他说道："这个病例很不寻常，以前我从来没有看到过或读到过这样的情形。你们说得对，她丧失了所有的本体感觉，从头到脚都是这样。她根本就没有来自肌肉、肌腱或者关节的感觉。别的感觉模态也有一点问题，触摸感、温度感、痛觉和运动纤维都有损伤。但受伤害的主要是位置感，也就是本体感觉。"

他们问道："那病因是什么呢？"

“你们是神经病学家，这个问题要由你们来回答。”

下午，克里斯蒂娜的情况更糟了。她躺在那儿一动不动，甚至呼吸都很微弱。腰椎穿刺表明，她得了一种很特别的神经炎，几乎完全是感觉神经发炎。在医生检查完以后，她声音微弱地问：“是什么问题？”

“炎症，您得了神经炎。”

“会好吗？”医生们相互看了一眼，然后看着她说：“不知道。”

然后，萨克斯医生告诉克里斯蒂娜，有关身体的感觉来自三个方面：视觉、平衡觉和本体感觉，她丧失的是本体感觉。在正常情况下这三者协同工作，如果其中之一出了问题，那么另外两种可以在一定程度上进行补偿或者替代。他的一位患者平衡器官出了问题，就靠眼睛来帮忙。有一种梅毒后遗症破坏了患者腿部的感觉神经，而患者也只能靠眼睛来进行补偿。如果有谁要患者动一下腿，他就会说：“好的，医生，不过要等我找到了腿才行。”天呀！他如果不看着，竟然连自己的腿在哪里都不知道！

克里斯蒂娜专注地听着医生的解释，然后慢慢说道：“那么我现在只能靠视觉，当我要用到我以前一直在用的，您所讲的什么来着——本体感觉的时候，我就得用我的眼睛。其实我早注意到了，我‘失去’了双臂。当我以为它们在某处时，其实它们却在另一个地方。‘本体感觉’就像是身体的眼睛，身体就靠它来看自己。如果没有了本体感觉，比如我的情况，就像身体瞎了一样。如果身体失去了自己的眼睛，它就再也‘看’不到它自己了，对吗？”

医生回答她说：“对！您都可以当一名生理学家了。”

经过治疗，虽然急性炎症消退了，脑脊液也恢复了正常，本体感觉神经却留下了永久性的损伤。

在第一个星期里，克里斯蒂娜整天躺在床上一动也不动。她恐惧和绝望，如果人老是感到像是灵魂出窍，这是什么样的生活啊！

但是时间会治疗精神上的创伤，她慢慢活动起来。开始时如果不用眼睛,她就什么也动不了。闭上双眼,她就会瘫成一团。如果她要动身体的哪一个部分,她就不得不小心注视着这个部分。她得有意识地通过视觉去监视和调节每一动作,因此动作做得很笨拙。但是通过不断的练习,她的动作做得越来越自然,虽然还是要通过视觉。随着时间的流逝,原来依靠本体感觉的无意识的正常反馈,渐渐为同样也是无意识的依靠视觉的反馈所替代。在最初的一个月里,她就像一个布娃娃似的,甚至不能坐起来。但是三个月以后,萨克斯医生惊奇地发现她已经能够坐得像模像样了。她在其他方面也都有所改善,已经可以过日子了,尽管还谈不上是正常的生活。她学会了走路,也学会了一些日常的动作,但是只要一分神就不行了。因此,如果她边吃边谈,或是注意力为其他事情所吸引,她会把刀叉拿得太紧,以致指甲和指尖都了无血色。如果她还有痛觉的话,她可能早把它们丢掉了。

这样她在康复病房里又住了一年,虽然损伤了的本体感觉神经已经无法恢复,但是她利用其他感觉进行替代,使自己在功能方面部分地得到了康复。她终于出院回家,甚至靠了视觉还能操作计算机。那么她是不是还有最初她所说的那种"灵魂出窍"的感觉呢?

不幸的是在这方面并无进展。她还是没有本体感觉,所以对她来说,她感觉不到自己的身体,就好像身体已经不再存在。她无法直接用言语来表达这种感觉,而只能用其他感觉来比喻:"在感觉上,我的身体就好像既看不到它自己,也听不到它自己……我的身体对自己毫无感觉。"

她还保存有一点点身体表面的触觉。在乘敞篷汽车时,她能感觉到风吹过她的面部和身体。她说道:"这个感觉真好!我感觉到风吹过我的面部和双臂。我隐约知道我有臂有脸。这还不是真的东西,但总归是有某种东西在那儿。它在瞬间把那死神般可怕的面纱撩开了一角。"

自然的讲话手势

让我们再讲另一位丧失了本体感觉的患者的故事。住在英国汉普郡(Hampshire)的沃特曼(A. Waterman)在他19岁那年受到了病毒感染。他丧失了脖子以下的所有感觉,要是不用眼睛看,就连自己身在何处都不知道。经过医生检查,沃特曼控制肌肉运动的神经完好无损,他也能感觉到温度、疼痛和肌肉疲劳。他所失去的只是来自皮肤的触觉,以及来自肌肉和肌腱的有关肢体和关节位置的信息。

经过三年多的不断摸索,沃特曼总算学会了靠眼睛盯着看自己的肢体,有意识地控制每一个动作。但是这种补偿控制不够精细,在他人看来他的动作有点机械;而如果灯光突然熄灭,他就会瘫倒在地上,一动都不能动,直到重放光明为止。

还有一件事很奇怪,这就是沃特曼讲话时,做的手势要比他的其他运动自然得多。但是当要他把手放到椅子扶手上时,他就必须靠视觉反馈,有意识地把动作分成几步。科学家要求沃特曼边做手势边朗诵一篇故事,第一次可以看手,然后在第二次再做一遍时则不许看手。结果在不许看手情况下,尽管手势的动作幅度小了一些,但是和说话的配合几乎和可以看手的时候一样。研究者发现,沃特曼的有些手势和说话过程构成一个整体,很可能大脑同时用语言和手势两种方式来表达某种想法,并把两者配合起来,所以边讲话边做手势的机制,很可能和随意运动是不一样的。

本体感受器在哪里?

说到这里,好奇的读者自然会问,那么负责这种神奇的本体感觉的感受器在哪儿呢?回答是在肌肉中有一种肌梭本体感受器(图1.10),当肌肉伸长时,它发出的神经脉冲就增多;肌腱处则有一种高尔基腱器官(图1.11),它在肌肉张力增大时,发放更多的神经脉冲。所以,这两种感受器能把肌肉所受到的力和长度变化向脑报告。在关节处还有另外一些感受器,可以感受关节转动的角度。正是依靠这些“本体感受器”,再加上眼睛和平衡器官,才使得我们能够时刻知晓自己身体的位置和运动状态。

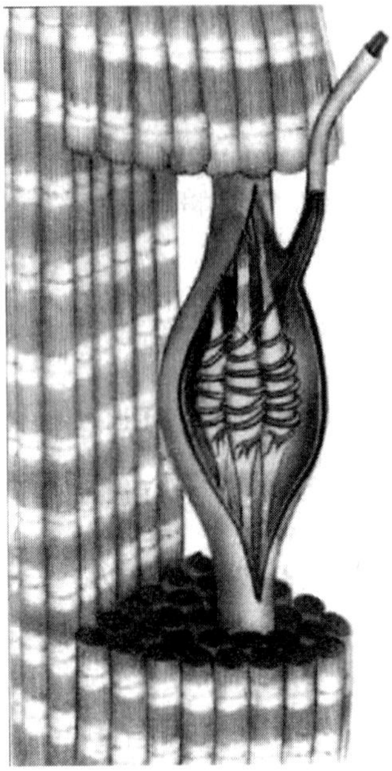

图 1.10　肌梭和缠绕在它上面的感觉神经末梢　其上缠绕有神经末梢的梭状物就是肌梭，它是一种本体感受器。它和缠绕在上面的神经末梢一起，监视肌肉的长度变化。（引自 Bear，2001）

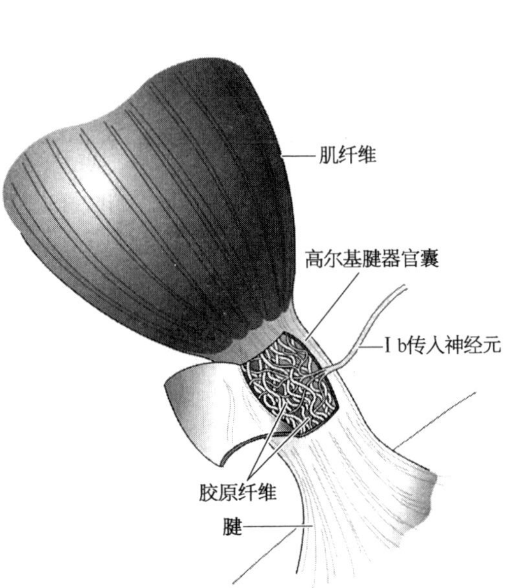

图 1.11　高尔基腱器官　高尔基腱器官是另一种本体感受器，它位于肌肉和附着于骨头的肌腱的接头处，它监测的是肌肉所受到的张力。（引自 Bear，2001，王建军等译，2004）

1.2.4　没有四肢感觉的人

奥基(C. Aoki)是一个十几岁的美国孩子，除了一点之外，他和同龄人没多大区别：喜欢体育活动，喜欢和小伙伴们一起到市中心去看电影、下馆子。他也希望能进大学学习心理学或是运动管理。他唯一的与众不同之处，就是四肢没有感觉，只有头部和躯体还有体感。这是一种极为罕见的遗传病。当他开始长牙齿时，他啃他的手指直到出血。他妈妈带他去看小儿科，医生说妈妈大惊小怪，小孩只不过是耳朵发炎，因此只给他开了点抗生素。在整个婴儿期，他老是大声哭叫，只有当妈妈把他紧紧地抱在怀里时，他才能安静下来。在他 9 个月学走路时，他是用膝盖来走的。到他一周岁时，症状已经十分明显，再也不能用耳朵发炎来解释了。这次，妈妈带他去看一位神经病学家，医生从他的腿上取出一小段感觉神经做检查，它不仅比正常的纤维要小，而且还缺乏髓鞘，这就使神经脉冲难于沿感觉纤维传送。他的运动神经纤维倒还是正常的，因此他的脑可以命令四肢运动；但是由于缺乏感觉反馈，因此他的动作就十分笨拙。虽然病因找到了，但是没有一个医生知道，该如何进行治疗。

他在走路、奔跑和打棒球时，多次弄伤关节和发生骨折，这是因为当他走路时，只有髋关节以上才有踏地的感觉，他不知道自己在踏地时腿和脚的肌肉用了多大的力，所以总是用力过度。他在用手操纵计算机键盘，玩电子游戏，甚至拿一把勺时也是如此。因此，他的双手经常流血和长满老茧，以致他妈妈不得不每天给他清理和包扎伤口。他只会用手掌去握东西，但是从来也没学会捡取小东西。因为他的四肢没有痛觉，也没有温度觉，所以家人不得不处处小心，例如热水都得试好了才让他用，也不让他从炉灶上去取一块比萨饼，以免烫伤了他；并当心让他远离火焰、尖锐物品和烫的东西。

在他 7 岁时，有一次全家到俄勒冈州(Oregon)度假，他们在沙滩上玩了一整天。到了晚上，他的左膝盖肿得像个馒头似的。医生检查了一下，并没有发现明显的伤口和感染，因此只能要他们在归途中注意尽量不要让他用腿，看看情况再说。

回家之后，尽管做了多种检查，都没有发现什么问题，只能继续冰敷，但是这样过了一个星期依然没有好转，因此不得不请教一位放射科专家，这位专家仔细地看了片子以后，发现一处以前的医生都没有注意到的阴影。这次是一位整形外科医生决定要对他的腿动手术，结果发现在股骨上有一处骨折。他妈妈说道："查克(奥基的小名)用断腿走了 6 个星期。"要是他有痛觉的话，刚有骨折就会叫他痛得只能安静不动，并休息到基本痊愈，而不会受到进一步的伤害了。疼痛保护了人不受伤害！他不得不请了 8 星期的病假，把腿固定了 12 个星期。但是刚把固定去掉，他又踝骨骨折，不得不再次固定。他也不会使用双拐，因为他不能用双臂协调地轮流移动双拐。到 12 岁时他不得不坐在轮椅里，尽管如此，他还是参加了一个轮椅篮球队。奥基能够非常好地运球,这是许多医生都不相信他能做的动作,那么他又是怎样做到的呢？他是靠眼睛的余光判断球在什么地方,而在拍球时他又用了多大力气！他甚至学会了驾驶手动汽车,他说他也是通过眼睛的余光来判断,自己的手是在方向盘上呢,还是在刹车或者油门杆上。原来,他是靠视觉来补偿缺失了的四肢体感。人脑有很强的可塑性,当一种感觉出了问题时,脑就用另外一种感觉来补偿。

奥基是个乐观而坚强的小伙子,他开玩笑说:“触觉也没有那么要紧。”然后更为严肃地补充说:“因为我从来就没有过体感,所以我也就习以为常了,我并不真的感到我少了什么……这好像并没有真正给我多大的负面影响。”他不断向自己挑战,后来又开始玩轮椅英式橄榄球,并且不断取得进步。2008 年他和美国残奥会代表队(U. S. Paralympics)一起练习。他期望能被提名参加美国的一个橄榄球队,他说道:“这可能是走向世界冠军队或是伤残奥林匹克队的第一步。”

1.3 嗅盲和气味——嗅觉的故事

如果您在街上做调查,随便问一个行人,要是他必须牺牲掉他的一种感觉的话,他最能接受的是哪一种,您得到的回答多半会是“嗅觉”。19 世纪德国的大哲学家康德(I. Kant)也认为,比起其他感觉,嗅觉和味觉都属于等而下之。他认为根本就不值得去研究嗅觉,因为令人厌恶的气味在数量上要远超过好闻的气味,而即使我们偶尔闻到什么香味,“由嗅觉带来的愉快也转瞬即逝”。大多数人都有因感冒而鼻塞的时候,尽管这种暂时失去嗅觉的滋味不那么好,但总比眼盲、耳聋、不再能品味美食,甚至不知道自己身在何处要好。这固然不无道理,但是一个人只有真的永久丧失了嗅觉,才体会得到嗅觉的宝贵。在进化史上嗅觉作为最古老的感觉之一,并不是没有道理的。它使我们远离危险,找到食物和配偶。下面就来讲一个因事故而丧失了嗅觉的人,看看这对她的生活造成了什么样的影响。

丧失嗅觉之后

1974年，邓洛普(T. Dunlop)在她12岁时出了一次交通事故，一辆汽车把她撞飞了20英尺(1英尺≈0.304 8米)，使她头朝下落地，股骨骨折，头上鼓起了一个大包，以致她的父母在事故后的一个月内不让她照镜子。其实真正的问题还不在于破相，而是她……丧失了嗅觉。这甚至险些导致了一次严重的医疗事故。事后邓洛普是这样回忆的："因为我还在做牵引，为避免晚上用床上便盆会打扰我，护士到时候就不给我水喝了。有一天晚上，护士给了我一小杯指甲油清洗剂。这时有患者呼叫她求助，我看着这个杯子想道：'没错，她忘记了，给我留了点水。'我把清洗剂一口灌了下去，也没有用舌头尝一下味道，直到喉咙灼痛起来，我才了解到自己做了件多么大的蠢事。我呕了出来。"医生和护士不知道是她的嗅觉有问题，反而怪她记性不好。以后也一直没有人提到她嗅觉有问题，直到她成年进入一所美发学校，学习有关脸和头部的骨头、神经和肌肉时，她才认识到她头上有伤疤的部位正好就是脑控制嗅觉之处。

邓洛普成年之后也一直受到嗅觉缺失的困扰。当她有了宝宝之后，不知道该在什么时候给他换尿布，不得不经常解开来查看，后来因为不胜其扰，干脆就定时给换了。邓洛普以美发为业，但是她嗅不出染发和烫发时发出的气味，这些化学品常常使她头痛，她却不明白是什么原因。她是这样说的："我不知道要躲开许多气味，我常常觉得反胃，因为这些气味就好像避开了我的鼻子直接钻进胃里。"

邓洛普老是刷牙，因为她不知道自己是否有口臭。她在日历上做记号，标记儿子们是否淋过浴了，她担心某个儿子有体味而她又不知道。她从来不用香水，有一次她想听到别人说她："嗨，您真香。"于是她就洒了点香水，但是由于用量过多而使家人都受不了。

做饭对她来说也成为大问题，因为嗅觉和味觉紧密相关。有很长一段时间,她每星期都要用掉许多瓶番茄沙司和醋,她不得不严格按照食谱来做菜。为了防止烧糊,她不得不要家人提醒她,并且在每个房间里都装烟雾报警器。她也不敢用煤气灶,怕漏气了还不知道。

您瞧,丧失嗅觉所带来的后果比我们一般人想象的要严重得多!

从鼻腔到前脑高级识别中枢的整个嗅觉通路上,任何部位的损伤都有可能导致嗅觉缺失,其中有17%是由于脑外伤,就像邓洛普那样。而在这17%中又有88%是由于损伤了嗅球和嗅束(图1.12)。一般说来,这种患者的嗅球体积会缩小,可能是由于从鼻腔中的嗅觉感受器到嗅球去的轴突受到了损伤(嗅觉感受器是一种真正的神经元,它的轴突就是嗅神经),而嗅觉能力和嗅球的大小直接相关。有一群德国科学家,对13名嗅觉受到部分损伤的患者做了脑成像,其中有些患者在19个月后嗅觉有所恢复,而他们的嗅球体积也增大了。

邓洛普再也不能恢复嗅觉,这是因为她的脑受到了永久性的损伤。一般人往往也会因为感冒、过敏等损伤了嗅觉感受器,而暂时性地发生嗅觉缺失或是部分嗅觉缺失,但过一段时间就会完全康复。这是因为嗅觉感受器是人脑中极少的一类能够再生的神经细胞。事实上,嗅觉感受器只能存活5~8周,而由别处来的干细胞又会产生新的嗅觉感受器,因此才能使我们在重感冒痊愈之后完全恢复嗅觉。就目前已经知道的来说,人除了嗅觉感受器之外,只有在和记忆密切相关的海马中能够产生新的神经元。

在讲完了邓洛普的悲惨故事之后,让我们再来讲一个令人高兴的故事。其中的主人公也是由于车祸而丧失了嗅觉,但是由于她受伤的只是嗅神经,而正如我们上面所讲,嗅神经是人脑中可以再生的极少数神经纤维之一,因此她在完全丧失嗅觉之后又重获新生。

B是纽约的一位律师。2003年的一个下午,她搭乘密友的汽车,坐在副驾驶的座位上。正当她俯身向前去给收音机调台时,有一辆卡车闯红灯而撞了她们的汽车。她的头猛烈地撞到仪表板上,人失去了知觉。等她清醒过来时,已经躺在医院的病房中了,她知道自己得了

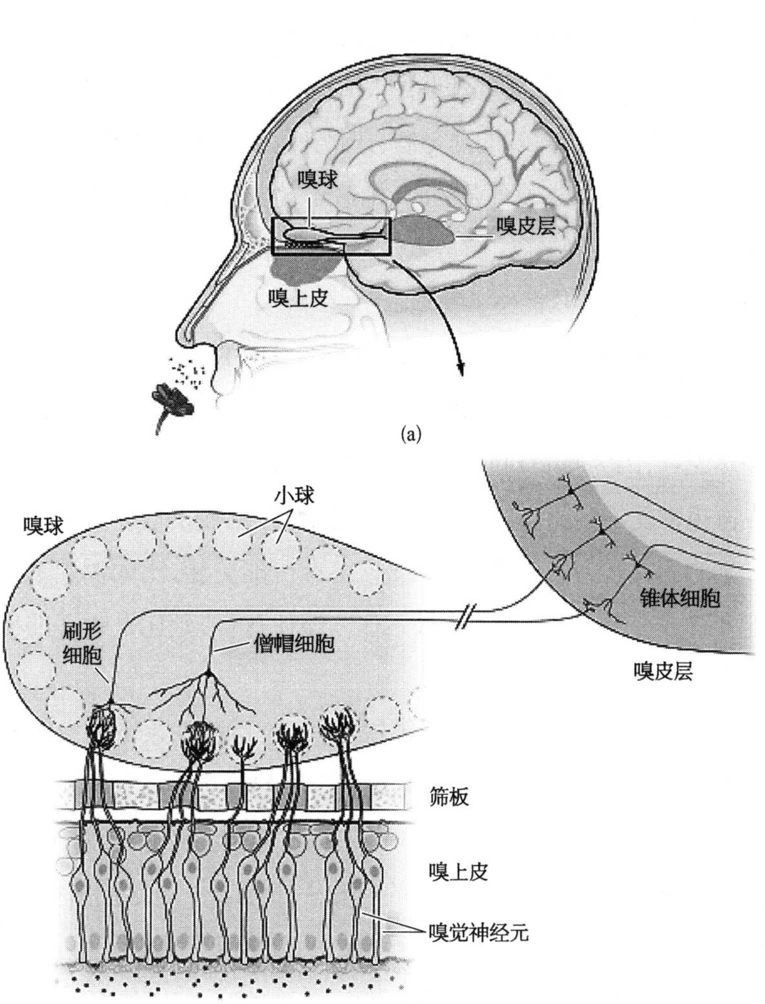

图 1.12 嗅觉系统 (a) 在鼻腔中有大约一张邮票大小的嗅上皮，其中布满了嗅觉感受器，其轴突就是嗅神经，到达嗅球，交换神经元后形成嗅束进入嗅皮层。(b) 从鼻腔中的嗅觉感受器到嗅觉皮层的神经通路。与视觉感受器及听觉感受器不同，这是一种双极神经元，在其树突顶端有许多纤毛伸入黏液层，和溶解在黏液里面的嗅质分子起作用而引起神经脉冲发放，其轴突就是嗅神经，它通过筛板上的小孔进入嗅球，有同样受体的感受器的轴突汇聚到一种称为小球的结构中，由此发出嗅束，不经丘脑而直接进入杏仁体、海马和嗅觉皮层。脑受到冲击时，横向的剪切力很容易损伤通过筛板小孔的嗅神经，从而造成暂时性的嗅觉缺失。(引自 Kandel et al.，2013)

脑震荡。医生告诉她，对她头部所做的功能性磁共振成像表明，她的脑没有受到什么大的损伤。医生又对她做了一些神经病学检查，然后告诉她很幸运地逃过了一劫。B 感到如释重负，不过她总觉得有什么地方不对劲儿，但是她也说不清究竟是什么不对劲。

当 B 出院回家后，她的一些朋友到她的住所举行派对以庆贺她康复，她们带来了她最喜欢的葡萄酒，还带来了新烤出炉的面包，面包的余温尚在呢。当 B 去嗅葡萄酒时，她这才发现自己的问题所在——她闻不到葡萄酒的香味了。厨房里做菜时飘出的香气没有了，新烤面包的香味也没有了。B 丧失了嗅觉。

当 B 的头撞击仪表板时，从她鼻子中发出的嗅神经给切断了，这样她就完全闻不出气味。问题不止于此，她享受美味佳肴的乐趣也随之荡然无存，因为嗅觉对食物的味道影响极大。她本来是个美食家，现在再也享受不到品尝佳肴美酒的乐趣，每晨必喝的咖啡只剩下了苦味。她的朋友竭力劝慰她说，情况本来有可能更糟，比如说她本来也可能变聋或变瞎，甚至连命都保不住。即使这样，她还是吃不准哪种情况更糟。

三年以后的一个下午，B 从地铁站回家，路过一家小的意大利餐厅。在那次车祸之前，她常去那儿用餐。突然间她闻到油煸蒜头的香味！她大喜若狂，那天后来的时间她一直在想闻到蒜香的那一刻。在接下去的几个星期里，她能闻到的气味一个接着一个地逐渐恢复了。每当闻到一种新的气味，她就觉得自己的世界又扩展开了一点，她鼻子中的神经元和她的脑又慢慢联结上了，她终于能够恢复正常生活了。这样一个好结局相信一定会使读者的心情轻松不少，可惜这样的事在神经损伤的病例中并不多见，因为现在除了嗅觉系统和海马之外，我们还不知道脑里有哪些部位的神经元能够再生。这也是现在许多科学家正在研究的重大课题。

日常生活中的嗅觉

我们上面讲了失去嗅觉对人的生活会造成何等不便的故事，这是正话反说。现在再来看看，在我们日常生活中嗅觉有多大的影响。虽然我们常常不能意识到这一点，其实嗅觉对我们的行为，甚至对我们很高级的行为例如购买欲，都会产生很大的影响。商业营销人员就很懂得利用这一点。有的面包师故意把炉灶放在临街处，让新烤的面包香味四溢，从而把顾客从街上吸引到他店里来；有的塑料箱包商故意让塑料中掺有皮革的气味，从而吸引顾客去买他的产品；而二手车主在车中喷了“新车气味”，也往往得以帮助他将车子以更高价格出售。二手房的主人在买主来时，在房间里煮一锅香味四溢的食物，同样会使买主产生宾至如归的“家”的感觉。不过有时候，生产商为了推销产品也会做过了头。您可能知道洗衣机用的漂白剂(次氯酸盐漂白剂)有一股刺激性的难闻气味。这种气味实际上有警告作用，甚至使看不懂说明书的小孩也知道此物不可饮用。有科学家让一群平均年龄 76 岁的老人通过闻气味进行判断，虽然其中只有 24%的人识别出这是漂白剂，但是有 71%的老人知道这种液体是不能饮用的。因此，漂白剂的气味实际上是警告甚至不知道它是什么的人：“别喝我!”不幸的是，一些厂商在漂白剂中添加了某些芳香物质以掩盖其刺激性的气味，这时对同一些老人进行测试，只有 5%的受试者能识别出这是漂白剂，而更为糟糕的是 71%的受试者误以为这一有毒物质可以饮用。因此，滥用人工芳香剂是很危险的。反过来，合理利用臭味剂却对保障人的安全大有好处，尽管和许多其他动物比起来，人的嗅觉在灵敏度上要差得多，但是人对有些气味还是很灵敏的，例如人能检测到浓度仅为 500 亿分之一的硫乙醇(一种有臭味的物质)，这大约相当于在一个奥林匹克游泳池里滴了 3 滴这种物质，所以人们把它添加在煤气中，以警告煤气泄漏。这样的灵敏度超过了目前最灵敏的低浓度测量仪器。2007 年以色列科学家索贝尔(N. Sobel)做了一个实验，他们在一块空地上放了 30 码(1 码≈0.914 米)有巧克力气味的绳索，然后让 32 名受试者蒙上双眼趴在地上，并采取一系列措施隔绝其他感觉的输入，要他们只能凭嗅觉从离开绳头 10 英尺处开始找到绳索，并沿着绳索爬完全程，结果绝大多数受试者都找到了绳索，而且其中有 21 名受试者爬完了全程。当然，人的嗅觉也不是对所有的气味都有这样高的灵敏度，人对干洗剂四氯化碳的灵敏度就要比硫乙醇低 1 000 万倍。另外，女性的嗅觉灵敏度一般要高于男性。老年人的嗅觉灵敏度随着年龄的增大而下降。吸烟者或经常吸到二手烟的人，嗅觉灵敏度也要低于不吸烟的人。

气味“指纹”——体味

看过福尔摩斯探案《巴斯克维尔的猎犬》的读者，可能都记得那个恶棍斯台普吞(Stapleton)蓄意用猎犬谋杀他的堂兄亨利(Henry)爵士以谋取遗产的故事。书中惊心动魄的一段是这样描写的：“正是亨利・巴斯克维尔爵士的尸体……我们俩谁也不可能忘记那身特别的，发红色的，用苏格兰呢制成的衣服——就是第一天早晨在贝克街看到他穿的那一套。”但是再次仔细查看以后，才发现死者并不是亨利爵士。这是由于亨利爵士把这套衣服送给了他的管家，而管家又把全套衣服转送给了他的亲戚——一个藏身在沼泽地里的逃犯，以帮助他出逃。福尔摩斯于是判断说：“问题很清楚，那条猎狗是先闻了亨利爵士穿用的东西之后，才被放出来进行追踪的——最可能的就是那只在旅馆里被偷去的高筒皮靴①——因此这个人才会被穷追不舍，直到他摔死。”②从脑科学的角度来看，这里面说明了什么问题呢？一是每个人都一直在散发出自己独有的气味，其独特性就像自己的指纹一样；二是犬类的嗅觉特别灵敏，因为狗的嗅觉上皮面积要比人大得多，而且嗅觉感受器的密度也更大。狗的嗅觉感受器数目大概是人的 10～20 倍(人大概有 4 000 万～5 000 万个嗅觉感受器)，因此其嗅觉也就比人灵敏得多③。它仅仅嗅了一下亨利爵士穿过的长筒皮靴，就能够凭

---

① 在小说的一开始，当亨利爵士到伦敦去请福尔摩斯时，他在旅馆里丢失了一只皮靴。其实这只皮靴就是斯台普吞偷走的，目的是事先让狗嗅到亨利爵士的体味，以便据此追踪亨利。

② 译文引自柯南道尔著，倏荧译“巴斯克维尔的猎犬”，载《福尔摩斯探案集》，群众出版社，1980。

③ 人的嗅觉不如许多动物那么灵敏的原因，不仅在于嗅觉感受器的数目比较少，还在于人的嗅觉受体蛋白的数量和种类都比较少，因此难于识别不同的嗅质。

亨利爵士穿过的衣服进行追踪，即使逃犯本人也在不断发出他自己的体味进行干扰！其实不仅是狗，有些人，如马来西亚的某些原住民，也能够按气味追踪猎物，虽然他们在这方面的本领和猎犬比起来还是差远了。

现代社会中的人靠嗅觉识别对象的本领就更差了，不过也不是一点这种本领都没有。1977 年华莱士(P. Wallace)对一群大学生做了一次试验，就是看他们仅靠闻一个人的手，是否能区分出对方是男是女。实验是这样做的，把大学生的双眼蒙住，然后让他们嗅伸在鼻子前半英寸处的手。作为受试者的男生或女生在实验之前都先把手彻底洗干净，然后在正式开始试验之前把一副一次性的塑料手套戴上 15 分钟，以促使出汗。结果发现识别对方是男是女的正确率大概在 80%左右，女生的表现比男生更好一些。除此之外，人们还能根据对方所呼气体的气味识别男女，一般说来，女生呼出的气味要比男生好闻，不过没有那么强烈。美国心理学之父詹姆斯(W. James)报道过，在美国康涅狄格州哈特福德(Hartford)一所救济院的洗衣房里工作的一位盲女，她甚至在衣服洗干净之后还能知道哪件衣服是哪个住户的。

1976 年英国心理学家拉塞尔(M. Russel)做了一个实验。他让 29 名一年级大学生用清水洗澡，然后连续 24 小时穿上一件难于彼此区分的 T 恤衫，在此期间他们不得用香水或是除臭剂。一到时间，就把他们穿过的 T 恤衫分别放到密封容器中。然后给每个受试者三个容器，其中一个里面装的是他自己的 T 恤衫，另一个里面装的是一位他不认识的男生穿过的 T 恤衫，还有一个装的则是他不认得的女生的 T 恤衫。在 29 名学生中有 22 名正确地挑出了自己穿过的 T 恤衫，大概也有同样多的学生分清楚了另外两个容器中的 T 恤衫是男生穿过的，还是女生穿过的。人的这种能力不仅限于区分人的气味，甚至还能区分自己的狗和别的狗气味上的差别。

历史上关于嗅觉还有一段轶事。有一次，拿破仑(N. Bonaparte)

写信给他的恋人约瑟芬(J. D. Bònaparte),要她在他回来前的两个星期里不要洗澡,这样等他回到她的身边时,就可以陶醉在她那自然的体香之中了。虽然我并无冒犯拿破仑的意思,不过这段故事不禁使我想起了一件有关……猪的故事。有一种长在地底的块菌,它有一股麝香般的特殊香味,是某些美食家的最爱。为了一快朵颐,他们不惜重金。自然,我们人类要发现这种深藏地下一米的块菌,几乎是不可能的。但是这种香味正好非常类似于公猪在交配时发出的味道,因此某些经过训练的母猪能嗅出这些块菌的香味,哪怕深藏地下。一旦母猪找到了地点,就会疯狂拱地,而让采集者坐收渔翁之利。人的性行为是不是也受到嗅觉的影响?虽然有案例报道,有些嗅觉失常患者对性也不感兴趣,但是迄今尚无定论。

有经验的医生甚至还能根据气味作出诊断,中医强调的“望、闻、问、切”这四种诊断手段中就有“闻”这一条。无独有偶,印度的传统医学也很强调根据患者的气味进行诊断。拉马钱德兰在他的经典作品《脑中魅影》①里,回忆他在印度马德拉斯医学院念书时的情形:“我记起有一位教授瑟罗凡伽达姆(K. V. Thiruvengadam)博士教过我们,如何仅凭嗅一下患者就诊断疾病:糖尿病并发的酮病(diabetic ketosis)②患者的呼气中有一种您绝不会搞错的甜甜的指甲油气味,伤寒患者有一股刚出炉面包的气味,淋巴结结核患者则有一种走气啤酒的臭味,风疹患者有一股新拔下来的鸡毛气味,肺部脓肿患者有一股恶臭,肝脏衰竭患者则有一种和氨水类似的‘稳洁’牌(Windex)玻璃清洁剂的气味。今天的儿科医生可能还会加上:儿童假单胞菌(*Pseudomonas*)感染有葡萄汁气味,而异戊酸血症(isovaleric acidemia)③有汗脚臭味。”

---

① 拉马钱德兰著、顾凡及译《脑中魅影》,湖南科学技术出版社,2017。
② 所谓酮病是指在患者的组织和体液中含有高水平的醋酮。
③ 血液中 pH 降低,而不论血液中重碳酸盐有无变化时所患之症。

1.4 从老布什不爱吃西蓝花说起——味觉的故事

正像其他感觉一样,人们也普遍关心有多少“基本”的味觉。至少在 2 400 多年以前,亚里士多德(Aristotle)就声称有 7 种基本的味觉,后来人们对此有增有减,到 19 世纪初人们普遍同意有 4 种基本味觉,就是甜、酸、苦、咸。1908 年日本科学家池田菊苗又增加了“鲜”作为一种基本味觉。现在已经知道,味觉感受器遍布舌头的四周,而在舌头的正中则是味觉的“盲点”,但是由于脑的补偿作用,通常我们感觉不到这一点。还有一种和辣椒素结合的特异受体,当把辣椒素溶液注射到正常小鼠皮下,小鼠就会去抓或舔注射处,正如在这个地方受到了伤害一样。现在有科学家用分子生物学技术,培育出没有这种受体的小鼠,它就能畅饮辣椒水,而正常小鼠则避之唯恐不及。因此,现在一般把“辣”归于伤害性感觉,而不属于味觉。尽管如此,现在对于究竟有哪些基本味觉,甚至有没有基本味觉,依然在争论之中。

老布什总统再也不要吃西蓝花——味觉的灵敏度

1990 年美国总统老布什(G. H. W. Bush)的下面一段话,使得农民和公共卫生官员都为之目瞪口呆:“我不喜欢西蓝花,小时候我妈老是逼我吃西蓝花,打那以后我就一直不喜欢吃它。现在我是美国总统了,我再也不要吃西蓝花了。”要知道,西蓝花是一种健康蔬菜,含有丰富的抗癌物质,而且我们中的许多人并不感到它的味道有什么不好(并没有什么苦味)。既然如此,布什总统为什么还要这样说呢?

人对不同味质的敏感度是不一样的。对绝大多数人来说,最敏感的是苦味。不同的人对同一种味道的敏感度也可以大相径庭。1931 年美国化学家福克斯(A. Fox)合成了一种化学物质苯硫脲(PTC)。有些苯硫脲的粉末飞散到了空气中,一直到了他同事的口中,令他们真正“苦”不堪言，而福克斯本人却毫无所觉。大概有1/3的人和福克斯一样“不怕苦”，这种人被称为无苦觉者。还有些人对苦觉特别敏感，被称为“超苦觉者”。研究发现，这些“超苦觉者”的味觉感受器要比无苦觉者多1倍。介于这两者之间的是普通的有苦觉者。这三种人对食物的爱好也因此相差很大。有许多人不喜欢西柚汁，因为它有一股苦味，但是许多无苦觉者非常喜欢。有些味觉研究者认为，布什总统抱怨西蓝花，可能因为他是一位超苦觉者。但是因为没有对布什总统进行过测试，所以也不排除这是由于他母亲硬要他吃所引起的逆反心理。

人对味觉的敏感度还和温度有关，当温度升高时，对甜味的敏感度升高，而对苦味的敏感度下降。因此，当葡萄酒商推销他们价廉质次的葡萄酒时，尽量让顾客品尝冰镇过的葡萄酒，以掩盖其甜味。

魔果——味觉的“诱变”

读者大概都熟悉味觉有适应现象，这就是说，如果您吃了一根酸黄瓜之后再去喝柠檬水，柠檬水就显得没那么酸了。同样，如果您刚吃了块巧克力再去吃橘子，就感觉不到橘子有多甜，而如果去喝柠檬水的话，柠檬水还是同样地酸。但是很可能，您从来也没有听说过，对味觉来说还有另一种相互影响的现象，被称为“诱变”(modification)。这是一种当您尝了一种味道以后，再尝另一种东西时味道发生根本改变的现象。这种现象中的有些也被称为“味幻觉”。最令人称奇的一个例子是，西非热带地区有一种灌木上长着鲜红色浆果——“魔果”，在吃了这种浆果之后，即使吃很酸的东西例如柠檬，都会觉得很甜。而且这种效果甚至在只吃了一点点魔果之后都能维持大约一个小时。这或许是减肥的一种新途径，因为不用加糖就会使您吃酸的东西都感到是甜的。不过，对于这种作用的原理现在还不是很清楚。现在所知道的是，这种物质会改变某些味觉纤维的反应性。舌头在接触魔果的活性成分之后，原来只对甜味物质有反应的味觉纤维也暂时性地对酸有反应了。这样在吃到酸东西时，这些纤维也向脑“谎报军情”，使脑产生了甜的知觉。但是过了大约一个小时，这些纤维又回复到原来的状态。

如果说想要吃到魔果不大容易，那么在日常生活中还是可以体验到另一种“诱变”现象，这就是在早上刷牙之后立刻喝果汁。许多牙膏中有一种成分可以暂时性地降低糖的甜度，因此使您感到果汁特别酸。

我不喜欢健怡可乐，尽管它和可口可乐同样甜

许多人都害怕肥胖，过度肥胖是许多疾病的原因，而爱美的女士为了保持身材更要刻意减肥。在引起肥胖的众多原因中，经常喝含糖饮料是其中之一，可是这些饮料如果没有了甜味又不好喝，因此许多食品厂商就用甜味剂来代替，例如健怡可乐就是可口可乐的无糖版。对笔者而言，尽管健怡可乐尝上去和可口可乐差不多一样甜，其他的配方也都一样，但就是觉得有什么地方不对劲儿，不大喜欢。这是为什么呢？

美国脑科学家凯耶(W. Kaye)对 12 名分别在品尝不同浓度的天然糖浆和人工甜味剂时的妇女进行脑扫描，结果发现无论是天然糖浆还是人工甜味剂都激活了向脑发送“甜味信息”的同一些初级神经通路，因此两者都使我们感觉到有甜味。但是，糖浆引起脑的前脑岛、额盖(位于脑两侧正好在颞叶上方之处)、纹状体和前扣带回的强烈反应。此外，只有糖浆在中脑区刺激分泌多巴胺，受试的妇女认为这时的甜味味美。因此这些研究人员说，脑能区分有高热量的甜味物和零热量的糖替代物，虽然嘴巴难于区分。这大概就是笔者不喜欢健怡可乐的原因吧。顺便说一句，笔者一点都不胖，所以更不用考虑减肥的问题。

幻味

1997 年 2 月的一天，美国心理学会的首席执行官福尔(R. Fowle)

博士正在为全家准备晚餐，他从一盘意大利面中挑了块生圆白菜尝尝，出乎他的意料，一股火辣辣的奇怪味道令他皱眉，不过他并没有太在意。接着就在几分钟以后，他女儿递了杯可乐给他，他喝了一口，这次的味道再也不能让他不在意了。后来他说道："这就像是喝了口硫酸，这是您能想象到的进到口中去的最辣的东西。"这下他明白他的味觉系统出了大问题。

在接下来的几星期里，他吃进嘴里的所有东西的味道都像是"淡面团"，冰水则甜得出奇，"就好像有谁在里面倒了三袋甜味剂"。在他嘴的后部总有一股不舒服的咸咸的感觉挥之不去。最后，吃东西成了苦刑，他不得不靠高营养的补充剂维生，并求助于专门研究味觉的另一位心理学家巴托斯萨克(L. Bartoshuk)。

巴托斯萨克在她的实验室里对他做了味觉和痛觉检查，用蓝色的食用色素把他的舌头染成蓝色，并用录像机记录下了他的舌头运动，还检查了他对松节油、咖啡和别的气味的嗅觉，最后还对他的整个嘴巴做了彻底检查，包括他舌头上的菌状乳突(fungiform pappilae)和其中的味蕾。然后她告诉他，他的问题是一种感觉幻觉，这是他的脑对鼓索(chorda tympani)损伤的一种反应。所谓鼓索是第Ⅶ对脑神经的一个分支，它把从舌头前部味蕾来的信息通过中耳传导到脑(图 1.13)。

巴托斯萨克博士安慰他说，这种损伤可能只是暂时性的，多半是他服用药物引起的副作用，也可能是由于病毒感染。几个月之后，他的味觉果然恢复了正常。

近年来，科学界对味觉方面的幻觉——幻味，以及嗅觉方面的幻觉——幻嗅，也开始感兴趣。据估计，在人群中大约有 1%以上的人有这些问题。巴托斯萨克博士就接待过 100 名以上的幻味患者。由于嗅觉和味觉的关系非常密切，有时很难区分问题究竟出在哪儿。有些嗅觉缺失的患者却向医生报告说他们食不知味。不过如果有甜、酸、苦、咸这些基本味觉方面的幻觉，还是区分得出这是幻味。幻嗅通常更为复杂，患者常常抱怨说，觉得有腐败食物、排泄物、汽油或是烟的

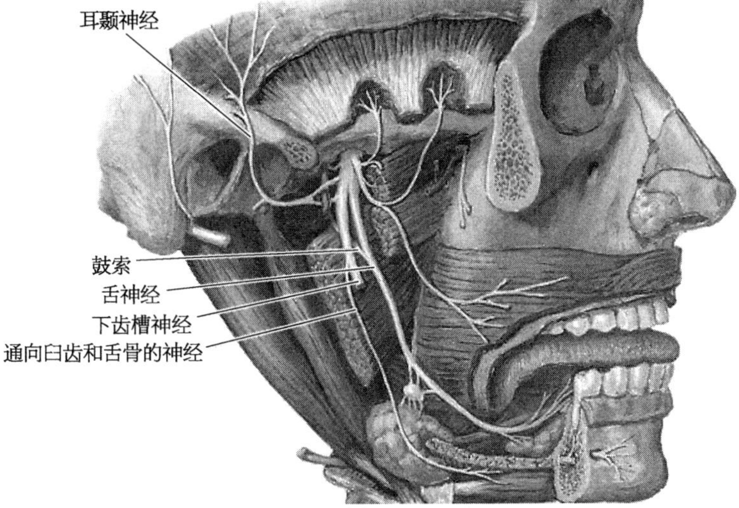

图 1.13 鼓索的解剖图谱(引自 http://classconnection.s3.amazonaws.com/774/flashcards/2059774/jpg/p0042chorda-141294D3C691F9BE0FA.jpg)

气味或者味道。

有些像福尔这样的幻味患者会表现出“灼口综合征”(burning mouth syndrome),也就是在舌头特别是舌尖上,有一种火辣辣的感觉。巴托斯萨克在对福尔做了检查之后,发现他是一位“超级尝味者”(supertaster),也就是那种味蕾密度超高的人,而每个味蕾又都为痛觉纤维所围绕。巴托斯萨克发现,这种超级尝味者更有可能得嘴烧综合征。她认为嘴烧综合征和幻味都是鼓索受到损伤的后果。科学家早就知道,味觉系统有相当复杂的反馈回路,因此每根神经都会抑制来自其他神经的信号。对鼓索来说,它对其他味觉神经和舌头中的痛神经都起抑制作用。当鼓索受到损伤,它的抑制作用就受到了干扰,因此其他神经的活动就增强了。巴托斯萨克及其同事发现,如果对鼓索进行麻醉,那么受试者就觉得同一区域中其他味觉神经所引起的知觉增强。在进行鼓索麻醉的受试者中,大约有 40%的人产生了幻味,并且三叉神经在对侧舌头所支配的区域的痛觉敏感性也增强了。巴托斯萨克认为,这都是解除了鼓索的抑制作用的结果。而像福尔这样的超级尝味者，由于在舌头上痛觉纤维密集，因此痛感的增强也最明显。

1.5 “看”人说话和“臭豆腐真香”——不同感知觉相互影响的故事

一般人可能认为，各种不同的感觉就像瑞士军刀上的各种工具，是互不相关的。其实大谬不然，它们彼此之间是相互影响的。丧失了一种感觉，甚至可以用另一种感觉来替代。下面就是一些这样的真实故事。

以看代听

20 世纪 70 年代，美国联邦调查局招募了 9 名聋人，他们的任务是分析指纹模式，因为主管的长官想当然地以为，聋人不受周围声音的干扰，可能会更专心地从事这一枯燥的工作。但是其中有一位名叫托马斯(S. Thomas)的聋人，从工作的第一天起就感到工作太单调，所以当她的长官召集她们到他办公室去开会时，她都准备辞职不干了。但是结果她非但没有被除名，在某种程度上还得到了晋升。这是因为局里的其他特工注意到，她很擅长通过看他们嘴唇的运动，猜测他们在说什么。他们给她看一段无声的录像，其中有两名嫌犯正在对话，他们要她说出这两个嫌犯在说些什么，托马斯毫不费力地说出了这两名嫌犯属于一个非法的赌博团伙。从此，她就成了联邦调查局里的一名读唇专家。托马斯只有靠读唇才能和人沟通，这迫使她精于此道。其实我们每个人在和他人对话时，看别人的嘴唇运动也会对我们的听觉有影响。先天性的盲儿学会说话，通常比正常婴儿要慢。

不仅视觉可以帮助聋人“看懂”别人说的话，又聋又盲的人(例如凯勒)甚至可以依靠触觉“摸懂”别人说的话，他们把手指按在别人的嘴唇、面颊或颈部，能摸懂别人说的话。

1997 年英国科学家卡尔弗特(G. Calvert)用脑扫描技术探测读唇时脑的哪些部分最为活跃,结果发现,受试者的听觉区活跃了起来。而让受试者听熟人的说话声时,他通常识别人脸的梭状回也活跃了起来。这充分说明,原来认为是毫不相干的不同感觉区彼此之间存在交互影响。当然这并不是说,不同的脑区对所有各种感觉都是一视同仁的。

“能说会道”的木偶——听觉和别的感觉相互影响的故事

现在我们再来讲讲,在日常生活中视觉影响听觉的例子。这些情况只是由于我们往往习以为常而没去深思。例如在看木偶戏时,因为木偶的嘴在动,我们就会感到声音是从它的嘴里发出来的。在看电影时,银幕上的角色影像当然也不会开口说话,但因为我们是同时看到他们嘴动和听到他们声音的,就把环绕影厅的扬声器发出的声音,当作从他们口里说出来的。如果两者在时间上脱节,就不会产生这种感觉了。

奇怪的是,视觉甚至会影响我们听到的内容。1976 年英国心理学家麦格克(H. McGurk)和麦克唐纳(J. MacDonald)让受试者看银幕上一个人在发“ga”这个音节时的口形,而放给他听的是声音“ba”,结果受试者听到的声音是“da”,视觉信息和听觉信息在脑中整合起来以后,产生了一个完全不同的新声音!现在把这种现象称为麦格克效应。

听觉也会影响别的感觉,当我们用搓手来判断手湿的程度时,搓手时发出的声音也会影响我们的判断。如果听到比较强的淅飒声,我们会感到皮肤似乎比较干燥;而如果声音较轻也比较尖,就会感到手掌似乎比较湿。

那么不同感觉间的整合,究竟发生在脑的什么地方呢?是一开始就有的呢,还是要到高级部位才会发生?虽然人们早就对此抱有兴趣,但是由于缺乏研究手段而没有什么进展,直到有了脑成像技术,例如功能性磁共振成像,可以探测当脑有功能活动时哪些脑区的活动增强了,对这一问题才有了进展①。2000年英国科学家德赖弗(J. Driver)发现,在给受试者看一个闪光时,如果同时给他的手指某种触觉刺激,此时其视皮层的活动也有增强。其实,心理学家在此之前就已经知道了所谓的“多模态增强”现象,例如当闪光点的光强越来越弱时,受试者就会对检测微弱的闪光有困难,但是如果此时同步放送短声,那么受试者就有可能看到原来看不到的闪光。2007年德国科学家凯泽(C. Kayser)发现,视觉刺激会增强次级听皮层的后部,这可能就是不同感觉和听觉发生整合之处。不过其机制究竟如何还不清楚。

好“香”的臭豆腐

众所周知,当重感冒时,不仅嗅觉不灵,连胃口也不好了,吃什么都不香。这说明味觉和嗅觉有关。那么在嗅觉正常时,人们对臭豆腐一类的食物据说“闻闻臭,吃吃香”,这又是怎么回事呢?

事实上,同一种食物可以通过两种不同的途径,产生两种不同的嗅觉体验:一种是通过鼻子嗅,气味直接从鼻腔进入;另一种是在吃的时候,从口腔通过咽喉反向传到嗅觉上皮(图1.14)。

美国心理学家罗津(P. Rozin)认为,通过这两条不同途径产生的嗅觉,功能是不同的。通过鼻腔进入的气味是各种各样的,并不仅限于食物,它们让主体确定在周围环境中有些什么事物;而进入口腔的气味则成了味道的组成部分之一,后者还包括味觉、温度和是否合胃口等因素。罗津因此认为,两者会引起不同的知觉体验。

根据他的这一假设,一个合理的推论是:如果一个人以前只是通过鼻子来识别一些不同气味的话,那么如果要他通过嘴巴来辨别,就会产生困难。为了检验这一点,他把许多一般人都不熟悉的奇珍异果的果汁和汤,以不同的配方混合起来,然后他要一些蒙住眼睛的受试

① 关于功能性脑成像技术的介绍,可参阅拙著《脑海探险》,上海科学技术出版社,2014。

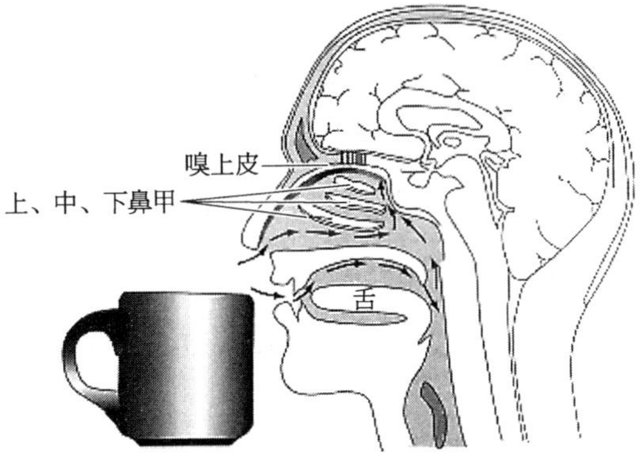

图 1.14 气味分别由鼻腔和口腔两条不同途径通过
(引自 Sekuler，Blake，2002)

者学会通过鼻子嗅来区分不同的混合物。当他们学会之后，再让受试者用长管子把这些液体直接吸进嘴里，而不再能通过鼻子闻到它们气味。结果是受试者果然犯了很多错误，他们再也认不出这些气味。这说明，通过鼻腔和口腔闻到的同一种物体的气味是不同的。这可能是您会觉得臭豆腐“闻闻臭，吃吃香”的道理之一。

色香味听一应俱全的盛宴——多种感觉影响味觉的故事

我国的菜肴历来以色、香、味俱佳闻名于世，一些盛宴更是伴以音乐。那么，这些视觉、嗅觉和听觉的刺激，究竟是独立于味觉之外的额外享受，还是也会对味觉本身产生影响，起到锦上添花的作用？

其实人们早已知道，食物的颜色会影响味觉和嗅觉，例如红色会增强甜的感觉，而绿色则使人联想到酸味。这可能是由进化造成的条件反应，因为红色意味着水果成熟了。2011 年，英国科学家斯彭斯(C. Spence)把同样质量的草莓慕斯，分别盛在黑盘子和白盘子里给豚鼠吃，结果选择白盘子里草莓慕斯的豚鼠要超过选黑盘子 10%～15%。斯彭斯认为，这是因为白盘子增强了和草莓慕斯之间的反差，而使盛在其中的草莓慕斯看起来更红，因此也更甜。有科学家发现，如果把橙味饮料染成红色，饮用者会产生樱桃味的错觉；把白葡萄酒用无气味的红色染料染红，让受试者去闻，他们会觉得有红酒的气味。

斯彭斯一个最出人意料的发现是，声音也会影响口感。他要受试者用力逐片咀嚼200片炸土豆片，并给这些土豆片的脆度和新鲜程度打分，同时把他们的咀嚼声通过耳机放给他们自己听，但是在传送给他们之前，对这些声音的音量和频率都加以处理使之改变。结果，当把音量调大和频率调高时，受试者都会认为他们吃的土豆片更脆，也更新鲜。

这些结果使斯彭斯想到和星级大厨布卢门撒尔(H. Blumenthal)合作。他们做了一个实验，让食客品尝同样的生蚝，不过有的在品尝时播放海涛声，而有的则在品尝时播放农家场院里的喧闹声，结果食客们认为，有海之声伴随的生蚝味道要好得多，于是就有了布卢门撒尔的招牌菜“海之声”——一盘可口的海鲜，伴之以海涛拍岸和海鸥的叫声通过塞在海贝中的放音器播放出来。食客们交口称赞，说这样的海鲜在品尝时味道更纯正、更浓烈，也更有“海的味道”。声音居然也成了“调味品”！

1.6 “尖酸”的言辞——联觉的故事

人们曾经认为，各种不同的感知觉是彼此独立的，您不会把听到的广播剧当成看到的影视剧。但是现在科学家已经知道，各种感觉系统之间的相互作用，要比以前想象的紧密得多。虽然一般说来，人不会把听广播剧感受为看影视剧，但是确实有人在听到不同音调时，也看到了不同的色彩。当他们去听一场音乐会时，他们会看到色彩的狂舞。有些人则把不同的阿拉伯数字，看成有着不同的特定颜色，尽管数字的颜色实际上都一样。除了颜色之外，有些人也会把音乐和味觉联系起来，甚至在尝到某种味道的同时，手上会有摸到某种东西的感觉。例如，有一个这样的人报告说：“当我尝到很强的口味时，有一种感觉从臂膀一直下传到指尖。我有感觉，我感觉到某种东西的重量、表面纹理、冷热等。我的感觉就如同我真的握着某样东西一般。当然，其实我什么东西也没握着，但是这并非一种幻象，因为我真的有这种感觉。”这种在受到某种特定的感觉刺激同时，也有其他不同感觉的现象，就称为“联觉”。这听起来似乎不可思议，会不会像是我们每个人都有的某种隐喻，只不过对他们来说这种隐喻更生动一些呢？例如我们会说某人言辞“尖酸”，言辞本来属于听觉的范畴，“尖”和触觉有关，而“酸”和味觉有关。不过对我们正常人来说，这只是一种类比。当我们听到别人尖酸的言辞时，我们的嘴里并不真的尝到了酸味，我们的手指也没有真正觉得触摸到了什么尖锐的东西。又例如，我们会说某人投来“火辣辣的目光”，“目光”和视觉有关，而“火辣辣”则和痛觉有关。又如“极北‘苦寒’之地”中“寒”本是温度觉，而形容其程度的“苦”则和味觉有关。稍微想一想，这样的例子还真不少呢。那么我们怎么知道，有联觉的人说的并不是这种隐喻，而是真实的感觉呢？另外，也可能这只是一种记忆。比如说，小时候家里有五颜六色的塑料数字冰箱贴，这种记忆就把某个数字和某种颜色联系了起来。更何况，主诉并不总是那么靠得住的，有些有联觉的人自己说的话也不那么斩钉截铁。当研究人员问他们：“这究竟是您按照您的记忆想出来的呢，还是您真的就在眼前看到了颜色？”尽管有些有联觉的人回答说：“我确实非常清楚地看到了颜色。”但是更多的回答是诸如“我有点像是看到了颜色，也有点像没看到”；“这不大像是记忆，我看到的数字很清楚是红色的，但我知道它不是红的，它应该是黑的。因此我猜想这一定是靠记忆吧！”因此，尽管19世纪末达尔文的表兄弟高尔顿(F. Galton)就指出过，有两种形式的联觉：“听-视联觉”——也就是由听觉引起色觉的联觉，“字素-颜色联觉”——也就是印刷出来的数字总是有它固有的颜色，但是他的工作在当时并没有引起科学家的严肃对待，因为这听上去太荒唐了。所以，在近100年的时间里，没有什么人认真地研究过这一问题。

在一大堆5中一下子就看到一个由2组成的三角形——拉马钱德兰关于联觉真实性的实验

1997年，当印度裔的美国神经科学家拉马钱德兰第一次接触到联觉问题时，连这位一向以“解决疑难问题高手”著称的科学家，也有些手足无措。他的第一个想法是要确认一下，联觉是真实的现象，还是自称有联觉的人编造出来骗人的故事。

拉马钱德兰和他当时的博士研究生哈伯德(E. M. Hubbard)决心对这个问题进行研究，但是如何着手呢？首先，要找到有联觉的人似乎就是件可遇而不可求的事，据说概率在1/10 000～1/1 000。这年秋季，拉马钱德兰要给300名学生的一个大班上课，他想碰碰运气看，于是就在课堂上宣布：“有些在其他方面都常态的人会看到声音，或者有些数字在他们看来带有特定颜色。如果你们中间有谁是这样的话，请举手！”但令他失望的是，没有一个学生举起手。不过那天晚些时候，正当拉马钱德兰和哈伯德在办公室里聊天，有两个学生前来敲门。其中一个名叫苏珊的学生告诉他：“我是您今天讲课的那个班上的学生。拉马钱德兰博士，我没有举手，只不过因为我不想让人觉得我古怪。我根本不知道还有别的人会像我一样，并且还有一个专门的术语来称呼它。”拉马钱德兰和哈伯德对看了一眼，别提有多高兴，真所谓“踏破铁鞋无觅处，得来全不费功夫”！这样，他们终于找到了自称有联觉的人，但这些人是真的有联觉，还是由于以往的记忆，或者是出于一种隐喻呢？有必要设计实验来解决这个问题。

一个有说服力的实验是“跳出(pop-out)试验”。所谓“跳出”，就是在一片由类似元素组成的图案中，如果其中有少数元素在某些基本特性例如颜色、线条的朝向等方面，和其他的元素不同，那么您不需要逐个去找，就能一下子发现它们，就像是从周围的环境中自动“跳了出来”一样。然而，如果这些元素是由许多基本特性组合成的图形，而不同的仅仅是其中的某一基本特性，例如在许多绿色的L和T以及红色的L中隐藏有一个红色的T，这时要您把这个红色的T找出来，那么它就不会“跳出来”，而是需要观察者逐个去找。科学家早就知道了真正的颜色是导致“跳出”的一种基本特性。那么对于有联觉的人来说，他所感觉到的颜色，是不是也能起到同样的作用呢？如果是的话，那就说明，他确实看到了颜色。

拉马钱德兰设计了这样一个实验：他在一大群均匀分布的 5 字中间，镶嵌了五个 2 字组成一幅几何图形，而且所有数字的颜色都是相同的。这些数字都采用电子表上的那种字形，因此 5 和 2 正好成镜面对称，都是由三横两竖构成的(图 1.15a)。拉马钱德兰首先对 20 名正常大学生做试验，让他们看屏幕上显示的类似于图 1.15a 那样的图。不过有一点不同的是，这些图中有的 2 字构成一个三角形，而有的 2 字则构成一个圆形。每幅图都只显示半秒钟，并且两种不同的图是随机显示的，因此学生没有时间逐个去找图中的 2 字，也无从猜测什么时候可能出现哪一种图。然后，要求受试者按两个不同的按钮，告知他们看到的究竟是三角形还是圆形。结果，其准确率大约在 50%左右，说明实际上他们根本就没有看到这些图形，只是瞎猜而已。然后让有字素-颜色联觉的人做同样的测试，其准确率却达到了 80%～90%。接着让正常人用类似于图 1.15b 那样的彩色图做类似的实验，此时他们的准确率也达到了 80%～90%。这表明，在有联觉的人看

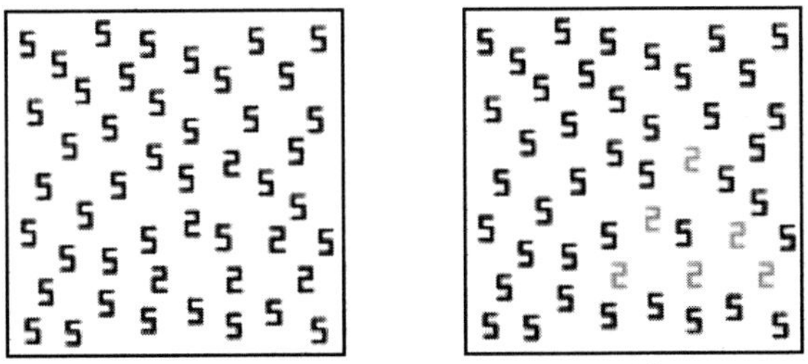

(a)　　　　(b)

图 1.15 “跳出”试验　a 图是由一些同样颜色的 2 杂处在大量的 5 中间。对一般人来说，要找出其中的 2 字，就得一个个去分辨，而且即使找出以后也还是不容易发现这些 2 字组成了一个三角形。b 图和 a 图的区别是，图中的 5 字都是绿色的，而 2 字则是红色的(这里以浅灰色显示)。由于颜色是一种基本属性，所以除了红绿色盲之外，任何人都能一下子看到这些 2 字组成了一个三角形。然而让有数字-颜色联觉的人去看 a 图，他们也能像看 b 图一样，一下子就看到由 2 字组成的三角形。(改自 Ramachandran，Hubbard，2003)

来,图 1.15 中的 a 图确实就像 b 图一样是有颜色的。他们所说的“看到”数字的颜色的说法,既不是隐喻,也不是记忆,而是真的看到了颜色!

他们的另一个实验是让一位总是把 5 看成红色的有联觉的人(有不同联觉的人看到同一个数字的颜色,可能并不相同),看计算机屏幕上一个白色的 5 字,然后他们让 5 的颜色逐渐变红,在这个 5 字变得通红以前,这个人并不能发现有什么不同,但是如果让这个数字逐渐变绿,他一下子就会发现。

拉马钱德兰发现联觉产生的可能机制

就这样,拉马钱德兰及其同事清楚地证实了,联觉确实是一种真正的感觉,不可能造假。接下来的一个问题是:联觉的脑机制如何?拉马钱德兰注意到,最普遍的一种联觉现象是数字-颜色联觉,而脑中的色觉中枢在 V4 区,另外脑中有关数字辨识的中枢就在这附近,因为破坏了这部分脑区,患者就丧失了进行算术运算的能力。因此,一个合理的猜测是:联觉使这两部分脑区中有的神经通路串了起来。拉马钱德兰建议从脑的解剖图谱上看一下,这两个区域究竟有多接近。这时哈伯德叫了起来:“嗨!也许我们可以请教一下蒂姆。”因为他们的同事蒂姆·理查德(T. Richard)是一位脑成像技术的专家,他用功能性磁共振成像技术(fMRI)确定了看数字的时候脑中的活动区。结果他们发现,数字区和 V4 在梭状回中正好比邻而居(图 1.16)。

至于听音乐会看到颜色的联觉,拉马钱德兰认为,这可能与颞叶中的听觉中枢和脑中接受 V4 区信号的高级色觉中枢相接近有关。当然,对联觉这样一个从发现开始 100 年内没人解决的问题,想要一下子全部揭开其中之谜是不现实的,但是拉马钱德兰及其同事的工作已经揭开了蒙在它上面的神秘面纱,为用科学方法研究这一过去认为几乎是超自然现象的秘密,开辟了道路。

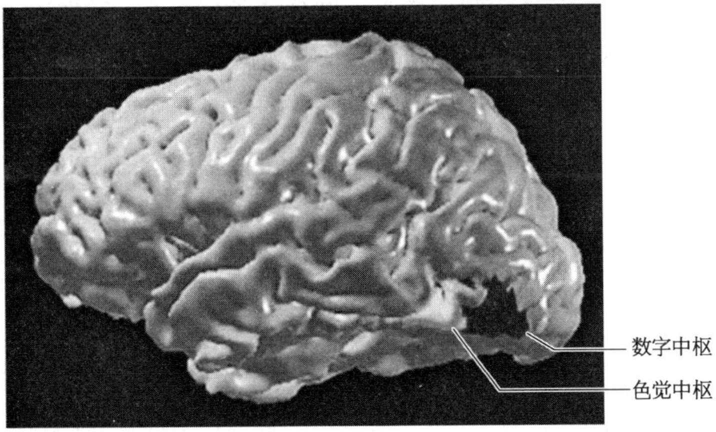

图 1.16 脑中的色觉中枢和数字中枢(引自 Ramachandran, Hubbard, 2001)

对联觉成因的进一步猜测

为何有那么多的人会有联觉,而其他人却没有?现在已经知道,当婴儿初生时,脑中神经元之间的联结要比成人多得多。随着脑的发育,经常在用的联结会得到加强并更趋活跃,其他的联结则受到削弱甚至完全消失。因此,婴儿比成人更可能拥有联觉。2011 年,美国心理学家瓦格纳(K. Wagner)和多布金斯(K. R. Dobkins)发现,2~4 个月大的婴儿常常把某些形状和颜色联系在一起,而到了 8 个月大,就不再有这样的联系了。由于联觉往往和家族有关,因此人们猜测,可能有某种基因成分,决定了哪些人会把初生时的一些联结保留下来。不过拉马钱德兰认为,也可能是这个家族的基因发生了突变,使原来彼此分隔开的脑区之间建立起了联系。

关于联觉是由于相邻脑区之间的串通,另一个很有意思的证据是:有一位有联觉的人是个色盲,他的色盲是由于视网膜中缺乏了某种视锥细胞,因此不能激活相应的色觉中枢,但是当他看数字时,由于数字中枢和色觉中枢之间的串通,激活了相应的色觉中枢,这样他就看到了他本来看不见的颜色。

拉马钱德兰认为,其实我们每个人都在某种程度上有类似"联觉"

的现象,也就是说,在不同的感觉之间存在某种联系。他提出了著名的"Bouba-Kiki"效应。为说明这个效应,请看图 1.17 中的两个图形,然后问您:哪一个和声音"Bouba"相对应,而哪一个和声音"Kiki"相对应?他对一群人做了试验,结果有 98%的人认为图 1.17b 中光滑的图形和声音"Bouba"相对应,而图 1.17a 中有尖角的图形和声音"Kiki"相对应。这可能是因为,"Bouba"的声音和光滑的图形都没有非常突然的变化,而声音"Kiki"和尖角都有突然变化。此外,就像我们在这一节开始时提到过的那样,在我们的语言里也还保留了大量的词语,它们以对一种感觉的感受,来形容对另一种感觉的感受,例如"尖锐的声音""辣妹""炽热的目光"等。他还认为,这类现象可能是"抽象"之雏形。

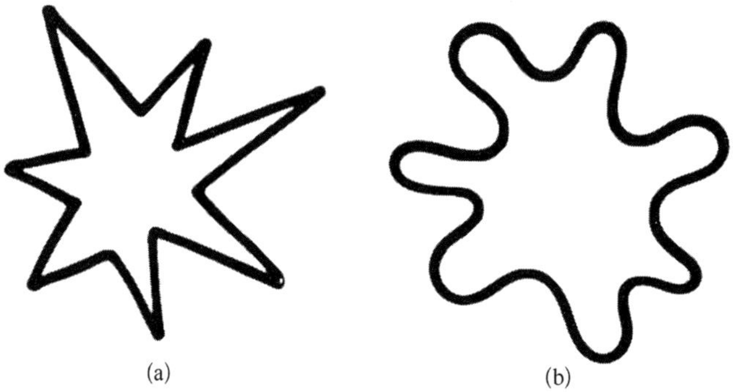

图 1.17　Bouba-Kiki 效应

参考文献

Bear M F, Connors B W, Paradiso M A. 2001. Neuroscience: exploring the brain: 2nd ed [M]. Lippincott Williams & Wilkins.

Bleicher A. 2012. Edges of perception [J]. Scientific American Mind, 23(1): 46 - 53.

Brynie F H. 2009. Brain sense: the science of the senses and how we process the world around us [M]. American Management Association.

De Lange C. 2012. Feast for the senses [J]. New Scientist, 2012 - 12 - 22/29: 60 - 62.

Goode E. 1999. If things taste bad, "phantoms" may be at work [N]. New York Times, 1999 - 04 - 13.

Grunwald M. 2004. Worlds of feeling [J]. Scientific American Mind, 14(5):

56 - 61.
Henshaw J M. 2012. A tour of the senses: how your brain interprets the world [M]. Johns Hopkins University Press.
Kandel E, Schwartz J. 2013. Principles of neural science: 5th ed [M]. McGraw-Hill Education.
Kayser C. 2007. Listening with your eyes [J]. Scientific American Mind, 18(2): 24 - 29.
Konishi M. 1993. Listening with two ears [J]. Scientific American, 268(4): 66.
Ramachandran V S, Blakeslee S. 1998. Phantoms in the brain [J]. Happer Perennial.
Groh J M. 2012. The tell-tale brain: a neuroscientist's quest for what makes us human [J]. Journal of the History of the Neurosciences, 21(2): 232 - 234.
Ramachandran V S, Hubbard E M. 2001. Psychophysical investigations into the neural basis of synaesthesia [J]. Proceedings of the Royal Society Biological Sciences, 268(1470): 979 - 983.
Horrobin D F, Karmazyn M, Ally A, et al. 2003. Hearing colors, tasting shapes [J]. Scientific American, (5): 52 - 59.
Russell M J. 1976. Human olfactory communication [J]. Nature, 260(5551): 520 - 522.
Sekuler R, Blake R. 2002. Perception of visual motion [J]. Stevens Handbook of Experimental Psychology, 46(6): 2842 - 2847.
Styles E A. 2005. Attention, perception and memory: an integrated introduction [J]. Psychology Press.
Wallace P. 1977. Individual discrimination of human by odor [J]. Physiology & Behavior, 19(4): 577 - 579.
Yantis S. 2014. Sensation and perception [M]. Worth Publisher.
贝尔,王建军.2004.神经科学——探索脑[M].北京：高等教育出版社.
顾凡及.2011.脑科学的故事[M].上海：上海科学技术出版社.
顾凡及.2017.脑中魅影[M].长沙：湖南科学技术出版社.
沃尔,周晓林,等.2004.疼痛——为痛苦而生的科学[M].香港：三联书店.
张香桐.1995.脑研究的崎岖道路[M].北京：科学技术文献出版社.

2　旧梦重温——记忆的故事

我们之所以是我们而不是别的什么人，就取决于所有我们学到的东西和所记住的一切。

——坎德尔

有关记忆问题的两个重大发现，已经在拙作《脑科学的故事》里做了比较详细的介绍：英裔加拿大神经心理学家米尔纳(B. Milner)通过对失忆症患者 H.M.的研究，发现了脑中存在多个记忆系统；奥地利裔美国神经科学家坎德尔(图 2.1)通过对一种低等动物海兔的缩腮反射做研究，发现了记忆的突触可塑性机制。因此，在本书中对这些内容就不再重复。对于不熟悉这些故事的读者，笔者建议他们去读一读那本书。如果对坎德尔的整个科学生涯和有关记忆机制的研究特别感兴趣，则可以读一下他的自传《追寻记忆的痕迹》①。本章

图 2.1　2000 年诺贝尔奖得主坎德尔
(引自 Ayan, Kandel, 2008)

① 有中译本：坎德尔著、罗跃嘉等译《追寻记忆的痕迹》，中国轻工业出版社，2007。这是一个很好的译本。

介绍近年来有关记忆研究的其他一些有趣故事。

2.1 “白头宫女在,闲坐说玄宗”——长时记忆和记忆痕迹的故事

唐代诗人元稹在其名作《行宫》一诗中吟咏道:

寥落古行宫,
宫花寂寞红。
白头宫女在,
闲坐说玄宗。

短短几句诗,给我们勾画出了一幅凄凉的画面:天宝年间入宫的红颜少女,度过了半个世纪左右的漫长岁月,早已成了白发老妪,在一片荒败不堪的衰旧行宫中,闲话当年不堪回首的往事。当然,诗人是在感叹无常世事、家国之忧,但是从科学上来说,这首诗却也提出了一个严肃的问题:白头宫女,怎么记得住那么遥远的陈年旧事呢?用脑科学的术语来说,问题就是长时记忆是怎么形成的,特定记忆在脑中的物质基础又在哪里。1904 年,德国进化生物学家塞蒙(R. Semon, 1859—1918)把这种特定记忆在脑中的物质基础,称为“记忆痕迹”(engram)。本节要回答的就是这两个问题。

在笔者的《脑科学的故事》中,介绍过 20 世纪上半叶美国心理学家拉什利(K. Lashley)认为,记忆遍布全脑,脑的所有部位对记忆的贡献都是相同的。拉什利的观点统治了记忆研究 30 多年。1984 年,美国心理学家汤普森(R. F. Thompson)用气吹兔子的角膜,同时发出一个纯音。兔子在眼睛受到气吹时会自动地眨眼。这样经过若干次训练后,即使不用吹气,兔子只要一听到纯音也会眨眼。汤普森发现,如果用化学方法使小脑的外侧层间核(lateral interpositus nucleus, LIP)失活,甚至只要损及几百个神经元,兔子的这种条件反射就建立不起来了。然后再使这一核团恢复功能,条件反射就又能建立起来。这说明,LIP 确实是眨眼反射记忆痕迹的关键部位。此结果与拉什利的理论是不相容的。之后,米尔纳发现有多种记忆系统,海马在把短时陈述性记忆转化为长时记忆当中起关键作用。受到这一研究的鼓舞,坎德尔发现短时记忆靠的是相应神经元之间突触联系强度的变化。这些发现都不支持拉什利的观点,开辟了记忆研究的新时代。关于这些问题的详细介绍,读者可以参阅《脑科学的故事》。

下文要介绍的是,像白头宫女记得天宝遗事这样的长时记忆,那又是怎样形成的,特定的记忆是否保存在一群神经元中。

坎德尔对长时记忆机制的研究

当坎德尔用实验证实了突触联系强度的变化确实是产生短时记忆的机制之后,短时记忆怎样转化成长时记忆的问题依然被讳莫如深。除了突触联系强度的变化之外,长时记忆还需要其他什么机制吗?突触联系强度的变化又如何得到维持?不解答这些问题,白头宫女闲话天宝遗事就依然是个难解之谜。

其实在提出上述问题之前,还有一个前提性的问题要问:短时记忆和长时记忆是存储在脑的同一部位,还是不同部位?坎德尔发现,如果海兔行为上所表现出来的习惯化或者敏感化持续数周的话,那么相应的突触联系强度的变化也要持续数周,这表明在最简单的记忆形式中,短时记忆和长时记忆有可能储存在同一处。接下来的问题就是,短时记忆怎样"巩固"为长时记忆。在他之前,美国科学家弗莱克斯纳(L. Flexner)曾发现,抑制脑内蛋白质合成的药物,会干扰长时记忆,但对短时记忆并无影响。那么在把短时记忆巩固为长时记忆的过程中,蛋白质合成会扮演重要的角色吗?如果是的话,为什么需要合成蛋白质呢?带着这些问题,坎德尔提出了一个大胆猜想:长时记忆并不只是短时记忆在时间上的简单延伸，也就是说，不只是简单地维持造成短时记忆的那些突触的联系强度，而是同时还可能发生结构上的变化。实验结果表明：长时的敏感化产生了新的突触，长时的习惯化则使相应的突触数量减少；当然和短时记忆类似，同时还伴随着突触联系强度的变化。

他们发现，细胞核中有一种“cAMP（环腺苷酸）应答元件结合蛋白”（cAMP response element binding protein, CREB protein），它可能在把短时记忆的突触变化转化为长时记忆的突触变化中，起到关键作用。一个关键的证据是，当他们阻断了感觉细胞核内 CREB 蛋白的作用以后，就同时阻止了突触联系的长时强化，而短时强化则不受影响。他们还发现，存在两种 CREB 蛋白亚型，其中一种易化基因表达，另一种则抑制基因表达，前者促使短时记忆向长时记忆转化，后者则阻断这种转化。他把对学习和记忆的研究，进一步深入到分子和基因的水平。关于 CREB 蛋白何以能起到这种作用的分子机制，由于牵涉相当多的分子生物学知识，在这本书里只能从略了，对此感兴趣的读者可以自己把坎德尔《追寻记忆的痕迹》一书找来一读。

这样，两种彼此拮抗的 CREB 蛋白为记忆存储提供了某种阈值。十分强烈的单次刺激或是反复多次的刺激，有可能使抑制性的 CREB 蛋白失活，从而更容易激活兴奋性的 CREB 蛋白，使之能够突破阈值而进入长时记忆。这就好比，生活中发生了给我们强烈刺激的重大事件，例如第一次从电视画面上看到“9・11 事件”，或是经过多次练习，例如反复背诵《行宫》这首诗，都可能建立起长时记忆。进一步的研究发现，细胞核中合成的蛋白质可以启动新突触的生长，但是为了维持这种新突触，还需要在新突触处合成某种蛋白质。

后来他们通过对大鼠海马神经细胞长时程增强的研究，也得出了类似的结果。就这样，终于使我们对白发宫女在历经沧桑之后还能回顾久远的往事，有了解释的线索。

对记忆痕迹的新发现

在很长一段时间里,绝大多数神经科学家把限定记忆痕迹于某些神经元的想法看作天方夜谭。一直到最近,葡萄牙裔美国神经科学家席尔瓦(A. Silva)和他的合作者、后来到加拿大工作的乔斯林(S. Josselyn)才找到了证据,说明确实有这样的可能性。

席尔瓦是坎德尔好友、另一位诺贝尔奖得主(1987 年)利根川进(S. Tonegawa)的博士后。他立志献身于有关记忆细胞机制的研究,因为他想不出还有比这更重要的课题了。用他的话来说:“虽然记忆并非我们所拥有的一切,但也离此不远了。我们其实就是我们所获得的种种记忆的总和。我们记忆中的任何一点都会改变我们。”席尔瓦认识到,激活 CREB 蛋白在长时记忆的形成和保持中起重要作用。1994 年他做了一个实验,培育出一种无 CREB 蛋白功能的小鼠,第一天教这种小鼠在水池里找到隐藏在混浊水面下的平台,到了第二天再把它放到这种“水迷宫”中,它就完全不记得昨天刚学到的一切了。他说道:“CREB 蛋白改变了神经元产生发放的难易程度。当有记忆需要存储时,神经元中的 CREB 蛋白越多,该神经元就越有可能进入长时记忆模式。这使得该神经元更为警觉。”他的这一发现吸引了许多科学家,其中也包括乔斯林。和席尔瓦不同的是,她通过额外地添加 CREB 蛋白来增强记忆。她研究的靶细胞位于大鼠脑中的外侧杏仁体,也就是所有哺乳动物的“恐惧中枢”。在大鼠从手术中康复过来以后,她对这些大鼠和另一对照组的正常大鼠做巴甫洛夫式的经典条件反射实验,实验中采用的无条件刺激是中等强度的电击,而条件刺激则是给光。一旦完成训练,这些有额外 CREB 蛋白的大鼠,一见到光就跳起“八丈”高,其高度是对照组的 5 倍。由此她意识到,CREB 蛋白不仅对形成正常的长时记忆是必需的,而且是某种“记忆增强剂”。

就在此后不久,席尔瓦拜访了她所在的实验室。作为小同行,他们进行了热烈的讨论。他们觉得,CREB 蛋白不仅可以用来增强或削弱长时记忆,还有可能用来探索新记忆的确切部位,也就是人们长期寻找的“记忆痕迹”。

2001年席尔瓦邀请乔斯林夫妇到他那儿工作。他们采用了一种新技术，使得有额外CREB蛋白的神经元发光。但是问题依旧存在：怎样知道唯独有额外CREB蛋白的神经元，才是存储记忆的痕迹所在呢？

2003年乔斯林夫妇到多伦多工作。他们推测，如果富含CREB蛋白的神经元确实对维持记忆很重要的话，那么杀死这些细胞就应该也会消除相应的记忆，但问题是这15％富含CREB蛋白的神经元并不群集在一起，因此不可能用解剖刀一股脑儿加以切除。不过最后，他们还是找到了其他的先进方法，可以只杀死这种富含CREB蛋白的神经元，而不伤及“无辜”。

有了这种“定点清除”之后，他们再次训练小鼠听觉恐惧条件反射。那些拥有富含CREB蛋白的神经元的动物，对声音表现出更大的恐惧感；而在选择性地杀死了这些细胞之后，动物对声音就无所畏惧了。这对科学家夫妻造成了动物的选择性遗忘症，可能为治疗创伤后应激障碍(post-traumatic stress disorder, PTSD)①开辟了可能性。要知道单是美国一个国家，就有3.6％的成年人为此所苦。

就这样，似乎终于找到了恐惧的记忆痕迹，而且似乎也为从战场上回来的退伍军人等所患的PTSD，打开了治疗的门户。想得更远一点，利用CREB蛋白增强记忆，也许也会对治疗阿尔茨海默病(老年性痴呆症)等遗忘症开辟新的可能性。不过正如一些科学家所说：“这是一项非常有意思的工作，但是还不能实际应用于临床患者。”席尔瓦对此表示同意，不过他们对将来应用于临床治疗的可能性持乐观态度。他说道：“如果我们对某件事没有认识，那么就搞不定这件事。长久以来，我们对记忆在脑中的物理表征，也就是说对记忆痕迹，一无所知。

① 这是一种经历强烈的精神创伤之后留下的后遗症。患者忘不了痛苦的往事，常常在半夜为噩梦所惊醒。例如从伊拉克和阿富汗战场上回国的美国退伍士兵，很久以后还常常因残酷的战争而留下精神创伤。

现在我们知道了，CREB 蛋白对记忆起到了决定性的作用，所以可通过操纵 CREB 蛋白，把一些记忆灌输到一些特定的细胞中去。”当然，一只老鼠对引起恐惧的单个事件的记忆是一回事，而在人记忆中复杂的联想，可能要牵涉有许许多多神经联结的网络，那又是另一回事。不能说他们的工作就解决了白头宫女对天宝遗事的记忆痕迹究竟在哪里这一问题。乔斯林自己也说：“我们研究的是记忆的一种非常简单和基本的类型。对一只耗子，您不可能问它：‘你还记得昨天把你放进去的那只笼子吗？’我们所能做的仅仅是观察它们的行为，以确定它们有没有学到些什么。像您回忆自己经历过的某个事件这样的复杂回忆，储存在许许多多不同的脑区中。即使只拿治疗 PSTD 来说，我们也不想消除整个记忆，而只想消除那些使您为恐惧所苦的成分，而这可能来自杏仁体。”

在人脑海马和内嗅皮层发现了存储记忆的神经元

上一小节中讲了在分子层次上发现鼠类脑中的记忆痕迹。本小节中我们将介绍 2008 年美国神经外科学家弗里德(I. Fried)领导的研究组作出的发现。他们在癫痫患者的脑中观察到患者在回忆某件事情时有活动的神经元，这就在神经元和神经回路的层次上，找到了人脑中的记忆痕迹。

他们在住院的 13 名癫痫患者的脑中埋藏了电极，以便通过监视找到癫痫病灶究竟在哪儿，从而确定需要手术切除的部位。因为很多患者得的是颞叶癫痫，所以他们把电极埋藏在患者的海马和附近的内嗅皮层区(图 2.2)。在这一段监视时间里，在征得患者同意

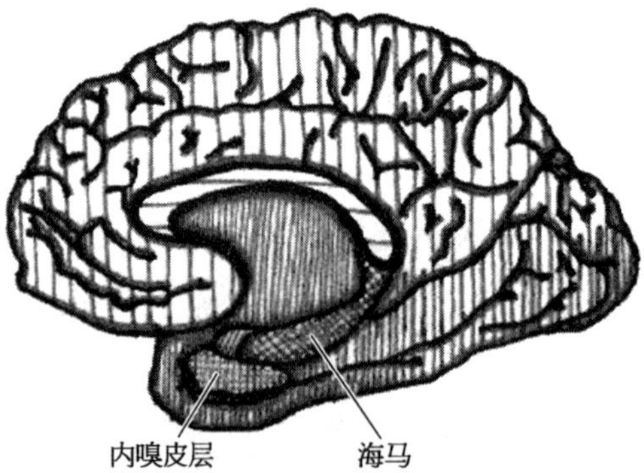

图 2.2　海马和内嗅皮层

的条件下，他们对患者做了下列实验：让患者看某些录像片段，例如“阿汤哥”汤姆·克鲁斯（Tom Cruise）和《辛普森一家》（*Simpsons*）中的角色辛普森（H. Simpson）等人物以及一些地标建筑。在给患者看特定对象时，可以发现在这些区域中有某些特定的神经元有强烈的发放，而其他神经元则“无动于衷”。在做完这些测试以后，他们让患者做点别的事，这样在经过几分钟之后，他们要求患者回想一下刚才看过的录像，但是并不指定他们一定要回忆哪一段，而随他们自己决定。惊奇的一幕出现了：还在患者报告他们正在回忆哪一段以前，他们就观察到早些时候对某个特定片段（比如有关阿汤哥的录像）有强烈反应的神经元猛烈地活动起来了，此后患者报告他们回忆的片段，正好就是当时引起这些神经元强烈发放的片段——他们刚刚回忆的正是阿汤哥！而当患者回忆其他片段时，这些神经元则“默不作声”。就这样，即使患者不讲，实验者根据是哪些神经元在活动，也可以知道当时患者在回忆什么。

不过弗里德指出，这不只是单个神经元在起作用，它们是成百上千的神经元所构成的记忆回路之一部分。正是这种记忆回路，既对特定对象起反应，也在回忆这种对象时起反应。这也许从另一方面提供了记忆痕迹的线索。当然，因为他们的实验是在给予刺激之后以分钟为单位的时间后开始测试的，所以对于时间很长的长时记忆的记忆痕迹在哪里的问题，有人认为这种记忆痕迹涉及海马和新皮层相互“对话”的结果，而要了解究竟如何还有待于进一步的深入研究。

2.2 历历在目——记忆达人的故事

“张永年反难杨修”

相信大部分读者读过我国古典小说《三国演义》，也许您还记得书中第六十回“张永年反难杨修”里的一段故事。这段故事讲的是割据西川的军阀刘璋派遣部下张松(字永年)去见曹操。由于张松的相貌实在不怎么样,按照《三国演义》的形容:“其人生得额钁头尖,鼻偃齿露,身短不满五尺。”刚因新破马超而志得意满的曹操以貌取人,对他态度倨傲,以致言语间发生冲突。曹操的秘书杨修出身高贵,和他辩论,反而被他讥笑为屈身事人。杨修以曹操博学多才,在他身边可以经常受到教诲,获益匪浅为由替自己辩解,并且拿出曹操新作从未刊行的兵书《孟德新书》十三卷让他看以为佐证。哪知张松看了一遍以后,“问曰:‘公以此书为何书耶?’修曰:‘此是丞相酌古准今,仿《孙子》十三篇而作。公欺丞相无才,此堪以传后世否?’松大笑曰:‘此书吾蜀中三尺小童,亦能暗诵,何为新书? 此是战国时无名氏所作,曹丞相盗窃以为己能,止好瞒足下耳。’修曰:‘丞相秘藏之书,虽已成帖,未传于世。公言蜀中小儿暗诵如流,何相欺乎?’松曰:‘公如不信,我试诵之。’遂将《孟德新书》从头到尾朗诵一遍,并无一字差错。修大惊曰:‘公过目不忘,真天下奇才也!’”笔者在小时候读此书时以为,这只是小说家言,天下哪里真有这等过目不忘的奇人呢? 而且在陈寿的史书《三国志》里,对张松也只在刘备和刘璋的传记中简短地提了一下,并无有关此事的记述。从《三国志》里对张松的简单介绍中,也没有看出他有什么真才实学,最后还被刘璋杀了。但是现代的科学文献中,倒确实记载有类似小说中张松这样有超强记忆力的人。坎德尔在《追寻记忆的痕迹》一书中就介绍过:“有些从波兰来的犹太记忆强人,能够回答出《巴比伦律法》(*Babylonian Talmud*)中每一页的每一个词。要知道,《巴比伦律法》长达 12 卷,但他们回忆起来是如此轻松,就好像照书作答一样。”这真是近代的犹太张松! 19 世纪末英国医生唐(J. L. Down)曾经提到过他的一位患者,竟然能够一字不差地背出吉本(E. Gibbon)的皇皇巨著《罗马帝国衰亡史》(*The Decline and Fall of the Roman Empire*)![1] 张松既然能够当着杨修的面读完《孟德新书》,这应该不是很厚的一部著作,这和

① 为了给读者一个大致的概念,笔者查了一下该书的 6 卷中译本,共计 3 263 页,261 万字。

背出《罗马帝国衰亡史》比起来差远了。

心理学上具有超强记忆的最著名的一个人是俄罗斯神经心理学家卢里亚(A. P. Лýрия)的研究对象舍雷舍夫斯基(С. В. Шерешевский)。舍雷舍夫斯基原先是一名记者,他几乎完全做到了过目不忘,甚至10年前看见过的东西都能回忆起来,并以表演他的超强记忆谋生。卢里亚对他进行了30年的研究。他和卢里亚的相识说起来还很有趣。那是在20世纪20年代,有一次他们同去参加一次会议,舍雷舍夫斯基由于听发言不做笔记而受到责备。让与会者大吃一惊的是,他竟然能把发言内容一字不差地复述出来。而他自己也第一次吃惊地意识到,别人都做不到这一点![①] 后来,卢里亚要他回忆一下,他们首次在卢里亚家里会面时的情形,他不仅清楚记得当时寓所里的陈设和卢里亚的穿着,更令人吃惊的是,他居然还记得当时卢里亚向他朗读了70个单词要他复述,而在时隔15年之后,他还能无一差错地把它们背出来!而且他的这种记忆能力还和单词有没有意义无关,即使这些单词都只是一些无意义的音节组合,他照样能像对真正的单词那样。而且对这些单词串,不管是顺背、倒背,还是从中间某个单词背起,他都能精确无误地背出来。在卢里亚研究他的这些年头里,无论卢里亚要他背的是复杂的数学公式、庞大的列表还是外文诗,他都应付裕如。不过除了超常的记忆力之外,他的其他智力测试成绩并不比常人好。

舍雷舍夫斯基为什么会有超常的记忆力,据他自己说,是因为他把任何单词都和记忆里的某个图像联系起来。例如在回忆数字时,他报告说:

> 当我听到"绿色"这个词时,眼前就会出现一个绿色的花盆;听到"红色"就看到一个穿红色衬衣的男子向我走来;听到"蓝色"则有人从一扇窗里向外挥舞一面蓝色小旗。

① 也有说卢里亚和舍雷舍夫斯基是通过后者所在报社的一位同事介绍而认识的。不过,舍雷舍夫斯基参加会议不记笔记而能记住报告的所有内容,这也确有其事。

……

对于数字 1，这是一位精神抖擞、健美优雅的男子；2 则是一位兴高采烈的女士；3 是一位神情抑郁的人；6 是一位脚肿了起来的男人；7 是一位留有一小撇胡须的男子；8 是一位肥胖异常的女人，就像把一大袋东西又套到了另一个袋子里去似的。至于说到数字 87，我看到的是一位胖女人旁边站着一位手捻胡须的男子。

最有趣的是他对下列方程的记忆方法：

$$N \cdot \sqrt{d^2 \times \frac{85}{vx}} \cdot \sqrt[2]{\frac{276^2 \cdot 86x}{n^2 v \cdot \pi 264}}\, n^2 b = sv\, \frac{1\,624}{32^2} \cdot r^2 s$$

他是这样叙述的：

奈曼(Neiman，代表 N)走出来，用手杖(代表·)戳刺一下地面，抬头仰望一棵高耸、形状有点像平方根符号的树(代表 $\sqrt{\quad}$)，暗自思忖："难怪这棵树枯了，树根也暴露在外，毕竟它早就在这儿了，当我兴建这两幢房子时(d^2，dom=house)。"他又敲了两下手杖，开口说："既然房子旧了，我得处理掉(×)，绝对会赚到更多的钱。我当初盖房子时投资了 8.5 万卢布(85)，然后我看到房顶掀开了(—)，一个男人在这条街再下去一点的地方弹奏无弦琴(thereminvox，代表 vx)①……"

他就是这样，经常把符号转化成一些图像，并串联成一个完整的故事。不过卢里亚搞不清楚，舍雷舍夫斯基这种天生的本领跟记忆术中把数字和图像联系起来的方法之间，究竟有没有什么关系。

卢里亚还发现，他有一类极强的联觉。他把这称为五重联觉，因为当他受到某种感官刺激时，同时也会有其余的各种感觉反应。比如说，

① 译文引自德拉伊斯玛著、张朝霞译《记忆的风景：我们为什么想起，又为什么遗忘》，北京联合出版公司，2014。

当他听到某支曲子时，他立刻也能看到颜色。语言文字可以让他看到某种颜色，尝到某种味道，甚至感到疼痛……这些联觉可能给了他额外的联想线索，帮助他的记忆不至于出错。

上面讲的主要是和知识有关的记忆，一般称为“语义记忆”，这是“陈述性记忆”①的一种，下面则要讲对陈述性记忆的另外一种类型——也就是自传性记忆或者情景记忆，有超常能力的故事。这种记忆是关于自己经历过事件的记忆。

“活大事记”

2000年，研究记忆的神经科学家麦格劳(J. McGraugh)收到了一封令他难以置信的电子邮件，这封邮件来自一位34岁的主妇普瑞斯(J. Price)。她在邮件中声称，自己能记得12岁左右以后每天所发生的大事，以及自己在那天做了些什么。她说道：“有人称我为活大事记，还有些人则吓得离我而去。但是每个人都认为我的这种‘天分’令人惊讶。我的一生每天都要在自己头脑里过一遍，这让我都快要疯了。”

麦格劳请普瑞斯到他的实验室来，为确认她所讲的是否属实，他拿出一本叫作《20世纪日志》(*20th Century Day by Day*)的书，随便翻到某一页，问普瑞斯在那一天发生了什么事。他回忆道：“不管那天是有飞机失事，还是举行了什么选举，或是某个电影明星做出了某种惊世骇俗之举，她都能精确地回答出来。”她显然特别擅长于自传性记忆，而且她的这种记忆并没有采用任何技巧。不过，在短时记忆和语义记忆方面，她却并无特别之处。

普瑞斯对自己经历的惊人记忆力，既给她带来欢乐，也带来苦恼。她说道：“我的记忆真的主宰了我的生活，它给我带来了巨大的欢乐，但是它也折磨着我。能记得所有那些欢乐的时刻使我快乐，但是我也记得

① 也就是能用言语表达的记忆，通常也被称为外显记忆；与此不同的另一种类型的记忆被称为非陈述性记忆或程序性记忆或内隐记忆，后一种记忆指的是难以用言语表达，通过多次训练学会的技巧，例如有关骑车、游泳之类的记忆。

那些痛苦的时刻。"她对丈夫在几年前过世的事始终难以释怀。不过,一些和她有同样记忆本领的人,却不认为这是什么大问题。他们说,当回想到这些不愉快的往事时,他们努力转而想那些高兴的事。所以当被问到,如果可以有所选择,他们愿不愿意放弃这种能力时,多半的回答是否定的。

此后,麦格劳及其同事又找到了 33 位和她有类似本领的人,这种人被称为有"超常自传性记忆"(highly superior autobiographical memory, HSAM)的人。他们发现,这些人并不是专门利用特别的记忆技巧的记忆术大师,却能够记得他们生活中几乎每一天的主要事件。

麦格劳遇到的下一位有 HSAM 的人是电视明星埃内尔(M. Henner),她以其在 20 世纪 80 年代系列电视剧《出租车》(*Taxi*)中的表现而声名鹊起。有人问她:"您怎么能那样容易地有哭有笑呢?"她的回答是,她只要回想起以前那些激动的时刻就行了。

对于这种人的记忆怎样随时间衰减的问题,麦格劳的同事勒波尔(A. LePort)实施了一个长期追踪的项目。当她要求这些人描述一个月以前的事情时,他们讲得出来的细节仅有当天的一半;然而,如果要他们讲 10 年以前的事情,他们记得的细节和一个月前的情况差不多。勒波尔对于在第一个月里这些人脑中发生了什么深感兴趣。她说道:"要知道这些人也会忘记,这一点很重要。但是,他们忘记的东西没有你我那么多。"搞清楚他们记住的是什么类型的信息,可能有助于我们认识这些人怎么会记住那么多。

对此,现在有几种假说。第一种假说认为,这和情绪有关。无论对人还是对动物所做的研究都表明,伴随强烈情绪的事件细节容易进入记忆,杏仁体在这一过程中起重要作用。例如,您对自己的初恋和婚礼多半会有清晰的记忆。麦格劳猜想,有 HSAM 的人在脑处理情绪唤起方面可能与常人有异。埃内尔就说过:"从我孩提时起,我就老是努力给每天赋予某种重要意义。"美国科学家阿利(B. Ally)对他研究的一名有 HSAM 的人做了核磁共振成像,发现其右杏仁体(图 2.3)比常人大出约 20%,并且跟海马的联系也更丰富。但是,他们只有 1

个样本，而且受试者还是个盲人，失明也可能给脑结构带来影响。麦格劳也对 11 名对象进行了扫描，结果并没有发现杏仁体增大的现象。但是他认为，这不足以否定 HSAM 的情绪唤起学说，因为他们的杏仁体也可能有扫描看不出的异常。麦格劳等人的扫描发现了这些人的脑在别的方面确有异于常人之处，他们的颞叶都大于平均水平，而一般认为颞叶是长时记忆的储存处。不过他指出："我们不知道究竟是这种记忆能力造成了脑的变化，还是脑结构的这些变化造就了他们的记忆能力。"此外研究者们还发现，这些人把额叶皮层和海马以及杏仁体联结起来的钩形束(uncinate fasciculus)(图 2.4)和常人也有不同，而额叶损伤会导致自传性记忆的缺损。

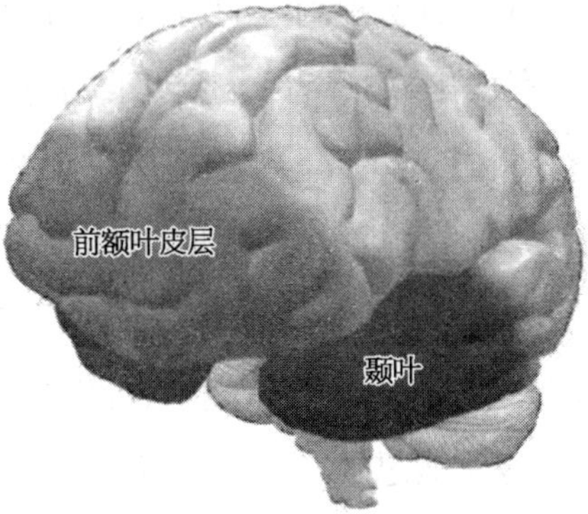

图 2.3 对记忆特别重要的两个脑区，记忆被编码成这两个区域中神经元之间的联结。(引自 Sukel，2012)

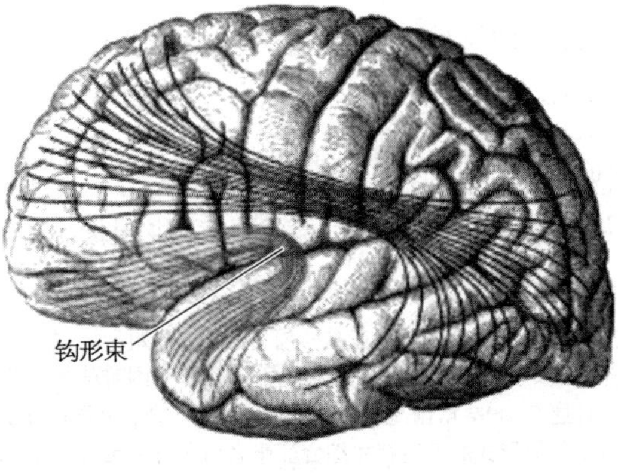

图 2.4 钩形束

另外出乎意料的是，他发现这些人的尾状核以及其他一些与强迫症有关的脑区，也比平均的要大，虽然这些人并没有表现出强迫症的症状。勒波尔认为，这种倾向"可能造成某种形式的下意识反复练习"，而重复练习对于形成长时记忆起很重要的作用。

上述两种假说还有待进一步的检验。

记忆达人的苦恼

您也许会羡慕像舍雷舍夫斯基那样天生就有"过目不忘"本领的人。您会以为，对这种人来说，学习变得异常轻松，要对付的任何考试都只不过小菜一碟。其实您错了，您不理解他们也有他们的苦恼，这其实也是一种病。本节一开头提到过的唐医生(是他首先发现了那个能够背出《罗马帝国衰亡史》的患者)，还专门给这病起了个名字——低智特才综合征(savant syndrome)[①]。用那位记忆强人舍雷舍夫斯基自己的话说，给他看一张有50个数字的列表，他记住的是这整张列表的画面，所以无论是顺着念还是倒着念，甚至沿对角线方向念，他都能根据自己回忆起的这张画面来念，没有人能够难倒他。但是，他的这种把什么符号都图像化的思维方式，也给他带来困扰。他只擅长可视化的、具体的东西，而对抽象的东西就犯难了。例如他无法把"无"这个概念和任何图像相对应。他记住了所有的细节，但不能把握全局。他很难记住别人的脸，因为人的表情在不断变化，他看到的是不断变化的脸，这会把他弄糊涂。他也听不懂别人给他讲的故事，因为他记住的是一个接一个的单词，而不是这一连串单词前后表达出来的意思。他只知道文字字面上的意思，而不能理解其中的隐喻。他说道："不好，这太过分了。每个单词都引起一些图像，这些图像彼此冲

① 广义地说，低智特才综合征是指在某一特定方面，例如记忆、数学、音乐或绘画方面能力超群，但在其他方面则远不如一般人，甚至生活自理都有困难的人。不过这种人中以记忆超群的人居多，而且唐在1887年创造这一术语时，讲到的例子也正是此类人。由于本节是有关记忆的，所以对于其他形式的低智特才综合征患者就不作介绍了。有兴趣的读者可参阅拉马钱德兰著、顾凡及译《脑中魅影：探索心智之谜》，湖南科学技术出版社，2017。

突，弄得结果一团糟。从这里面我什么也不明白。”有一次他向卢里亚抱怨他所听到的一个词语“斟酌”（weigh one's words，字面意思是“称量文字”）：“字怎么能拿来称呢？听到‘称’（weigh）这个字，我就看到一台大秤，就像在我们店里看到的那台一样，店员把面包放在秤的一边，另一边放上砝码。秤的指针先歪向一边，然后停在中间……可是这个呢？难道拿字来称吗？”要他为一群人做决定，他抓不住要领，而为许多无关紧要的细节所误。因此，他做不成记者的工作，最后只能靠表演他的记忆力来谋生。

真实的“雨人”——“低智特才”综合征患者“金算机”皮克的故事

比舍雷舍夫斯基幸运一点的是一位名叫皮克（K. Peek）的低智特才综合征患者，他的缺陷要比舍雷舍夫斯基好一些，而他的记忆力甚至更为惊人，以至于他的朋友戏称他为“金算机”（Kim-puter）。他出生时头就特别大，而且有脑膨出（encephalocele），也就是说，脑实质从颅骨空隙处鼓出。皮克每8～10秒就能读完一页书，而且烂熟于心。朋友们对他的戏称可谓名副其实。事实上，他能够非常快地从他的脑“图书馆”中找出某件事实，其速度和用搜索引擎在因特网上进行搜索相当，因此他从来不上网搜索。他的父亲说，他需要23分钟才能读完的材料，皮克只要53秒就读完了！在皮克只有16～20个月大的时候，就记住了别人读给他听的书。为防止别人再给他重读这些“陈词滥调”，他把听过的书颠倒过来放，后来这就成了他的终身习惯，他书架上倒放的书都是他已经读过一遍的。据《时代》（*The Times*）周刊的报道，在他的一生中大概记住了12 000本书的内容①。

皮克读书涉猎甚广，包括世界史、美国史、运动、电影、地理、太空计划、演员、圣经、宗教史、文学、莎士比亚和古典音乐。他记得全美所

① 皮克生于1951年，2009年去世。

有地区的区号和邮政编码号,他还记得电话簿上刊登的所有城市的地图,并乐于以此助人。他讲得出几百首古典乐曲,还能说出这些乐曲是在何时何地作曲的,首演在什么时候,当然也讲得出这些曲子的作曲家名字和他们生平的许多细节。到他中年以后,他不只是谈论音乐了,还开始学习演奏。他可以演奏许许多多记在脑里的乐曲,虽然因为小脑有问题,动作的协调受到影响,增加了演奏的困难。他对音乐有很好的理解,当第一次听到他所熟知的某个作曲家的某个他以前不知道的作品时,他能根据这首曲子的风格,推断出作曲的应该是谁。有一位研究莫扎特的专家评论他说:

> 皮克对音乐的知识渊博。他对自己听到过的曲子的所有细节,有惊人的记忆力,其中某些曲子他只是在 40 多年前仅仅听到过一次。他能指出并讲清楚曲子、作曲家的生平、历史事件、电影声带,还有存储在他脑中成千上万的事实之间的联系。这都表明他有非凡的智力。

这位专家甚至把他和莫扎特相提并论,因为莫扎特也有一个跟皮克一样的大头,喜欢数字和不擅长社交。皮克像莫扎特一样对音高特别敏感,能听出演奏中微小的走音,以至于他父亲有时不敢带他去听交响乐,唯恐当有乐师走音时,他会当众站起来问道:“这是怎么回事呀?”

有一次,一位来访的客人说起自己的生日是 1956 年 3 月 31 日,皮克应声补充说,这是复活节那个星期的星期六。还有一次,当有人和他谈起林肯总统著名的“葛底斯堡演说”(*Gettysburg Address*)的时候,他应声说道:“这是在西北前街(North West Front Street)227 号威尔楼(Will's house)。不过他在那儿住了一宿,他是在次日才发表这一演讲的。”

到此为止,听上去一切都好。但是事情往往像人们常说的:“上帝是公平的”,他的特殊才能也伴随着其他方面的低能。他斜着走路,扣不上衣服的纽扣，对于日常家务事一筹莫展。在抽象思维方面也有问题。例如，他就不大理解许多常用谚语。有一次，在一家餐厅里，他父亲要他放低点说话声(voice)，结果他在座位上把身躯往下挫，这样就可以让他的喉部(voice box)放低一些。这种缺陷是低智特才患者的通病，不过和其他低智特才患者比起来，他应该算是非常幸运的了。他不会主动讲什么笑话，但是当他看到问他话的人笑了起来的时候，他也能明白他们为什么会笑，而在这之后，他会故意再讲这个有幽默内涵的故事，并取得令人捧腹的效果。尽管有这些问题，他在记忆方面表现出的非凡才能还是令人惊诧莫名。为什么他在记忆上如此超群，而在其他方面又有很大缺陷呢？我们现在已经不可能发问张松于地下(如果《三国演义》里有关张松的故事是真的，那么他除了记忆力很好以外，其他方面也没有表现出多大才能，还出了不少馊点子，可能也是一位低智特才综合征患者吧)，连舍雷舍夫斯基的脑都未曾得到过很好的研究。在这些人的时代，科学还没有发展到可以这样做的地步，而现在我们已经有了脑成像技术，可以在这样的人活着的时候，看看他们的脑和其他人的脑有何不同。

图 2.5a 是皮克脑成像的正中矢状位剖面图，图 2.5b 是正常人的对照剖面图。只要比较一下就可以看出，他的小脑不仅小，而且畸形，周围很大的空间里都充满了液体，这也许可以解释他古怪的步态和不协调的动作。但最令人奇怪的是，他完全没有常人把脑左右两半球联系起来的胼胝体、前联合和后联合。不过，也有些先天就没有胼胝体的人，并没有表现出任何异常。或许先天没有胼胝体的人发展出了某种后备通道，把两个脑半球联系起来了吧，从而使得两半球在某些功能上就像是单个巨大的半球在起作用。既然存在有这种先天缺陷却未显出异常之处的人，那么皮克的特殊才能是否源于此还不得而知。

皮克的脑异常之处主要在左脑，而许多有低智特才综合征的患者都是如此。另外，有些年岁稍大的儿童甚至成人，在左半球受

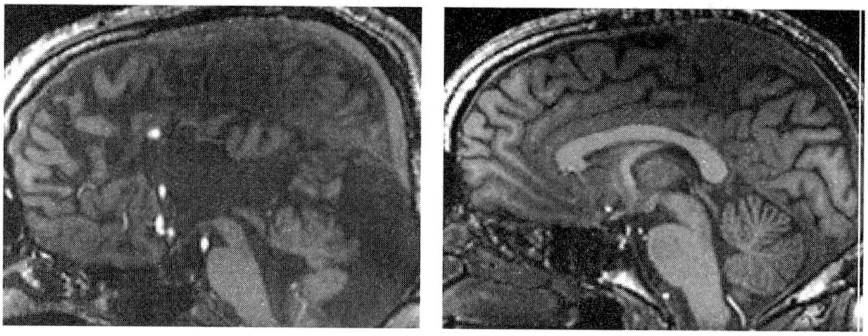

(a) (b)

图 2.5 脑的正中矢状位剖面图 (a) 皮克的剖面图;(b) 正常人的剖面图。由这两张剖面图可以看到皮克的脑和正常人的脑有很大的不同。一是皮克的脑缺乏联系大脑两半球的胼胝体、前联合和后联合(b 图中央的浅色区域)。二是他的小脑不仅小,而且畸形,在其周围的空间里充满了液体。正常人的小脑是(b)中右下方形状像菜花的浅色区域。后一特点也许可以解释为什么他在协调动作方面有诸多困难。但是他为什么会有超常记忆?这和他的脑的特点有什么关系?问题还有待研究。(引自 Treffert, Christensen, 2005)

到损伤之后会突然表现出某种特殊才能——即罹患所谓的“获得性低智特才综合征”。这也支持左脑的结构变化可能与低智特才有关。

1988 年对皮克做了一次心理测试,他总的智商只有 87,但是他在不同的方面表现悬殊,所以在历时已久的有关“通用智能”(general intelligence)和“多重智能”(multiple intelligence)之争中,对皮克测试所得的结果似乎支持后者。对皮克的诊断结论是,他并非自闭症患者,尽管在低智特才综合征患者中,同时患有自闭症的几乎占了一半。

1984 年作家莫罗(B. Morrow)见到了皮克,皮克的记忆力使莫罗极为吃惊。后来莫罗回忆说,他讲得出“我出生那天是星期几,我今年的生日是星期几”,以及“到我 65 岁时我的生日是星期几,这样我就可以想想退休的事了”。这启发莫罗写作电影剧本《雨人》(*Rain Man*)。该部奥斯卡获奖电影讲的也是一位低智特才患者的故事,虽然《雨人》并非皮克的传记电影,电影中的主角“雨人”是综合了好些低智特才患者(其中也包括了皮克)之后再创作出来的。雨人是一位自闭症患者,而皮克则不是[1]。不过奥斯卡影帝、雨人的扮演者霍夫曼(D. Hoffman)在获奖感言中提到："我要特别感谢皮克，他赋予雨人以真实性"。这一电影的大获成功也使皮克声名大噪，他的故事成了残障人士的励志篇。《雨人》的成功也成了皮克的人生转折点。之前他很害羞，深居简出；而在此后，他接受采访，在他父亲的陪伴下周游全国，甚至还到加拿大和欧洲巡回活动，估计其听众总数达到 90 万之多。此外，为什么像皮克这样的低智特才患者会有这样惊人的记忆力，现在还没有答案，但是为了真正认识记忆机制，解开这样的谜团是必不可少的。他在 2009 年 58 岁时因心脏病发作突然逝世，这使科学界失去了研究像他这样奇才的难得机会。

记忆达人的记忆术

并非所有的记忆达人都有联觉，也不是所有的记忆达人都是低智特才者。有些超常记忆可以是后天训练出来的，他们所用的方法就称为"记忆术"。1987 年有一位日本人能背出圆周率 π 的小数点后 40 000位，其后还有人甚至能背出更多位。2002 年有一位英国人奥布赖恩(D. O'Brien)能一口气说出 54 副扑克牌中总计 2 808 张牌的次序，这被记录在《吉斯尼记录大全》中。这些记录其实比张松所做的更难，因为张松记忆的是有意义、有联系的句子，而前面讲的二位所面临的是在一般人看来无规律可循的随机符号序列，这就更难记了。有科学家做过这样的实验，让一位国际象棋大师看一眼棋盘上棋子的排列，然后要他复盘。如果棋子的排列是真实棋局中的一局，大师可以相当精确地把它重复出来；如果棋子是随机乱放在棋盘上的，大师的成绩就差远了，几乎与常人无异。因此，"过目不忘"还和当事人的经验与知识有关。张松作为一位熟悉用兵之道的人，复诵兵书对他说来

① 虽然许多低智特才患者也是自闭症患者，但并不是所有自闭症患者都有特殊才能，也不是所有低智特才患者都是自闭症患者。皮克的父亲说："他在行为上并没有自闭症的倾向，他天性温和、有爱心。他真诚地关心别人，乐与他人分享他所特有的技能和知识。"

比上面二位容易多了。不过这二位也都有各自的窍门，例如那位日本人把圆周率的数字分成十个一组，把每个数字的日语发音和一个字联系起来，组成句子，以便于记忆。也有些人是把这样的数列排成一张图表，当要他背诵的时候，在他的脑际就浮现出这张表，以致他甚至可以倒背如流。

像上面讲到的这类“记忆大师”，有的是出自天然，也有的是在后天找窍门训练出来的。当然，这种人的记忆力本来就相当好，只是经过训练之后才表现得那样出神入化罢了。著名科普杂志《发现》(*Discover*)的记者弗尔(J. Foer)就是这样的一个例子。2005 年杂志社派他到牛津大学去报道世界记忆锦标赛。在那里他看到参赛者能够记住冗长得出奇的随机数字序列、几百个陌生人的姓名和照片，以及写得糟透了的长诗。弗尔在那里发现，绝大多数记忆大师靠的是同一种技巧，就是在他们心中建起某种“记忆的宫殿”，而后把他们要记的数字或是文字和一些古里古怪、然而非常有特点的形象联系起来，并把这些形象分配到“宫殿”各处。受此启发，回来后他花了一年的时间去掌握这种技巧，还写了本书。第二年他去参加全美记忆锦标赛，在看得目瞪口呆的观众面前，仅用 1 分 40 秒就记住了一叠刚洗过牌的纸牌的次序。不过在一次参加完世界记忆锦标赛并获得较好成绩的几天之后，他和一些朋友出去共进晚餐，然后乘地铁回家，但是直到进了家门，他才突然想起他是开车去饭店的！他不仅忘了把车泊在哪里了，连开车去这回事都整个给忘了。虽然在学了这种技巧之后，他能够记住一起参加鸡尾酒会的几十个人的名字(这当然是有用的)，但是对于那些无法转化成形象而放置到记忆宫殿里去的信息，他和一般人的记忆力没什么两样。他把他的经验归结为一句老话：“熟能生巧”。

对于“记忆的宫殿”也许可以用弗尔所讲的下列例子来加以说明：他认为人脑记忆不同类型信息的能力是不一样的，视觉形象最容易记忆，要想记住一串数字或是文字就不那么容易。他认为，只要把难于记忆的一串数字、一叠纸牌或是一张采购单转化成一连串引人注意的视觉影像，并想象着把它们放置到一个虚构的空间，也就是所谓的“记忆的宫殿”中，那么本来难于记住的信息，一下子就变得容易记住了。

在记忆数字串方面，他采用的是 17 世纪欧洲流行的一种技巧，就是把不同的数字对应于不同的音素，这样就可以把一串数字变成文字，再转成形象而后放到“记忆的宫殿”中去。表 2.1 就是一张这样的数字和音素的对应表。

表 2.1　用于帮助记忆数字串的数字-音素对应表

0	1	2	3	4
S	T 或 D	N	M	R
5	6	7	8	9
L	Sh 或 Ch	K 或 G	F 或 V	P 或 B

这样数字 32 就对应于 M－N，为了使这样的辅音串有意义，可以在两个辅音之间任意插一个元音，例如添加 A，这样 32 就变成 man，从而和一个男子的形象对应起来。同样地，7879 就对应于 KFKP，转化成 coffee cup，就对应于一只咖啡杯了。327879 就成了一个男子手持一只咖啡杯。

2.3　心智的清扫工——遗忘的故事

“最精明的人只记住至关紧要的信息，而把其余的统统忘掉”

上节的故事说明，什么事都过目不忘未必是好事，适当的遗忘对我们的生活是十分必要的，特别是那些痛苦的记忆。有许多从残酷的战场上回归故里的退伍军人，往往由于忘不了经历过的惨事和恐怖，而半夜惊魂，过不了正常生活。据统计，在美国有 49％的强奸受害者和 17％的车祸幸存者得了创伤后应激障碍(PTSD)，他们忘不了那痛苦的瞬间,因此跟许多人的想象不同,恰当的遗忘和记忆一样重要,它就像是我们内心的清道夫,把我们不需要的甚至有害的记忆清除掉。如果清道夫不能把用过后遗留下来的垃圾和有害物质清除掉,我们还能过正常的生活吗?喜欢读推理小说的读者,一定记得福尔摩斯在初遇华生时的一番议论:

> 您要知道,我认为人的脑子本来像一间空空的小阁楼,应该有选择地把一些家具装进去。只有傻瓜才会把他碰到的各种各样的破烂杂碎一股脑儿装进去。这样一来,那些对他有用的知识反而被挤了出来;或者,最多不过是和许多其他的东西掺杂在一起,因此在取用的时候也就感到困难了。所以一个会工作的人,在他选择要把一些东西装进他的那间小阁楼似的头脑中去的时候,他确实是非常仔细小心的。除了工作中有用的工具以外,他什么也不带进去,而这些工具又样样具备,有条有理……所以最要紧的是,不要让一些无用的知识把有用的挤出去①。

当然柯南道尔是在一个多世纪以前写下了这些话的,其中有些话随着科学的发展可能已经不一定合适了,如把脑说成本来像一间空空的小阁楼②,但是如果把文中的"知识"用"记忆"来代替,那么他的话和现在的认识就颇为吻合了。2012 年美国著名科普杂志《科学美国人——心智》(*Scientific American Mind*)第一期"记忆专栏"的编者

---

① 译文引自柯南道尔著,丁钟华、袁棣华译《血字的研究》,载《福尔摩斯探案集》,群众出版社,1979。

② 有一个时期,这一观点也得到了某些科学家的认同,这就是所谓的"白板说"。不过现在绝大多数科学家认为脑并不是白板一块,进化和发育在刚出生婴儿的脑中就已经预置了不少"知识"。认知科学之父、美国认知神经科学家加扎尼加(M. S. Gazzaniga)曾经举过一个动物的例子:在澳大利亚的袋鼠岛,由于与世隔绝,生活于其上的小袋鼠在以往的 9 500 多年时间里从来也没有遇到过天敌,但是当您把非常像老虎、狐狸等的毛绒玩具拿给它们看时,它们就会一动不动,而当给它们看不是天敌的玩具时,它们却安之若素,完全不以为意。因为在差不多一万年的时间里,它们完全没有看到过这些天敌,所以它们对这些天敌模型的反应,不可能是通过后天的经验取得的,而是在出生前就早已预置在脑中了。

按语中说道:“最好的记忆并不是保存的数据最多,而是善于区分哪些信息应该保存,哪些信息应该删去。换句话说,最精明的人只记住至关紧要的信息,而把其余的统统忘掉。”这不就几乎是福尔摩斯所说的吗?美国心理学家比约克(R. A. Bjork)说过:“当人们抱怨自己的记忆时,他们总是认为问题出在记不住事情,但实际上至少有部分问题是出在不能充分而有效地忘却。”

自然,遗忘也不能过分,过分的遗忘就是健忘,这又成了影响正常生活的大问题。在拙作《脑科学的故事》里面讲到的遗忘症患者 H.M. 就是这样的例子,不过那里讲的是极端的情况。更多的病例,我们在下一节还要介绍。

不让伤痛进入长时记忆

短时记忆如果不能及时地巩固成长时记忆,那么很快就会淡出我们的记忆。当我们第一次给一位新朋友打电话时,打过之后,很快就把他的电话号码给忘了。正如我们在 2.1 节讲过的那样,只有强烈的刺激或是多次重复,才能把短时记忆转化为长时记忆。因此,本节所要讲的遗忘就集中在去除长时记忆,特别是,是否有可能在消除使人痛苦的长时记忆折磨的同时,又不影响良性记忆。

上一节已经讲了短时记忆怎样巩固为长时记忆,因此要消除不良的长时记忆,最好的时机就是阻碍巩固。前面我们讲过,为把短时记忆巩固成长时记忆,除了改变突触联结的强度,还需要产生某种蛋白质,并产生新的突触,为此需要产生某种神经递质。而产生恐惧感时,需要向血液中释放大量的肾上腺素,从而进一步释放大量的应激激素和其他神经递质以激活杏仁体。杏仁体是处理恐惧和警觉情绪的组织,它又与存储多种记忆的许多其他脑区有联系。如果有药物能够抑制这些神经回路,就有可能减弱此类记忆。

德国神经科学家库尔茨(V. Korz)和弗雷(J. U. Frey)在大鼠的海马中埋藏了电极,他们发现,当让这些大鼠执行一些有挑战性的任务,如从迷宫中找出路时，此处的突触联结就加强了。这时释放出更多的应激激素。他们随后用药物干扰这些激素和神经递质，巩固就受到了阻断。用药物阻断突触蛋白质的合成，也具有同样的作用。因此，治疗 PTSD 的理想时机是在伤害刚发生之后，若此时立即使用这种阻断药物，那么短时记忆就得不到巩固。通常用于治疗心律不齐等的受体阻滞剂普萘洛尔(心得安)就是这样一种药物。2002 年美国科学家皮特曼(R. K. Pitman)进行了小规模的试验，发现在遭遇可怕事件之后，立刻使用心得安的人患 PTSD 的要比对照组少。下一步是要看这种药物对于已经有了 PTSD 的人是否依然有效。

自 20 世纪 60 年代起科学家就知道，为使记忆持久，必须开启一些基因，由此合成产生长时记忆所需的蛋白质。美国科学家阿格拉诺夫(B. Agranoff)通过给予金鱼电击，训练金鱼只要一开灯就游到水箱的某一边。然后他给金鱼注射了阻断这种蛋白质合成的药物，虽然它当时还是很快地学会了一开灯就游到水箱的某一边，但是在之后的第三天再进行测试时，金鱼好像从来没有碰到过这种情况似的。由此可见，虽然这种金鱼能够重新学会，但是它不能把短时记忆转化成长时记忆。因此在发生一件可怕的事情后，如果我们能找到一种方法，立刻阻断基因合成新的蛋白质，那么短时记忆就不会巩固成长时记忆，受害者也就不会再为这种痛苦的记忆所折磨。不过这种阻断必须非常及时，对于早已巩固了的记忆(超过 24 小时)，这种方法就无能为力了。

对于早已巩固了的长时记忆，1968 年美国科学家米萨尼(J. R. Misanin)等人发现，当强使大鼠“重温旧梦”时给予电击，可以消除这种记忆。

消除有害记忆虽可造福人类，但这是一柄双刃剑。滥用记忆操纵也可能是对社会的极大威胁，有关人为造成遗忘的伦理问题正受到人们激烈的争辩。

2.4 “永远是今天”——遗忘症患者的故事

在拙作《脑科学的故事》里介绍过一位对记忆研究有重大贡献的遗忘症患者 H.M.。记忆研究专家、2000 年诺贝尔奖得主坎德尔曾经评论说，由对 H.M.的研究所得到的有关记忆机制的知识，比起这之前几百年的研究，所得到的还要多。由此可见这一研究的重要性了。但是对 H.M.的研究毕竟只是个案，即使在研究他病情的米尔纳博士发表了详细报告之后的一段时间里，对米尔纳的断言还是争议不断。有人认为 H.M.的症状也可能是长期严重癫痫的后遗症，或者是由于他脑中还有什么当时人们尚未查出来的其他损伤。要知道，当时在有关记忆的问题上，认为记忆分布于全脑的观点还占据着主导地位，仅仅损伤了两小块海马组织就会对形成新的情景记忆产生如此严重的后果，似乎是难以想象的。米尔纳博士后来回忆说：“当时在使人相信这完全是由手术切除引起的这一论点时，遇到了很大的困难。”因此，如果有类似的病例作为佐证，那么由此项研究得出的结论将更具说服力。当然，虽然有反方认为，把短时记忆巩固为长时记忆不一定是海马的作用，但脑外科医生对双侧切除海马还是得三思而行，既有先例在前，明知可能有这样的后果再动这样的手术，谁也负不起手术的可能后果，这可不是一般的“医患纠纷”！“幸运”的是，H.M.也确实不是绝无仅有的个例，还有由于其他疾病而天然损伤了双侧海马的患者，并表现出和 H.M.几乎一模一样的症状，而且这些患者以前也没有得过癫痫，这就更有力地支持了米尔纳的发现。本节要介绍的就是这样一个病例。

2005 年，一本新书出现在书架子上。封面上一位男子略显忧郁，眼睛注视着读者，在他背后隐隐地可以看到一位女子，把手搭在他的肩上支持着他。书名叫作《永远是今天——一个关于遗忘和无限的爱

图 2.6 D·韦尔林的作品《永远是今天——一个关于遗忘和无限的爱的真实故事》封面

的真实故事》(*Forever Today — A True Story of Lost Memory and Never-Ending Love*)，作者 D·韦尔林(D. Wearing)就是书中主人公 C·韦尔林(C. Wearing)的妻子(图2.6)。光看书名的副标题，这似乎应该是个回肠荡气的爱情故事，但是为什么正标题要叫作《永远是今天》呢?

故事得从书出版的 20 年以前讲起。1985 年 3 月，一位事业蒸蒸日上的英国音乐家 C·韦尔林在发烧和头痛两天以后一觉醒来，发现自己记不得妻子名字了，对妻子问他的话，他也茫然不知所对。医生说他只不过是得了感冒和缺乏睡眠而已，给他开了一些退烧药和安眠药，并告诉陪他去的妻子:“您不用在家陪他，上班去好了，这些药会让他睡上 8 个小时。”

D·韦尔林回到家却发现床是空的，丈夫的睡衣就乱丢在床单上。她意识到一定是出问题了，她高声叫他的名字，却毫无回应。直到很晚才有警察打电话通知她，有位出租车司机发现他一个人在街上闲逛，却回答不出任何问题，最后还是警察从他的信用卡上查到了他的家庭地址而得以通知她。

这次他们不得不到另一家医院——帕丁顿(Paddington)的圣玛丽医院(St Mary's Hospital)就诊。经过 11 个小时的检查，最后诊断他是受到病毒感染得了脑炎，结果使脑多处受到损伤，特别是海马整个地给毁了(图 2.7)。这和 H.M.的情况相仿，只不过后者的双侧海马是医生为了治疗他药石无效的癫痫而不得已切除的。

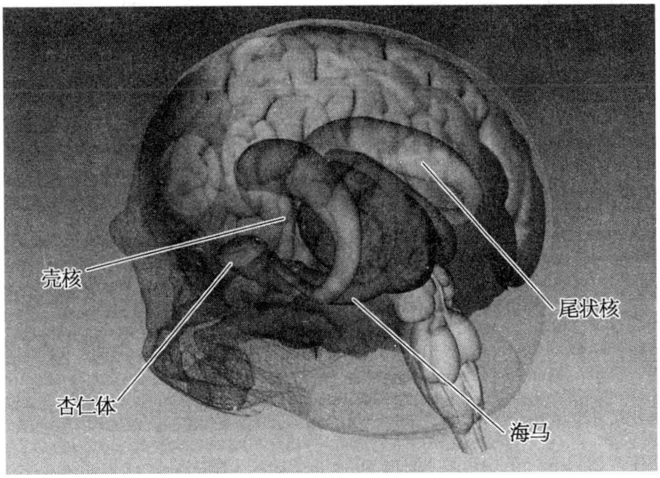

图 2.7 海马在脑中的位置

医生对症下药地给他用了抗病毒药物，病情得到了控制，但是他的海马再也没有办法恢复，而海马是把短时记忆转化为长时记忆的关键所在，因此他再也记不住新发生的事情。除了还认得他的妻子和知道自己爱她之外，他对得病前几年的往事也很少记忆。

1985 年 8 月他问妻子：

"我病了有多长时间？"

"四个月。"

"是四个月吗？是'四'还是'十'(哈哈！)？"

"四。"

"啊，在这整个期间我都没有意识！您知道我丧失意识有……多长时间了吗？"

"四个月。"

"四个月了啊！是四个月吗？是'四'还是'十'？"

"四。"

"在此期间我没有听到过什么，也没有看到过什么，也没有嗅到过什么，感到什么，摸到什么。这有多久了？"

"四个月。"

“四个月了啊！就像死了一样。整个期间我都没有意识。这有多长时间了？”

两星期以后，他妻子决定改口说“快五个月了”，以免重复上面这样的对话。除此之外她还能做什么呢？每次她都不得不装作好像是第一次这样进行对话似的，以免他觉得受到了冷淡，不过这需要怎样的耐心啊！

他永远都只生活于现在。新信息只能保持 7～30 秒，这也就是说，他还有即时记忆(immediate memory)，使他得以和他人对话，或立即复诵他人的话。但是只要一经打岔，或是停顿片刻之后，刚刚经过的事对他来说就好像从来也没发生过，一切从头开始。他的生活就像妻子描写的那样，突然间收缩到了当时的时刻，既没有过去，也没有未来。在醒着的每时每刻，他都觉得自己是刚从无意识的状态醒过来，因为他对以前发生过什么，一点都没有印象。

D·韦尔林要他试着记日记，谁料这倒成了他的习惯。在他病后的头 8 年，他每天都在病房里不断地记日记，以试图抓住他所说的意识。每过几分钟，他会写下诸如“下午 2:10：这次很清醒……”“下午 2:14：这次终于清醒了”……“下午 2:35：这次是完全清醒的”之类的声称，有时也有一些对前面所写的否认，例如：“晚上 9:40：我第一次清醒了，尽管我以前也声称过自己是清醒的。”但是接着这也被划掉了，接下来写道：“晚上 10:35：我完全清醒，而且是好多好多星期以来第一次清醒了。”不过这一段又马上给删掉了，因为他认为对以前的事一点也想不起来，所以那时一定也并非真正清醒着的。他就这样写了又划，划了又写，填满了一大摞日记本。

当他的朋友来探望他的时候，他招呼他们就像以前从来未曾谋面似的。他觉得这些人很熟，但就是认不出来。如果客人离开一会儿，他就再也想不起他们来探望过。直到今天，每当他妻子去探望他的时候，他都表现得好像是和爱妻久别重逢，即使他的妻子只是出去拿了杯水回来也是这样。

C·韦尔林丧失了情景记忆,也就是说,他记不起任何过去发生事情的具体情节,尽管他还笼统地记得一些大事。例如他知道自己已婚,但是他对婚礼在何时、何地举行以及相关的一切细节都毫无印象。尽管他认得出妻子,但是如果要他描述一下妻子的模样,他却完全说不出来。他知道和前妻生有孩子,但是讲不出有几个,也说不出他们的名字。他知道自己是一名音乐家和指挥,但是讲不出任何一场他参与的音乐会的情况。不过他还保留着一些早年的记忆。他知道自己的名字,也知道他兄弟姐妹的名字。他记得他的童年生活,他是在哪里长大的,二战期间他被疏散去了哪里[1]。他也知道自己上的是剑桥大学的克莱尔学院(Clare College Cambridge),而不是国王学院(King's College),因为想到后者去念书的人太多。但是对此后的经历就不甚了了。要不是妻子和他在一起已经有了六年半的时间,他很可能把妻子也忘得一干二净。最关键的是,他不能把经历的事转化为记忆保存下来。

不过,自己丝毫没有意识到的经历也会对他以后的行为产生影响。例如当他妻子讲到圣玛丽医院的时候,他会说:"帕丁顿。"尽管他自己也不明白他说的是什么意思。这是心理学家所说的"启动效应"。我们在最后一章里会讲到,启动效应是下意识对意识有影响的表现形式之一。这种刺激虽然在给予刺激时并未进入意识,但它还是在脑中留下了记忆的痕迹,在以后适当的场合会不经意地表现出来。

他也还保持着他过去学会的技巧,特别是还能弹琴。当妻子手持乐谱开始歌唱时,他也唱起了男声部。当他坐在教堂的风琴前时(以前他经常在教堂里演奏),他的双手灵活地在键盘上翻飞,乐声悠扬地在教堂中回旋,一切又恍惚回到了往昔欢乐的时光。

C·韦尔林的悲惨故事告诉了我们什么呢?他的故事告诉我们:

---

[1] 二战初期,在敦刻尔克(Dunkirk)大撤退之后,英国政府为了预防纳粹德国的入侵和战机轰炸,要求伦敦居民把自己的孩子疏散到乡村地区去。

不同类型的记忆可能是由不同的脑区储存的。海马在把即时记忆转化为长期记忆中起关键作用。他的情景记忆受到了很大损伤，但他的语义记忆、他学会的语音和知识却很少受到损伤，他通过训练学会的技巧（程序性记忆）基本上完好无损，如果不牵涉记忆的话，他在智力上也是正常的。他的意识也是清醒的。上面的这些结论也正是研究H.M.病例所得到的结论。另外，对动物所做的实验和对人所做的脑成像研究，也都支持这一结论。因此，米尔纳通过对H.M.的研究所得出的结论，现在科学界已经极少再有人怀疑了。

2.5 冤假错案——虚假记忆的故事

一般人往往以为自己的记忆很可靠。其实，人的记忆老是处在变化之中，并不像录像机或是录音机那样把当时的种种都真实地记录下来，并在以后还能忠实地回放出来。我们似乎能记起童年时的种种趣事，其实多半是大人反复讲的结果。对记忆的错误看法有可能导致严重后果，特别是在司法上。本节要讲的就是这方面的故事。

目击者的证词

目击者的证词在刑事案件的判决中往往起到关键作用。一声“就是他”往往决定了一个人的命运。但事实上，目击者的证词往往并不可靠。1984年布拉兹沃思（K. Bloodsworth）被控强奸和谋杀一名9岁女童而被判死刑。对他定罪的主要依据是5位目击者的指证。但是在他服刑9年之后，通过新发明的DNA测试，证明了他其实是无辜的。同一年盛夏，美国的一位女大学生汤普森（J. Thompson）在她校外的公寓里熟睡，凌晨3点，一个男子破门而入，用小刀顶着她的喉头强奸了她。当时她努力试着记住强奸犯的面部特征，并暗暗发誓，只要一息尚存，就一定要认出他的脸，将他绳之以法。后来她报警，警察提取了她身体残留物的样本，还根据她的描述画出了罪犯的模拟像。就在她公寓不远处的餐馆有一个名叫科顿(P. Cotton)的员工，有过私闯民宅和性骚扰的前科，而且长得和模拟像很像，因此她被叫去对 6 张疑犯的照片(其中也包括一张科顿的照片)进行指认，在经过一番仔细打量后，她指认了科顿的照片。几天之后，她又被叫去从 5 名疑犯中进行指认，虽然在开始时她对其中的两人有点拿不准，但是最后她指认了其中一人。当警察告诉她这个人正是她上次指认的照片上同一个人时，她就确信自己终于找到了罪犯，她暗暗对自己说："嘿！我终于找到了！"因此到了法庭上，她对自己的判断已经深信不疑，指着嫌犯科顿说，她能"100％地确定"他就是那个强奸犯。科顿被判监禁 50 年，尽管他一再否认。其实，当时在警察的疑犯名单中还有一个跟科顿长得很像、名叫普尔(B. Poole)的人。科顿提出罪犯有可能是普尔，普尔当然一口否认。但是，普尔曾私下向另一名在押犯透露，正是自己强奸了汤普森，因此受到告发，于是科顿得到了一次重审的机会。法官要求汤普森再次指认强奸犯，她再次指认科顿。这是因为通过指认照片和以后多次当场指认，科顿的脸已经深深地烙在她的记忆中了。于是科顿不仅没有得到平反，反而加刑改判无期徒刑。在他度过了 11 年的铁窗生涯之后，由于辛普森(O. J. Simpson)谋杀案使用了 DNA 技术，科顿的律师要求通过 DNA 来测试当初保存下来的身体残留物，终于确认了普尔才是真正的强奸犯。汤普森为她的错误指证深感内疚，她请求科顿的原谅。后来两人还成了朋友，并且在全国巡回演讲，说明目击者的错误所造成的危害。

偶尔，这种错误的指证还令人啼笑皆非。2011 年在纽约的一次谋杀案审判中，证人卡纳迪(D. Canady)一再声称她绝对忘不了罪犯的那张脸，但是当要她站起来把谋杀犯指出来时，她指的……竟然是一位陪审员，这引起了哄堂大笑。自从 20 世纪 90 年代 DNA 测试出现以后，有研究单位专门研究了通过 DNA 测试获得平反的 239

件冤假错案，其中的73%是由于当初受到目击者指证而定罪的，1/3甚至有两个以上目击者的指证。根据美国另一个全国性组织“无辜项目”(Innocence Project)的调查，在通过DNA测试后得到平反的301例冤假错案中，有75%的案件当时主要是根据目击者的错误指证而定罪的，并且在这些冤假错案中都有两名或两名以上的目击者指证。这两个独立调查所得的数据非常接近，应该不仅仅是一种巧合。为什么会有那么多的目击者发生错认呢？

除了故意做伪证这一种我们在这里不去讲的情况以外，主要是因为人的记忆并不是像录像机那样工作的。记忆不是把当初的情况忠实无误地记录下来，以后再回放出来。现在已经知道，记忆都是一种重构，而且会随时间发生变化。美国卓越的记忆研究者洛夫特斯(E. F. Loftus)说过：回忆的作用“更像是在做拼图，而非重放录像”。特别对于罪案的证人来说，有许多因素会使他们犯错误。这些因素包括：在犯罪现场和法庭指证时精神高度紧张；罪行发生时罪犯所持的武器常常使目击者极度紧张，从而把注意力集中到武器上，而对其他物体甚至罪犯的脸反而不加注意；罪犯采用面罩或是假发之类的伪装；证人和嫌犯属于不同的种族。我们常常有这样的感觉，好像白种人和白种人、黑种人和黑种人长得差不多，反过来，他们也觉得我们长得差不多。我们对和自己同一种族的人脸能识别得很细致，但是对于和我们不同种族的人脸就区分不太清楚(图2.8)；指认过程的时间过短；嫌犯没有显著特征；罪行发生过程时间很短；从罪行发生到证人指认的时间过长，等等。此外还有下一小节要说的，审讯者或律师不恰当的提问可能向证人植入虚假记忆，例如问证人：“凶手的确蓄有小胡须，对不对？”

随时间改变的记忆

在上一小节中讲了目击者的证词并不总是那么可靠，其实并非只有犯罪现场这种特殊的氛围会使人的记忆出错，随着时间的流逝，记

(a)　　(b)

图 2.8　谁才是真正的嫌犯？　(a) 1984 年，海因斯沃思(T. Haynesworth)由于有 5 个受害者指认强奸而获刑，在牢中一直关到 2011 年，才由于 DNA 测试表明罪犯另有其人而获释；(b) 真正的系列强奸犯戴维斯(L. Davis)。(引自 Starr，2012)

忆的正确性也总会变差。最容易使人记得的是那种能引起人强烈情绪反应的事件，就像 911 事件，但是即使这种记忆也未能始终保持不变。

2001 年 9 月 11 日，美国心理学家费尔普斯(E. A. Phelps)走出纽约曼哈顿(Manhattan)区她的公寓，去她工作的纽约大学开会。出门时，她看到有人朝 2 英里(1 英里≈1 609 米)之外的世贸中心眺望。她“抬头一看”，据她后来回忆，“我正好看到那个巨大的燃烧着的洞”。到了学校之后，她又看到另一架飞机撞向双子楼的另一座塔楼。费尔普斯说道：“我记得所有一切细节，(凭记忆)我敢肯定我说得没错，但是数据却说明我错了。”她和另一位心理学家赫斯特(W. Hirst)在 911 事件发生之后的一个星期里，对 3 000 名志愿者做了调查，并在以后的每年进行复查。就拿第二年的复查结果来看吧，和他们在事发当时的报告一对照，被调查者在他们是何时、何地和如何得知这个事件的细节方面，正确率仅为 63%。在以后的几年中，正确率还要继续缓慢下降。但是被调查者却充满自信地讲，自己的记忆一点都没错。当在第二年要他们讲当时的感觉时，则正确率还要低，仅为 42%。当时的反应是“震惊”,后来却说成“悲伤”或是“沮丧”。赫斯特认为,我们趋向于“重构我们过去的情绪,使之与我们现在的情绪反应协调起来。”但是被调查者对事件的主要事实,例如被劫持的飞机数、撞击的地点等记忆的准确率则要高得多。这可能受到媒体以及和他人谈论的影响。赫斯特说道:“我们的记忆和我们所处的社会环境有关。”

美国心理学家奈瑟尔(U. Neisser)所做的另一项调查则更出人意料。就在美国航天飞船“挑战者号”爆炸的当天,他要求一组大学生把他们初听到这一消息时的情况尽可能详细地写下来。在时隔三年之后,他要求依旧能找得到的学生再次回忆当时的情况,结果没有一个人讲的完全吻合当时的记录,其中有 1/4 的学生讲的更是与原来南辕北辙。例如有个学生是在餐厅里和朋友聊天时听到这个新闻的,可三年后却变成了是听到有女生在走廊里尖叫:“宇宙飞船刚刚爆炸了!”更令人啼笑皆非的是,在把他当时的记录读给他听之后,他依然坚持现在的讲法,只是在给他看了他亲手写下的记录之后,他才勉强接受原来的说法。有个学生甚至说道:“对,这是我的笔迹,不过在我记忆中事情并非这样!”

事实上,随着时间的流逝,不仅有些记忆给遗忘了,而且记忆还会添加新的内容,就像玩游戏“拷贝不走样”一样,最后变得面目全非。

植入虚假记忆

我们在上面讲了,记忆并不总是那么可靠,事实上还可能无意或有意地植入虚假记忆;经过多次重复以后,还会把虚假记忆当成是铁定的往事。因此,法官或是陪审员对此应该十分注意,对于控辩双方发言人诱导性的提问一定要予以驳回。

不适当的提问可能会诱导目击者错误的回忆。例如有人做过下面这样的实验:让一些大学生看一段撞车的录像,然后问他们:“当两车(相碰/相撞/撞烂)的时候,车速有多快?”结果,当提问人在问话中用“撞烂”这个词的时候,学生回答中估计的速度要比在问话中用“相碰”这个词的时候快得多。过了两周以后再问这两组学生，他们是否看到地上有碎玻璃（其实没有），在回答问题时听到“撞烂”这个用词的学生组中，有1/3错误地回忆说看到了碎玻璃；但是在回答问题时听到“相碰”这个用词的学生组中，很少有学生这样回答。在另一组实验中，也是让两组学生看一段车祸的录像，对其中的一组学生提下面的问题：“当那辆白色跑车在乡间小路上驶过棚屋时，速度有多快？”而对另一组学生不提这个问题。以后再问两组学生：有没有在路旁看到过一间棚屋（实际上并没有棚屋）？第一组学生中说看到过的比例比起第二组来要高得多。

取证人的态度也会显著影响证人对自己记忆的信心。美国心理学家威尔斯（G. Wells）做了这样一个实验，他要一名学生志愿者利兹（Liz）扮演取证者，而让另一名学生志愿者尼科尔（Nicole）扮演目击者。他先让尼科尔看了一段录像，录像中有一个人在机场的一个角落和另一位旅客交换了一个包，其中可能藏有毒品或是炸弹。然后，利兹给尼科尔在计算机上看6张照片，并问他嫌犯是否在这些照片中。尼科尔看了半天，最后选定第4号照片。利兹按给她的纸条上的要求说：“很好，您认出的真是这个嫌犯。”接着在隔壁一间办公室里的一位研究生劳拉（Laura）问尼科尔，她对自己的决定感觉如何。尼科尔说道：“相当有把握，大概有七成半的把握吧。”

“在您指认后，取证人说了些什么没有？”

尼科尔说道：“她说我认对了人。”并得意地举起拳头。

“您对此感觉如何？”

“我把握就更大了。”

其实尼科尔认错了人，因为真正嫌犯的照片根本就不在给她看的6张照片之列。在现实生活中也常常有这样的情形，而法官和陪审员更容易相信信心满满的目击者的证词。

另外，如果有人真真假假地编造一些故事，也可以使人相信虚假的记忆确有其事，换言之，说有可能故意给人植入虚假记忆。洛夫特斯等人做过一个著名的实验。克里斯是一个 14 岁的男孩,实验者要他的哥哥吉姆(Jim)参与他们的实验,他们要吉姆给克里斯讲他幼年时在商场走失的故事(这是没有的事),而在讲这段编造出来的故事之前,则讲了克里斯的许多真实经历。两天之后,当实验者问克里斯是否曾在商场走失过时,他报告了"当时"的感受。而在两星期之后,他报告说:

> 当时我和你们这些人在一起,我想我是去看玩具店里的玩具。呃,我们就这样走散了,我四处张望,我想:"这下可麻烦了。"您懂的。然后我……我想这下子我会永远都见不到家人了。您明白我有多害怕。然后有位老先生走到我面前,我想他穿了件蓝色的法兰绒衬衣,……他是老辈人,他已经谢顶了,四周还剩一圈灰色的头发……他戴了副眼镜。

那么,克里斯是不是一个轻信他人的特例呢?接着他们给 24 名受试者看一份卷子,上面讲了受试者经历过的三件真事,还虚构了一段受试者在四五岁和家人一起去大商场时走失、痛哭,得到一位好心大妈的安慰,最后终于阖家团聚的故事。不过,这个大商场确实是他幼年时父母经常去的,除了走失这一关键事件之外,其他细节也尽可能真实。这些故事中真实的部分都是他们从受试者的父母、兄弟姐妹或是其他亲人那儿搜集来的。当受试者读完每个故事之后,他们都要受试者写下自己对此还记得些什么,或者说明自己根本记不起有这回事。结果,约有 1/3 的受试者对那个虚构的故事表示依稀记得,甚或记得清清楚楚。在随后相继的两次面谈中,还是有 25%的受试者说,他们记得发生过那个虚构出来的大商场走失的故事。

其实,早在洛夫特斯等的著名实验以前,就已经有了由于听信他人而产生虚假记忆的生动报道,不过这不是有意的实验研究。瑞士著名心理学家皮亚杰(J. Piaget, 1896—1980)一直记得自己两岁时的一段惊心动魄的经历。后来他回忆说:"我坐在婴儿车里,女仆推着车走在巴黎的香榭丽舍大街上。突然一个男子走过来想把我抢走,但是因为婴儿车的绳子把我系在车子里，他未能得逞。这时女仆勇敢地保护了我，那人朝她的脸上乱抓。直到现在我依稀还能记起她脸上的抓痕。然后有一大群人围了过来，一个穿着短大衣、拿着白色警棍的警察也朝我们处走过来，那家伙见势不妙就溜走了。直到现在，我还能回忆起这件事的整个过程，清楚地记得事情就发生在地铁站附近。”看来，事情就是这样。但是到他快满 15 岁时，这位当时的女仆给他父母写了封信，承认自己当年为博取主人的欢心，而编造了绑架的故事，她脸上的伤痕也是自己抓出来的。现在她信仰了基督教而对当年的行为感到悔恨，因此决定把这件事讲出来，请求他父母的宽恕。随信还附还了他父母当年奖赏给她的手表。这样事实就很清楚了，皮亚杰的所谓非常清楚的记忆，其实只是记住了以后大人一再讲给他听的“绑架”故事。也可以说，他的这段“记忆”完全是被大人无意之间给“植入”的。

虚假记忆往往是把过去真正发生过的事中一些情节(例如女仆推车外出)，和别人说的虚假情节(例如绑架)混在一起，而在后来就忘了这些情节的来源。因此，可以故意给人造成虚假的记忆，但是这种虚假记忆会不会长期影响行为还有待研究。

此外，植入虚假记忆也向司法提出了一个严肃的问题。在有些案件中，警官警告嫌犯有目击者或者其他证据证明他们是有罪的。当面对证据时，嫌犯逐渐开始相信自己可能真的犯了罪。随着长时间不断的审讯和精神高度紧张，就有可能形成虚假记忆。直到有了 DNA 测试才发现，有些认罪的人其实并没有犯他们承认的罪行。所以，只凭嫌犯自己的供认就定罪是有问题的，因为长期审讯有可能给他们的头脑中植入了虚假的记忆。按照美国“无辜项目”的统计，在起始被定罪，而后来通过 DNA 测试证明是无辜的嫌犯中，有 27%的人曾经认罪。

在小鼠脑中植入虚假记忆

在上一小节中，我们讲到虚假记忆可以被人为植入的事实，但是并没有讲到其可能的机制。在这里我们要讲一个有关往小鼠脑中人为植入虚假记忆的故事,这与2.1节所讲的记忆痕迹有关,即人为地刺激与某事件有关的记忆痕迹,有可能是引起虚假记忆的原因之一。

在2.1节我们提到过,在麻省理工学院工作的日裔诺贝尔奖得主利根川进用小鼠的恐惧条件反射研究了这个问题。训练小鼠产生恐惧条件反射很容易,例如把小鼠放到一间黑墙白地、充满醋味的昏暗小室内,同时通过地板对小鼠施以电击,那么如果在第二天把小鼠再放到同样条件的该小室内,小鼠就会有好几分钟僵住不动,这是动物对威胁的一种典型反应,以避免自己的运动引起捕食者的注意。如果把小鼠放到条件不同的小室中它就不会这样。所以,它在前一种情况下的僵住不动,表明它记得上一天在那间小室里受到电击的往事。

用类似2.1节讲过的方法,利根川进及其同事发现,有部分这种记忆痕迹位于海马齿状回(图2.9)。在某种环境下电击小鼠,会激活一小群齿状回神经元(大约占总数的2%～4%),而另一种境遇则由另一小群齿状回细胞来编码。这些细胞的电活动,触发了一小组所谓立早基因(immediate early gene)的表达。用基因工程和光遗传学技术培育出一种小鼠,能使在某种环境下激活的齿状回神经元带有标记,并且在使用蓝光照射这些已标记的神经元时,又激发后者的活动。分别让小鼠处于一间安全的小室和一间会受到电击的小室内,标记了它们熟悉这些环境的神经元。然后,把小鼠再放到那间无害的小室内,小鼠没有任何理由要感到恐惧而僵住不动。如果不用光纤维向受到电击的记忆痕迹施以蓝光,小鼠活动自如;但是当施以蓝光,小鼠立即僵住不动了。蓝光触发了对有害小室的记忆痕迹和使其受苦的电击,从而使小鼠蜷伏不动。所以,虽然小鼠从来也没有在无害小室内受到过电击,但是通过激活有害小室的记忆痕迹,就人为地给小鼠植入了虚假的记忆!当然,我们在前面所讲的对人植入的虚假记忆,比这复杂得多,要揭开其机制之谜还有很长的路要走。

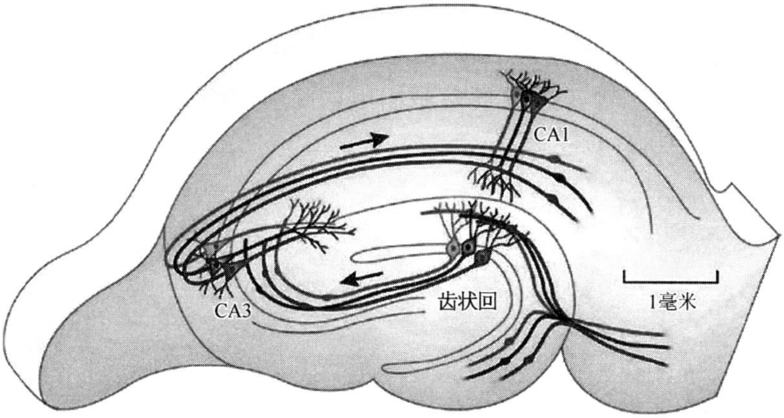

图 2.9　齿状回在海马剖面中的位置

2.6　头脑里的“导航系统”——“位置细胞”和“网格细胞”的故事

图 2.10　奥基夫

2014 年 10 月初，几乎每份科普杂志的编辑部都在找人就本节的问题写一篇介绍文章，因为这一问题成了当时神经科学界的头条新闻，研究此问题的三位先驱——拥有美、英双重国籍的科学家奥基夫(J. O'Keefe)(图 2.10)以及挪威的一对科学家夫妇 M－B・莫泽(M.－B. Moser)和 E・莫泽(E. Moser)(图 2.11)刚刚分享了诺贝尔生理学或医学奖。为什么他们的研究受到了如此的重视和高度评价呢？这是因为他们的工作为解决下列问题开辟了道路：我们怎样知道自己身处何方？我们如何从一个地方找到去另一个地方的道路？我们在走了一次之后，下一次再走时能立刻找到路径，这样的信息究竟是怎样存储起来的？他们的工作正是发现了在我们的脑内有一个定位系统,就好像脑内有一个内在的 GPS 系统或是北斗导航系统,使我们得以在周围环境中来去自如。他们还说明了这种高级认知功能的细胞机制。既然做出了如此重要的贡献,那么他们荣获诺贝尔奖也就是实至名归了。

图 2.11　莫泽夫妇(摄于 1986 年;引自 E·莫泽诺贝尔奖得奖讲演幻灯片)

头脑里的导航系统——位置细胞的故事

前文讲过,从 20 世纪 50 年代起,米尔纳通过对患者 H.M.的研究,阐明了海马在把短时记忆转化为长时记忆中所起的关键作用,从此海马这一原先不起眼的小结构成了神经科学家的宠儿。

20 世纪 70 年代奥基夫等人又发现,海马对于编码我们在空间中的运动,也扮演重要的角色。1971 年,当时还在英国的奥基夫及其同事多斯特洛夫斯基(J. Dostrovsky)在大鼠海马中埋藏了一个很小的电极,由此可以记录其中神经细胞的电活动,然后让这只大鼠在一个盒子里自由跑动,结果发现被记录的神经细胞只在大鼠跑到盒子的某个特定地点——例如盒子的西北角时,才猛烈地发放神经脉冲,就好像这个细胞认得这个位置一样(图 2.12)。所以,他们就把这个细胞称为"位置细胞",而把引起它活动的区域称为该细胞的"位置野"。不同位置细胞的位置野也不相同。

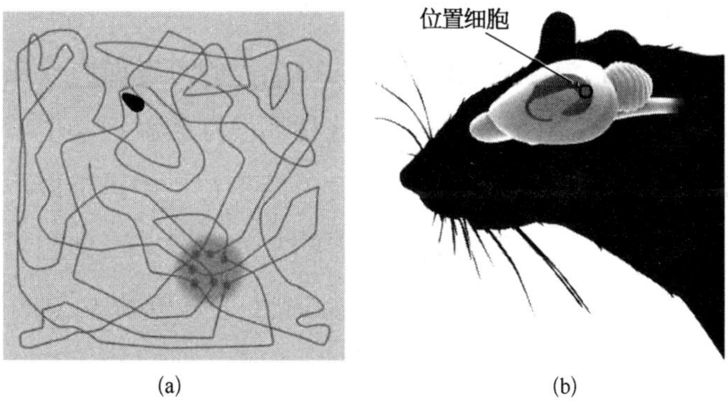

图 2.12 位置细胞 (a) 灰色长方形表示大鼠可以自由活动的范围。细线表示大鼠活动的轨迹，当大鼠跑到特定部位时，位置细胞就被激活。灰点表示使位置细胞激活的地点。不同的位置细胞在不同的地点被激活。(b) 大鼠脑中海马的位置细胞所在区域用黑圈表示。(引自 Kiehn，Forssberg，2014)

那么大鼠是怎样记得位置的呢？也许大鼠在这个地点看到了什么特殊的标记吧，就像我们在想记住某个陌生的地点时，总要看看有没有什么标志一样。事实上，在有这样标志的时候，大鼠也是这样做的。例如，科学家在西北角的墙上画了星星，而在别处的墙上则画别的图案。当大鼠的某个位置细胞在大鼠跑到西北角有发放以后，科学家在它不知道的情况下，偷偷地把盒子转过 180°，然后让它回到盒子中，这时原来位置野在西北角的细胞，当大鼠跑到东南角时有猛烈发放。所以，在有视觉线索的时候，动物可能是靠视觉线索来记住位置的。

但是如果没有视觉线索，情况又会怎样呢？科学家在黑暗中把大鼠放到盒子里去，这时大鼠跑到西北角时，位置野是西北角的位置细胞猛烈地发放起来。

更令人惊异的是，动物的位置野并非一成不变。当环境发生了变化，例如科学家在盒子的墙壁上开了个小洞，这样大鼠就能跑到以前去不了的地方。这时位置细胞的位置野也会发生相应的变化。

大鼠是这样，那么我们人是否也靠位置细胞来认路？由于伦理关系，我们不能在人的海马中埋藏微电极，所以还没能在人的海马中直接找到位置细胞。但是，用脑成像方法做实验的结果提示，情况也可能是类似的。

奥基夫认为,海马位置细胞把动物经历的方方面面放在所处位置及环境的框架中组织了起来,而这种环境框架就把某个事件各方面的相互关系做了编码,从而在以后可以从记忆中再提取出来。这也就是说,海马提供了情景记忆所需的空间背景。当您想起过去某个事件时,您想起的不仅有人和物,而且还有事件发生的时间和地点。

头脑里的坐标系统——网格细胞的故事

但是有关位置细胞的机制依然是一大难题。由于大脑内嗅皮层(entorhinal cortex)(图 2.13)中的神经元是海马细胞的主要输入来源,因此这儿的细胞吸引科学家的注意也就不足为奇了。2005 年,挪威科学家莫泽夫妇及其同事在海马前端的内侧内嗅皮层的背侧部分(这儿的细胞主要投射到海马的背侧部,而那里的位置细胞最为丰富),发现了一种网格细胞(grid cell)系统。

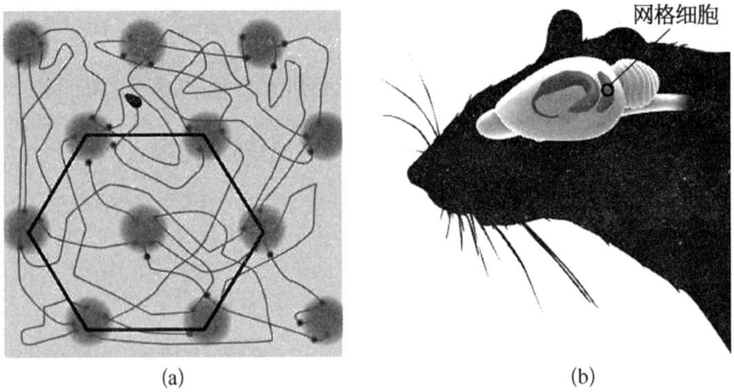

图 2.13 网格细胞 (a) 对于某个特定的网格细胞来说,当大鼠跑到其所处环境中的特定部位时才有发放,这些部位构成了由一些六边形(或三角形)组成的阵列。图中细线表示动物运动的轨迹,深灰色圆形区域表示使该网格细胞激活时动物所处的位置。(b) 黑圈表示内嗅皮层中网格细胞所在的部位。(引自 Kiehn, Forssberg, 2014)

位置细胞通常只有当大鼠站在其所处环境中的某一特定位置上时才有发放,如果让一只在网格细胞上埋藏有微电极的大鼠在周围环境中自由活动，而每当记录到该网格细胞有发放时，就把大鼠头所在的位置在地图上标为一个点，那么这些点密集在一些全等的等边三角形的顶点附近，这些等边三角形镶嵌铺满了整个环境的地图(图 2.14)。也就是说，如果把网格细胞产生发放时大鼠头部所在位置作为一个点，并把这种点相对密集的位置连接起来，就得出一个三角形铺成的网格。这种图不论在何种环境下，被激活的条件都是一样的，即和当时环境中的特定地标无关，说明当动物到处跑动时，用的是同一幅神经编码地图。这种地图结构的不变性以及与特定地标的无关性(即使在黑暗中也是如此)，表明引起网格细胞发放的地点，并不依赖于外界环境，它必定是通过整合自己的运动速度与方向信号得到的。动物把自己运动的速度关于时间"积分"，从而追踪自己相对于某个参考点(例如出发点)的位置，这样一个过程就被称为"路径积分"(path integration)。从而，位置细胞和网格细胞给人们提供了一种新形式的神经计算，其发放模式主要并非由输入的感觉信号所决定，而在很大程度上取决于脑内部局部回路的内在性质。确实，科学家发现，内侧内嗅皮层有损伤的大鼠，在缺少外部线索时就找不到回家的路。但是在这里也必须说明，这种网格的格点和整个网格的朝向还是与环境的几何边界以及地标有关的。当大鼠到处跑动时，每当它跑到这种镶嵌三角形的任何一个顶点时就有发放(图 2.15)。每个网格细胞都有自己的网格地图。

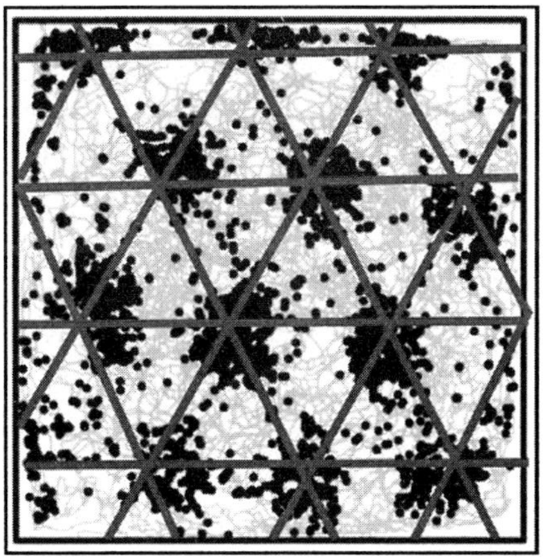

图 2.14 能激活某个网格细胞的位置铺成了一个由等边三角形镶嵌而成的重复网格模式。

莫泽夫妇及其同事认为，网格细胞对动物甚至在没有外界感觉刺激时依旧能不断更新自己的位置感，起到了关键的作用。网格细胞的发现立刻引起了神经科学界的轰动——在神经系统的内部，竟然会有

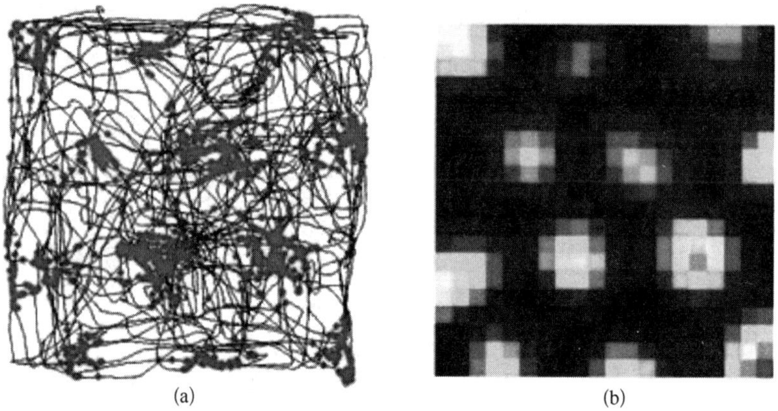

图 2.15 网格细胞的发放和位置的关系 (a) 大鼠到处跑动时的轨迹用黑线表示，深灰色点表示当大鼠跑到这个位置时，相应的网格细胞有发放；(b) 网格细胞的发放率和大鼠所在位置的关系，灰度越低，发放率越高。(引自 E. Moser, M.- B. Moser, 2007)

像晶体一样的结构作为自己的坐标系统！2007 年，美国专攻海马研究的神经科学家尼里姆(J. J. Knierim)回忆说："当我第一次在我的办公室读到宣布这一发现的论文时，我立刻意识到我正读着一篇在神经科学历史上有重要意义的文章。还从来没有人报道过一种神经反应的性质会有如此的几何规律性，有如此像晶体一般的结构，如此漂亮！这怎么可能呢？但是数据摆在那里，令人信服。我低声自言自语说：'这改变了一切。'"

几乎可以肯定，海马正是利用了来自网格细胞的这些基本空间输入，才使其中的位置细胞产生了有赖于所在环境空间位置的具高度特异性的发放。要知道，在不同的环境中，激活的是位置细胞的不同子集合，而所有的网格细胞则在所有的环境中都是活动着的。正是网格细胞使我们认识到，脑是怎样在其内部构建有关外部世界位置的认知表征的，而不必有明显的感觉刺激标记。值得注意的是，在内侧内嗅皮层的中层和深层，还有一种对动物头部朝向敏感的"头朝向细胞"，由此给出了动物下一时刻可能向哪个方向运动的信息。而连续不断地刷新有关位置和方向的信息，则为动态计算自身所在的位置和行进方向提供了一种机制。正是网格细胞所产生的空间信息结合有关某个事件的其他信息，才使动物得以对过去的独特经历产生特殊的、内涵丰富的记忆。而位置细胞正是根据这种和当时所受到刺激无关的位置信息以及许多当时的环境刺激或事件，把两者结合起来并根据自己速度和走向，才得以计算出以后的位置。

2.7 "似曾游此处，不知何时复如何"①
——似曾相识感的故事

19 世纪荷兰作家库佩勒斯(L. Couperus)在他的小说《灵魂出窍》(*Ecstasy*)一书里写道：

> 她微微低着头，听得不很分明。好像多年之前，她有一次也曾听到过浪漫曲正是这样一分不差地演奏过，周围的环境也完全一样，也是同一群人聚集在同样的炉火前，火舌从陈年旧木中腾空而起，同样地摇曳不定，苏泽特(Suzette)以她当时同样的表情眨着眼睛。

对于绝大多数读者来说，更为耳熟能详的是英国大作家狄更斯(C. Dickens)在他的经典名著《大卫·考坡菲》(*David Copperfield*)第 39 章里的一段描写：

> 我们大家都多少有过这样的经历，偶尔会有一种感觉：就好像我们正在说的话和正在做的事，都是在很久以前就已经说过和做过了的；就好像在记不清多少年之前，我们周围也是同一些人、同一些东西和同样的情形；就好像我们完全清楚接下来要说些什么话。这就好像是我们突然记起了这一切！

---

① 这是 19 世纪英国诗人罗塞蒂(D. G. Rossetti)诗《灵光一现》(*Sudden Light*)中的头两句。

就像狄更斯和库佩勒斯描写的那样，或多或少，每个人在一生当中几乎都偶然会有在一个陌生的地方产生好像早就来过的错觉；或者正在经历某一段往事的重演，甚至可以预知接下来要发生些什么；或两者兼而有之。总之，有一种熟悉的感觉，但就是想不起以前什么时候经历过。有统计表明，50%～90%的人在一生中至少有过一次这样的错觉。这就是所谓“似曾相识”的感觉。某些迷信的说法由此而生，说什么这是“前世经历的重演”。当然这种说法是荒诞无稽的，那么这种似曾相识的感觉，究竟是打哪儿来的呢？我们为什么会有这种错误的记忆，尽管我们一下子就明白这其实并没有发生过？许多科学家想搞清楚这一切究竟是怎么发生的，但是这种研究相当难做，因为谁也不知道，在什么时候会产生这样的感觉，而且这种感觉稍纵即逝。不过，还是有些蛛丝马迹可寻。

德国记忆研究科学家沃尔弗拉特(U. Wolfradt)对超过 220 名大学生进行了调查，其中 80%的学生说，在经过这种似曾相识的感觉之后，他们能回想起确实有过早已忘怀的类似经历，或者其中的某个方面。与此研究类似，认知心理学家认为，似曾相识的感觉可能和下意识的启动效应有关。1989 年美国心理学家雅各比(L. L. Jacoby)让一些受试者看计算机屏幕，然后在上面很快地闪现某个单词，因为呈现的时间太短，受试者根本不可能意识到看见的是哪个词，但其实这个单词还是在受试者的视觉中枢留下了某种印记。然后，雅各比把同一个单词较长时间地呈现在屏幕上，受试者都报告说，他们以前曾见过这个词。美国南卫斯理大学(Southern Methodist University)的布朗(A. Brown)教授和杜克大学(Duke University)的心理学家马什(E. Marsh)合作进行了一项实验。他们在一些自己校园的照片上加上一些十字标记，然后要对方的学生找出这些标记，但是每次都只让他们看半秒钟。三星期之后，让学生看更多的照片，其中有些是新照片，而有些则是上一次看见过的。有 70%～91%的学生肯定或多半认为，他们曾经到过其中的一些地方，虽然事实上他们从没有去过对方的校园。绝大多数学生多少有点拿不准他们是否到过，大约有一半学生觉得有一种似曾相识的感觉。因此，一种可能的解释是，脑接收到了少量和以往某些经历非常类似的感觉信息，偶尔会把这些信息和以往的记忆混淆起来重建，而把过去当成现在。有人提出了另一种可能性，就是在短时记忆和长时记忆之间有了异常的短路，因此把现在发生的事当成是来自记忆中遥远的过去。不过，这种说法还缺乏证据。

20 世纪 50 年代加拿大神经科学家彭菲尔德(W. Penfield)[①]发现，当电刺激准备接受外科手术的癫痫患者的大脑颞叶时，患者常报告说有做白日梦或是似曾相识的感觉。1994 年法国科学家邦科(J. Bancaud)在刺激患者的外侧或内侧颞叶时，偶然也会使患者产生包括似曾相识感在内的白日梦感觉。有些颞叶癫痫患者在发作之前会产生某种强烈的似曾相识感，这应该不只是一种巧合，因为颞叶正好是与记忆关系最密切的区域。有一位癫痫患者声称，他只要把体验到似曾相识感时的景象记下来，就能有意识地重温这种感受。只要他重读他当时的记录，这种似曾相识的体验就又回来了，就像在做白日梦一样。

有些老年人频频发生持续时间很长的似曾相识感，这就成了一种病态。对这些患者进行脑扫描，有时可以发现其颞叶发生了弥散性的变化。英国科学家穆兰(C. Moulin)发现了几例这种患者，他们在短时记忆方面都有问题，并认为自己的这种似曾相识感确有其事。以下是几个例子：有一位 80 岁老翁，他不再看电视节目和读报，因为他相信之前都看过了，他知道所有的内容和结果。有一位 65 岁的老妪得了中风，并进一步产生癫痫，当她第一次见到穆兰的研究团队时，她亲吻了科学家的面颊，而且像对待老朋友那样接待他。当谈到他们是初次相见时，她说她觉得穆兰已经访问过她好几百次了。

---

① 关于彭菲尔德更详细的故事，请参看拙作《脑科学的故事》，上海科学技术出版社，2011。

参考文献

Arkowitz H, Lilienfeld S, et al. 2010. Do the "eyes" have it? [J]. Scientific American Mind, 20(7): 68 - 69.

Ayan S. 2008. Speaking of memory [J]. Scientific American Mind, 19(5): 16 - 17.

Brynie F H. 2009. Brain sense: the science of the senses and how we process the world around us [M]. American Management Association.

Chen I. 2011. A feeling for the past [J]. Scientific American Mind, 22(6): 24 - 31.

Fields R D. 2005. Erasing memories [J]. Scientific American Mind, 16(4): 28 - 35.

Foer J. 2011. Master of memory [J]. Discover, 7/8: 74 - 76.

Gazzaniga M S, Heatherton T F. 2006. Psychological science: 2nd ed. W. W. Norton & Company.

Gelbard-Sagiv H, Mukamel R, Harel M, et al. 2008. Internally generated reactivation of single neurons in human hippocampus during free recall [J]. Science, 322(5898): 96 - 101.

Hurley D. 2012. Where memory lives [J]. Discover, (4): 30 - 37.

Kandel E R. 2006. In search of memory: the emergence of a new science of mind [M]. W.W. Norton & Company.

Kiehn O, Forssberg H. 2014. Scientific background: the brain's navigational place and grid cell system [EB/OL]. http://www.nobelprize.org/nobel_prizes/medicine/laureates/2014/advanced-medicineprize2014.pdf, 2016 - 07 - 06.

Knierim J J. 2007. The matrix in your head [J]. Scientific American Mind, 18(3): 42 - 49.

Koch C. 2012. Searching for the memory [J]. Scientific American Mind, 23(3): 22 - 23.

Lilienfeld S O, Byron R. 2013. Your brain on trial [J]. Scientific American Mind, 23(6): 44 - 53.

Loftus E. 1997. Creating false memories [J]. Scientific American, 277(3): 70 - 75.

Loftus E. 2005. False memories [J]. Scientific American Mind, 16(4): 14 - 15.

Mallot H A. 2005. Finding our way [J]. Scientific American Mind, 16(1): 70 - 77.

Moser E, Moser M - B. 2007. Grid cells [J]. Scholarpedia, 2(7): 3394.

Piore A. 2012. Totaling recall [J]. Scientific American Mind, 22(6): 40 - 45.

Starr D. 2012. False eyewitness. Discover, (11): 38 - 42, 64.

Sukel K. 2012. The amazing memory marvels [J]. New Scientist, 215(2878): 34 - 37.

Treffert D A, Christensen D D. 2005. Inside the mind of a savant [J]. Scientific American, 293(6): 108 - 113.

Wells G L, Small M, Penrod S, et al. 1998. Eyewitness identification procedures: recommendations for lineups and photospreads [J]. Law and Human Behavior, 22(6): 603 - 647.

Wickelgen I. 2012. Trying to forget [J]. Scientific American Mind, 22(6): 32 - 39.

Wolfradt U. 2005. Strangely familiar [J]. Scientific American Mind, 16(1):

32 - 37.
德拉伊斯玛,张朝霞,等.2014.记忆的风景：我们为什么“想起”,又为什么“遗忘”?[M].北京联合出版公司.
顾凡及.2011.脑科学的故事[M].上海：上海科学技术出版社.
坎德尔,罗跃嘉,等.2007.追寻记忆的痕迹[M].北京：中国轻工业出版社.

3 喜怒哀乐——情绪的故事

在日常生活中，情绪就像视觉、听觉或是触觉一样无所不在，但是直到最近，脑科学才对此进行了应有的研究。

——达马西奥

在拙作《脑科学的故事》4.7—4.10节中，对情绪问题做了初步的介绍，里面讲到杏仁体对恐惧和攻击性起着至关重要的作用，也讲到了除边缘系统之外，前额叶皮层对情绪也起到重要的作用。另外，一些情绪反应还有着不同的神经通路：一种通路从感官直达皮层下中枢，所以能迅速作出反应；还有一种通路要到达皮层，使我们觉知到自己的感受。本章就在这些基础上，对情绪问题做进一步的介绍。

3.1 害怕过桥的女人——恐惧症的故事

1999年12月初，在一个像早春般的晴朗日子里，当利平(R. Lippin)坐在纽约哥伦比亚长老会(Columbia-Presbyterian)医疗中心的检查室里等待做脑成像检查时，她百无聊赖地看着窗外的景色——横跨在赫德逊河上的乔治·华盛顿桥。仅仅在不久以前，她只要想到驱车过桥就会充满了极度恐惧。

利平是一位有两个孩子的母亲，做过律师，后来当了专门治疗恐惧症的治疗师。她回忆为了避免在桥上被堵塞在车里，“我想尽办法弄到大桥 24 小时监控室的电话号码，我会打电话给他们，并问他们：‘我知道这听上去有点疯狂，但是我现在正在车里，我在为过桥发愁，我想知道桥上路面是否通畅。’如果回答是否定的话，我就不上桥”。这是一种无名的恐惧。如果利平不事先打听好就一往无前，而到了桥中央动弹不得，那么她就会恐惧起来，感到落入了某种陷阱，受到了某种威胁，接着可能会出什么事……简而言之真的像疯了一样。事实上，她确实也有陷在车阵里的时候，然而她从来没有做过什么错事。但是像她那样的恐惧失常症患者，在生活里老是竭力避免某些情形，他们害怕在那种情况下会出什么其实从来也不会发生的事故。

利平还有其他的恐惧。那还是在 1987 年的时候，就在她愉快地完成了有关法律的三年学习之后，她听说自己需要到布鲁克林[1]去进行律师考试，这使她惶惶不安，因为这意味着她需要在两件都被她视作噩梦的事情中选取其一：不是过桥，就是走隧道。后来，为了克服她乘地铁的恐惧感，她不得不找了一位朋友，在曼哈顿一会儿向北，一会儿向南转了三次地面车辆，花了好几个小时，最后才到达目的地。

对于恐惧和焦虑的本质问题，科学家已经研究了一个多世纪了，但是一直到 20 世纪 80 年代，医学界才正式把焦虑失常归为独立的一类，其中包括恐惧症、PTSD、焦虑等，还常常伴有忧郁。这已成为现代社会最常见的一类精神疾病，光在美国就有超过 2 000 万的患者为此所苦。因此，对此类疾病发病机制和治疗的研究，已成为近年来医学研究的一个热点。

哥伦比亚长老会医疗中心的戈尔曼(J. Gorman)医生是一位精神药物学家，他通过对患者做脑成像，研究当患者感到恐惧时，脑的哪个部位会激活，这些活动的强度和持续时间又如何因人而异，以此评估药物或心理治疗的疗效，并研究新的治疗方法。利平就成了这种研究的一名对象。

---

① 纽约北部的一个区。

利平的恐惧症始自1976年夏，当时她还只有十几岁，正在访问荷兰的一个农场家庭。她至今还能想起，那栋坐落在广阔田野中央的小农舍，她能回想起和她的荷兰女主人百无聊赖地闲聊，突然一阵恐惧袭来。她后来回忆说："当时我们正坐在田野中央，广阔无垠。我至今还记得这片田野的辽阔。我当时说，想在那天晚上和一些朋友聚一下，女主人说她从不在晚上出去，而正是这些话触发我一种无法摆脱的孤立无援的感受，而后……一股肾上腺素一涌而出，光这一点就意味着处于极度危险之中，然后是汗出如浆、心悸和手掌湿漉漉。这种感觉就好像您刚做完了一场有氧锻炼，您完全筋疲力尽了。"这就是为什么，恐惧症患者总是感到筋疲力尽。

传统的观点认为，恐惧(和焦虑)是有理性的心智和不理智的心智之间的一场战争，也就是在人性的理性和动物性的恐惧之间的一场斗争。这一观点的现代形式是，这是一场在有意识的"自传性"记忆和下意识的情绪性记忆之间的斗争。20世纪末对人所做的实验发现，恐惧感在脑中至少有两条不同的通路：其中的一条要经过脑的高级皮层区(和思维有关的脑区)，而另一条则是高速的、不被觉知的通路。神经科学家早就知道，脑处理图像和声音(包括那些有威胁性的图像和声音)的速度是毫秒级的，而要产生即使是最简单的思维，也需要几秒钟。神经科学家通过动物实验表明，脑中非理性恐惧的神经通路都要经过杏仁体①。

美国神经科学家卡普(B. Kapp)从1979年开始，研究心率和恐惧之间的关系问题。他发现，从脑干发出控制心率的神经也传到杏仁体，不仅如此，他还发现这些神经传到杏仁体中比一个针头略大一些的神经核团——中央核(central nucleus)(图3.1)上。这个核团正是当您听到巨响、感到有地震等时立即引起恐惧的脑区。当这个核团兴奋时，由此发出的神经就控制心率、血压、出汗、呼吸、僵住不动等。杏

① 请参阅拙作《脑科学的故事》4.9节和4.10节。

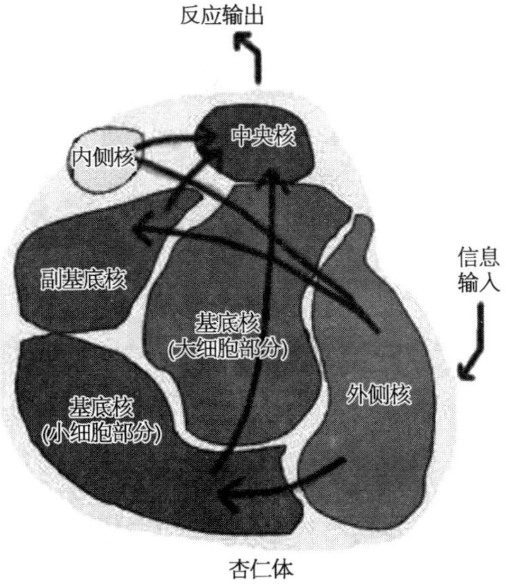

图 3.1 中央核在杏仁体中的位置

仁体发出的另一些神经，则继续投射到脑的高级区、控制释放应激激素的脑区（它可能对非理性恐惧起到关键的作用）、皮层和感觉区。因此，当有威胁来临而需要及时应对时，警讯传遍脑各处。卡普说道："我们的一条假设是，这些投射中有许多增强了警觉，您把感觉之门大开，并更为有效地处理信息。"

美国神经科学家勒杜(J. LeDoux)从另一个角度对杏仁体进行研究。他先给大鼠听某种纯音，然后施以轻微的电击，他用这种方法建立起大鼠对声音的恐惧条件反射。然后，他追踪脑把声音转换到恐惧反射的神经回路。他发现，听觉信息首先到达丘脑听区，然后继续进入杏仁体中的外侧核(lateral nucleus)（图 3.1、图 3.2）。对大鼠而言，引起恐惧的声音信息从耳朵传到杏仁体只要 12 毫秒就够了。他声称，这种核团"学习"和记忆恐惧刺激不仅速度很快，而且非常牢固。一次惊吓的经历可以形成终身不忘的情绪性记忆，而且还很难消除。虽然可通过在以后屡次给予声音时不同时施以电击，来消除这种恐惧反应，但这只是脑对这种反应加以控制的结果，而不是真的清除掉了

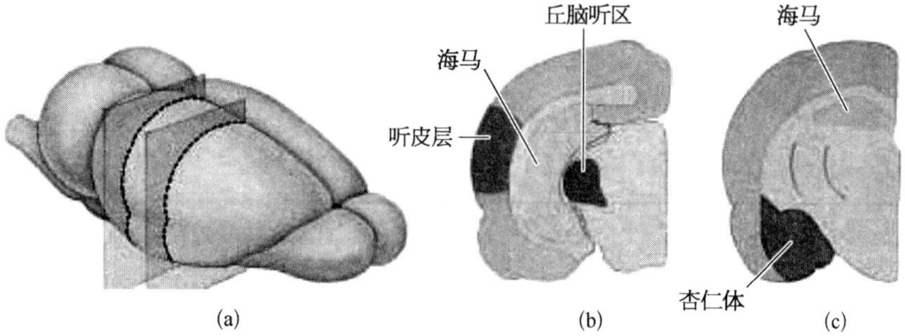

图 3.2 鼠脑中和听觉-恐惧条件反射有关的结构 (a) 鼠脑,其中右侧的切面图显示于(c),而左侧的切面图则显示于(b)。(引自 LeDoux,1997)

这种恐惧的记忆痕迹,因为在以后,这种恐惧反应有可能自发地重新表现出来,或是因另一个与声音无关的应激刺激而又死灰复燃。类似地,紧张也能在人身上重新引起已经医治好了的恐惧症。这些都说明,在行为上不表现出恐惧反应,并不意味着关于恐惧的情绪记忆已经完全消除干净了。他们通过毁损鼠的部分听觉皮层的方法,发现听觉皮层对建立此种恐惧条件反射并非必要。但是,如果毁损了中脑听区和丘脑听区,那么就不再能建立此种条件反射。他们进一步发现,丘脑听区的某些部分有神经元联结到皮层下结构,最后发现引起恐惧反射的通路是到杏仁体的通路。他们和卡普有类似的发现:毁损海马中央核之后,当动物受到引起恐惧的刺激时血压不再升高,动物也不表现为木僵状态。与此同时,美国神经科学家戴维斯(M. Davis)研究了另一条恐惧通路:从感觉器官到丘脑,再到达皮层,然后从皮层下达杏仁体。通过皮层的通路使我们能更精确也更细致地看清或者听清危险,但是其代价是需要花费更多的时间。在自然界中,生死往往就取决于一瞬间(图 3.3)。勒杜实验室的摩尔根(M. A. Morgan)发现,如果毁损了部分前额叶皮层,那么就很难再消除情绪记忆。

以上研究表明,到达杏仁体有两条不同的神经通路,由此得以形成和恐惧有关的两类不同记忆。勒杜研究的通路并不先进入脑中和思维有关的部分,这就使像利平那样的人下意识地体验和习得许多恐

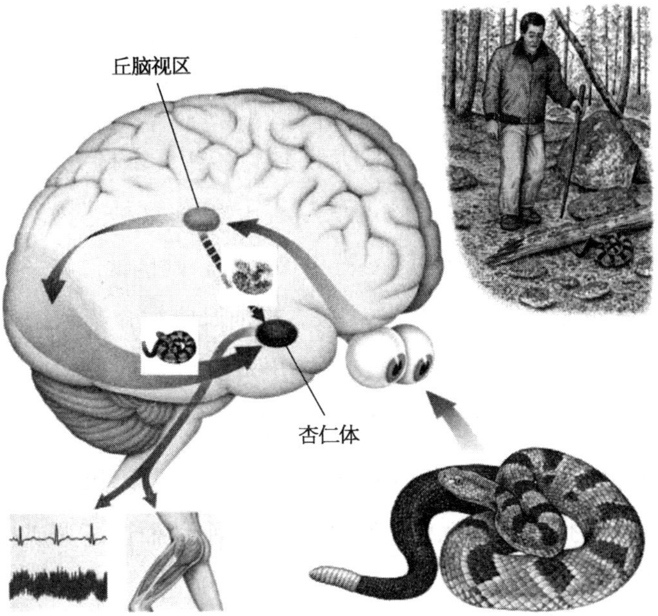

图 3.3 传导恐惧信息的两条神经通路　当人走在林中小道上时，可能在枯树旁边看到枯枝样的东西——一条响尾蛇！这一视觉形象首先到达丘脑视区（深灰色椭圆）。由此“兵分两路”，一路直达皮层下的杏仁体（黑色椭圆），这会立刻引起心跳加快，血压升高，肌肉收缩——人立刻后退！从视丘出发的另一条通路继续上行到达视皮层，经过一系列分析，最后识别出这确是一条响尾蛇。从皮层出发的精确信息继续下行到杏仁体，使人采取进一步的措施——尽快逃走。当然也有可能视皮层经过分析，最终认出这只不过是一堆枯枝，这个信息到达杏仁体，“警报”解除，使一切恢复正常，人继续前行。如果只有后一条通路，那么人必须认出这确是一条响尾蛇之后才后退，而在此之前，蛇牙可能已经咬进小腿！另外，如果只有前一条通路，那么即使前面确实只是一堆枯枝，也把人吓得掉头就逃，从而错失在前面不远处的野果。（引自 LeDoux，1997）

惧性的情绪记忆，而甚至不知道究竟是什么引起心脏狂跳。脑成像研究也支持了人可能下意识地产生恐惧和焦虑。

美国医生惠伦（P. Whalen）等人，让受试者躺在功能性磁共振成像仪内，同时显示给他看一张恐惧的脸的照片，持续 33 毫秒，紧接着更长时间（167 毫秒）地显示一张毫无表情的脸，这样后者就“掩蔽”了前者。也就是说，受试者并不有意识地觉知到看见过那张恐怖的脸。事后问他，他也记不得有这样的事。但是脑成像表明，在显示恐惧的脸那段很短的时间里，杏仁体被激活了。而当撤掉了这张脸以后，或是一开始时用一张愉快的脸来替换恐惧的脸，那么杏仁体就没有被激活。因此，虽然短暂的恐惧刺激为其后长时间的中性刺激所掩蔽，而使受试者不能有意识地记得看到了它，但是这种刺激依然在脑中留下了痕迹，不过只是处于下意识的状态而已，并且可能在刹那间有一种莫名的恐惧感。

当利平通过了律师考核，并开业替房客和房东打官司时，她已接受了 10 年之久的抗抑郁药物的治疗。开始时，这种药物确实缓解了她的症状，不过后来情况甚至变得更加糟糕。她也试过许多种不同形式的心理治疗，疗效也不理想。1987 年她偶然被介绍到一位认知行为治疗师那儿去转诊。这种疗法是让患有焦虑症的患者逐渐谈论、接触以至最后亲身体验使他们害怕的事物。这种治疗方法精心设置了一套不断重复的、程式化的自我觉知练习计划，以改变在脑中的联结，并形成有益的新记忆，就像不断地练习弹钢琴，而逐渐形成有关弹琴时运动技巧的记忆一样。这样，在 20 世纪 80 年代末，利平以每周 3 天，每天乘 2 小时的地铁进行“练习”，学习怎样在不断有肾上腺素涌出的情况下生活，这样在她的脑内就产生了新的突触和新的记忆，从而克服了她长久以来所遭受的恐惧。利平说道：“我简直不能相信我居然会把 10 年时间花在不起作用的治疗上，而我是个相当机灵的人。我应该早就得到治疗，但是我当时并不知道有这种疗法。”

戈尔曼及其同事做了一次大规模的临床调查，比较药物和认知行为疗法对焦虑症的效果。研究结果表明，抗抑郁药物和认知行为疗法对治疗恐惧症都有效，但是两者有一个重要的差别，这就是药物起作用更快，而认知行为疗法的疗效更为持久。戈尔曼声称，他相信把这两种疗法结合起来的效果更好。药物可能是从生物化学方面减弱了杏仁体的活动，而认知行为疗法则是通过不断练习加强了脑内和认知有关的记忆回路，这种回路告诉患者譬如说乔治·华盛顿大桥一点都不危险。这种“认识”使得理性的脑战胜了杏仁体。

从 1997 年开始，利平参加了一个认知行为疗法的训练班，并得到了用一种认知行为疗法治疗恐惧症患者的执照。这种疗法要求从业人员陪伴患者到他们感觉恐惧的场合中去。她的患者害怕的场合可谓形形色色：怕独处，怕在交通繁忙之处驾车，怕乘飞机，怕乘电梯，怕到旷野，甚至怕进大商场或戏院或博物馆！

3.2 “三岁看到老”——先天因素对性情影响的故事

俗话说“三岁看到老”，这句话的意思是：如果知道了一个小孩三岁时的习性，那么大体上就可以知道长大后的性情脾气。这句话是否有科学根据呢？美国心理学家卡根(J. Kagan)要研究的就是这个问题。由于笼统地说性情，那太复杂了，牵涉到许许多多不同的方面，因此，1989年他把自己的研究限定在：看一个婴儿接触新鲜事物时是否容易变得不安和吵闹，然后跟踪他们长大以后的表现。他猜想，最容易哭闹的婴儿长大后更可能变得多愁善感。他后来把这种易吵闹的行为称为“强反应”(high reaction)。他开始研究的18个婴儿都不是这种类型的，他们对于新鲜事物都处之泰然；但是第19名婴儿(以后我们就把她称为19号吧)则完全不同，她对一切新事物都烦躁不安，无论对新的声音、新的玩具还是新的气味都是如此。她面对这些事物时乱动双腿，扭动身体并哭闹不已——这正是卡根要找的婴儿！

2004年这位19号15岁了，亭亭玉立，披着一头深色长发。她很少参加课外活动，不过喜欢写作和拉小提琴。有一次，卡根对她做了一次访谈，当向她提问时，她轻声细语作答。当她说话时，总是显得不安，不是捻弄她的长发，就是摸自己的耳朵，或是抖动膝盖。当访问者问她有何不安时，她沉默了好长一段时间，才一边更快地捻弄头发和摸脸、摸膝盖，一边回答说：“我不知道。”她微微一笑，耸了耸肩，接着又是一阵沉默，然后一连串的烦心话脱口而出：“当我不太清楚该做什么时，我真的感到沮丧不安，尤其是当周围其他人都清楚他们自己在做什么时。我总是会想，我是不是该来，我是不是该去那儿，我是否妨碍了什么人……我对执行计划一类的事忧心忡忡……我会想：我能做好吗？我该怎样做才好呢？……如果我在一大群人中间，就会很不安，不知道该做什么，不知道该说些什么才好，我也会对别人的言行感到不安。”她绞着双手继续说：“我长大后该怎么立身处世呢？或是我要做些什么真正有点意义的事吗？”她的声音低了下去。她说她想有所改变，但是又担心自己不能有所作为，“我无法不想这档子事”。

卡根把这次访问做了录像，当他重复看这段录像时，不禁一阵激动：当这个女孩还在襁褓之中时，他就猜测她天生容易担心和忧虑。当然，不可能从一个个例就下结论，所以他就设法寻找更多这类孩子，看他们长大以后，其中是不是有很多人会为抑郁或其他心理问题所苦。

虽然现代社会确实有很多烦心事，但是有的人天生就杞人忧天，尽管他们的股票投资组合非常坚挺，他们的孩子也很健康，但他们还是整天忧虑，老是在等待另外那只靴子在什么时候掉下来。在过去的20多年中，卡根及其同事跟踪了几百个这样的人，从婴儿开始，直到长大成人。他们的研究目的是想知道，多愁善感的脑是怎样产生的。

卡根和他以前的研究生福克斯(N. Fox)在哈佛大学和马里兰大学分别领导了四个长期跟踪项目，其结果是类似的：在初生儿中大概有15%～20%对新人新事有强烈的反应，这些孩子长大之后更容易变得多愁善感。林黛玉在婴儿期多半也是一个对新鲜事物有强反应的小孩吧，可惜曹雪芹在《红楼梦》里没有这方面的描写。

他们也指出，尽管性情不大会改变，正如俗话所说的“本性难移”，但是与此相关的行为则并非如此。卡根认为，可以从三种途径来鉴别情绪：脑的生理状态、个人对待感受的方式以及由感受所导致的行为。并非每一种脑状态都引起同样的主观体验。当脑高度激动时，有人可能负面地觉得忧虑或紧张，而另一些人则可能用正面的“警觉”来描述自己的感受。同样地，也不是每一种脑状态都产生相同的行为：有人可能把不良感受压了下去而表现正常，而另一些人则可能退缩了。尽管人能有意识地控制像忧虑这样与情绪有关的行为和主观体验，但是其生理方面通常依然如故。在他们所研究的有强反应的受试者中，许多人已经20多岁了，其中很多人不管如何努力不让旁人看出他们的忧思，这些思想往往在清晨3点左右还是会从脑中冒出头来。他们只不过是表面上不表现出来罢了，在下意识中，他们依然忧虑、紧张，并且难于把他们的注意力从根本不存在的威胁感上转移开去。

忧虑不同于恐惧。恐惧所面临的是真实存在的危险，而忧虑则是对实际上并不危险而只是看上去危险，甚至根本不存在的危险的恐惧。例如有一位记者皮尔森(P. Pearson)写道："我去做了艾滋病检查。我也去查了痣。我对背疼忧心忡忡。如果我感到恶心，我就会担心得了癌，并禁不住去查阅癌的症状……"其实，他除了忧郁症以外，什么病也没有，纯属杞人忧天。这类忧郁症已成为美国的第一大精神疾病，估计人数在4 000万以上，这还不把一般人当孩子晚出未归时想入非非，对朝家的方向呼啸而去的救护车或消防车的警笛声产生恐惧感，以及夜半电话铃声一响就怀疑是否有亲人死了，这样的一些情况算在里面。

科学家现在搞清楚了，这类忧思都可以追踪到杏仁体的过度活动，而杏仁体对新事物和威胁产生反应。当正常时，它协调应对环境变化的生理反应，但是在像19号那样的人脑中，杏仁体反应过度。他们的右脑半球一般也更为活跃，而这一半球与负面情绪和忧虑有关，偶尔还表现为分泌到血液中去的应激激素可的松和去甲肾上腺素的浓度更高。但是，有上述特征的脑并不必然导致忧虑的主观体验。假定有两个在上述方面一样的人，但是其中一人做着非常有意思的工作，从而使他忘却烦恼而表现正常，另外一个人则刚丢了工作，整天待在家里发愁，则他们是否表现出忧虑会和所处的环境有关。前述因素表现为风险因子，就像三四十岁就有高血压的人，在以后更容易得心脏病，虽然并非所有这样的人都一定会得心脏病，特别是如果能够及早控制高血压的话。因此，一个有忧郁倾向的人如果生活在合适的环境下，也可能终身都不会得严重的忧郁症。

如前所述，1989 年卡根及其同事企图通过严格的实验，检验他们通过以往多年工作提出的假设：那些有强反应的儿童，要触发包括杏仁体、下丘脑、负责释放应激激素的回路等脑区的活动，阈值生来就比较低。为了尽可能减少后天环境的影响，他们招募只有 4 个月大的婴儿并跟踪到成年，以观察他们在婴儿期的性情是否可以预测长大后的性情。卡根虽然无法直接测量杏仁体的活动，但是他知道从杏仁体出发有神经投射到控制运动、心跳、呼吸等活动的脑区，因此他有理由推断，如果杏仁体活动强烈的话，就会增多活动、吵闹和哭叫，心率、呼吸和血压也会升高。因此，他可以通过这个间接地测量婴儿杏仁体的活动水平。为了尽可能减少由于种族、家庭环境等因素所引起的个体差异，他选取了 500 名健康的白人中产阶级家庭婴儿作为实验对象，让他们坐在摄像机前，给他们一系列新颖的刺激。他给他们看某个漫画人脸用各种各样但是并不可怕的合成声音说话，如此等等。这些新奇的刺激持续 45 分钟。有些婴儿自始至终都安静地注视着这一切，而有些婴儿则总是动个不停，不时挥舞双臂、皱起眉毛、弓起背，要是他们很烦恼就哭叫起来。卡根及其同事反复看录像，根据这些婴儿的表现分成反应不强烈、强反应和中等反应三组。反应不强烈的婴儿是典型的乖宝宝，对陌生的东西泰然自若；而包括 19 号在内的那些强反应的婴儿，则对同样陌生的事物老是扭动身体和哭闹。结果大约有 40%的婴儿属于反应不强烈的一组，而有大约 20%属于强反应的一组。

以后，卡根在他们 1 岁、2 岁、4 岁、7 岁和 15 岁时，又重新把大多数孩子找回实验室里来。当他在 2000 年退休以后，他的合作者、美国青春期精神病学家施瓦兹(C. Schwartz)还在继续测试卡根的那些年龄已经到了 18 岁甚至 21 岁的受试者。

这里简单地介绍某些跟踪结果。当那些孩子到了 7 岁时，几乎有一半的强反应组的婴儿表现出忧虑的症状，例如害怕雷声、怕狗，或是怕黑暗，在教室和操场上都极为害羞；而反应不强烈组的孩子中只有

10%如此。

当小孩长大后，他们多半能更好地控制自己的恐惧感。到了15岁时，强反应组的孩子当中有将近2/3已几乎与其他孩子无异了。这可能和良好的环境有关。但是，神经质的性格并不是那么容易改变的。那些幼时有强反应的人在长大成人以后，虽然从外表看去与常人无异，但其中还是有一部分人有潜在的忧郁。他们无论是在有意识的层次还是在下意识的层次，都不能摆脱他们的天性。他们往往还心神不安，一如他们幼时的表现。

在卡根研究过的强反应的孩子中，绝大多数在青春期表现良好，在校成绩不错，参加各种聚会，与人交友。然而深入一点观察，其中许多人或者多数人还是相当神经质的。卡根告诉人说："只有那些强反应的孩子才会说：'我在学校里感到紧张。''我在考试之前会呕吐。''如果我们全班去华盛顿特区旅游的话，去前那晚我会寝不成寐。'他们并不是自己喜欢那样，但是他们只能接受下列事实：他们就是那种容易紧张的人。"

福克斯从1989年开始追踪180名小孩，从他们还只有4个月的时候开始；而等他们到了14岁左右时，对他们做了一系列神经心理学测试。其中有一个测试称为"空间线索任务"(spatial-cuing task)。他在计算机屏幕上短时显示两张脸，一侧是一张笑脸，另一侧则是同一个人的带有威胁性的脸。在这两张脸消失以后，屏幕上显示一个箭头，箭头有时指向有过笑脸的一侧，有时指向呈现过威胁性的脸的一侧。受试者必须注意箭头方向，并通过按按钮指明箭头方向。

当箭头指向呈现过威胁性脸的一侧时，临床上诊断为忧郁症的成人正确按下按钮的速度更快(正常成人的反应速度则和箭头指向哪一侧无关)。当福克斯测试他的那些小孩时，那些生来有忧虑倾向的小孩的表现和有忧郁症的成人相仿，即使他们貌似镇静也还是如此。

福克斯的一位同事对27名这些孩子做功能性磁共振成像，显示给他们看的是一些有恐惧表情的脸，不过有的时候他要受试者注意脸上的鼻子有多宽，而有时则要受试者注意照片上的人看起来有多害怕。那些反应不强烈的年轻人在看照片时，杏仁体的活动都没有增大，即使当他们在注意有多害怕的时候也是如此；但是对强反应的小孩来说，当他们想着自己的感受时（而不是想照片上鼻子的宽度时），杏仁体的活动增强了。同样地，对于这组人来说，结果和他们在日常生活中是否为忧虑所苦无关。所以，这些人即使在绝大多数情况下表面上看起来非常冷静，他们的杏仁体活动还是要比其他小孩强烈。2007 年美国精神病学家施瓦兹对卡根研究过的 76 名受试者做了磁共振扫描，这时这些孩子都已经 18 岁了（其中包括 19 号在内）。结果发现，4 个月时强反应的孩子，在 18 岁时前额叶皮层要比反应不强烈的厚。施瓦兹说道："这太奇妙了，在婴儿时表现出来的性情居然在 18 年后依然在脑中留下印记！"对此有一种可能的解释是，为了抑制杏仁体的过分活动，就需要来自前额叶皮层的更强抑制，因此不得不使它加厚。这方面的一个旁证是：当给 19 号看一系列陌生的脸时，她的杏仁体活动比反应不强烈者要高出 3 倍，不过她的前额叶皮层却很薄。这也许可以反过来说明，为什么她即使在行为上也表现得如此明显，因为她缺乏来自额叶皮层的强有力抑制，她的情况正如俗语所说的"雪上加霜"。但是，究竟如何解释这些现象，还有待进一步的研究。

不过由于实验条件和实际社会生活的差别，对以上发现是否只是一种伪迹，也还存在争论。

如果您自己或是您的小孩是一位强反应者，您也不必过于忧虑，后天所处的良好环境可以使之不发展为病态。从另一个方面说，强反应者也可能在工作中更小心谨慎，更勤勉，万事都在事先更多地做好准备，更多地反省自己和更善于单独工作，因此也可能更少犯错误。卡根半开玩笑地说，当美国送人到太空中去时，航天员最好是小时候反应不强烈的孩子，而地面控制中心的工作人员则最好是幼时强反应的人。

最后应该指出一点，卡根等人研究的只是性情一个方面的两种极端情况。人的性情是十分复杂的，因此不宜对他们的结果做过度解读。

3.3 “无畏”的人——双侧杏仁体受损患者的故事

这里要讲的“无畏”的人，并不是什么孤胆英雄，而是由于双侧杏仁体损伤而丧失了恐惧感的人。

差不多 20 年以前，葡萄牙裔美国神经科学家达马西奥博士接待了一位年轻的女患者 S.M.，她是因为有轻度癫痫而来求医的。达马西奥对 S.M.的第一个印象是，这是一位高挑、苗条，老是兴高采烈的年轻女郎。为了诊断，对 S.M.做了计算机断层扫描(CT)，结果发现她的双侧杏仁体(图 3.4)差不多完全钙化并且萎缩，因此完全丧失了功能，但其周围的脑组织却都是正常的。这是一种称为乌尔巴赫-维特病(Urbach-Wiethe disease)①的稀有遗传病，病程进展比较缓慢，表现为钙在皮肤和咽喉处异常沉积。当这种沉积影响到脑时，首先沉积于杏仁体，这时患者常有轻度的癫痫。S.M.正是因为有癫痫才来就诊

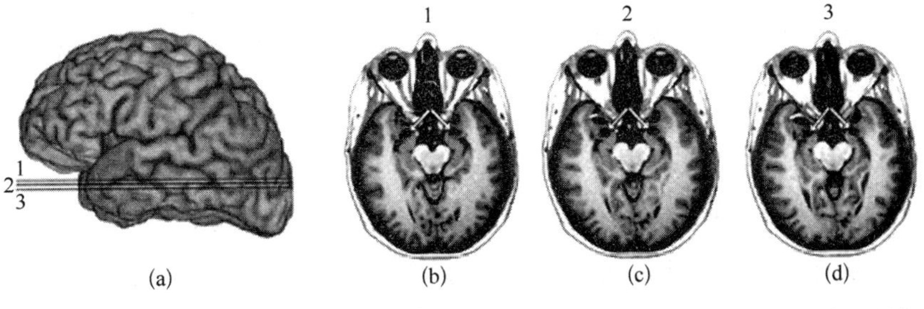

图 3.4 S.M.的脑成像扫描图　图 b—d 上方的数字分别对应于图 a 中相应数字所标出的部位。图 b—d 中轴偏上的白色箭头，指示出 S.M.的杏仁体已经萎缩了。(引自 Bhanoo，2010)

① 这是一种极其罕见的病，至今知道的病例不超过 300 例。

的，结果却发现她得的是这种怪病。20世纪80年代最初诊治S.M.的美国神经病学家特拉内尔(D. Tranel)说过，像S.M.那样，脑"损伤如此局限于很小部位的情况是很罕见的。她是已知的、只有几十例的极少患者之一"。她给了我们宝贵的机会，去了解杏仁体对人的作用。

达马西奥决定对S.M.进行深入的考察，这是因为当时人们对杏仁体是否参与把短期记忆转化为长期记忆，存在着激烈的争论。另外，动物实验表明，杏仁体对灵长类动物的社会行为起重要的作用。达马西奥对这样一位主动登门拜访的患者当然不肯轻易错过。

当S.M.第二次去就诊时，她一下子就认出了达马西奥，微笑着叫他的名字并和他打招呼。所以，看来她在把短时记忆转化为长时记忆方面并没有问题。进一步的检查也证实了她在陈述性记忆方面没有什么问题。她在智力、感觉和运动方面都很正常。

不识他人恐惧

给她看人的种种面部表情，除了恐惧的表情以外，她都能一一认出。至于为什么她认不出恐惧的面部表情，一个可能性是当要她看照片时，她的视线从不落在照片的眼睛处，在人恐惧时，眼睛睁得很大，眼白在整个眼睛中所占的比例大大增加。如果逼着她看照片中的眼睛，她在认出恐惧表情方面大有改进。

她不仅认不出恐惧的面部表情，要她画人的面部表情也是如此(她在绘画方面还有一点天赋呢)。实验者要她画出相应于6种基本情绪——快乐、忧伤、愤怒、惊奇、嫌恶和恐惧的面部表情时，对前5种表情，她都能够相当传神地画出来，但是在画恐惧的面部表情时，她却犹豫不决，说是自己想不出该怎么画。在实验者一再地催促之下，她才勉为其难画了张图，不过画的竟然是一个在爬行的小孩(图3.5)！要她模仿各种面部表情时同样如此。一定要她表演恐惧的表情，她照着镜子做出各种怪相，挤眉弄眼，就是表现不出恐惧的神情，最后只好自认失败地说道："我就是做不了。"

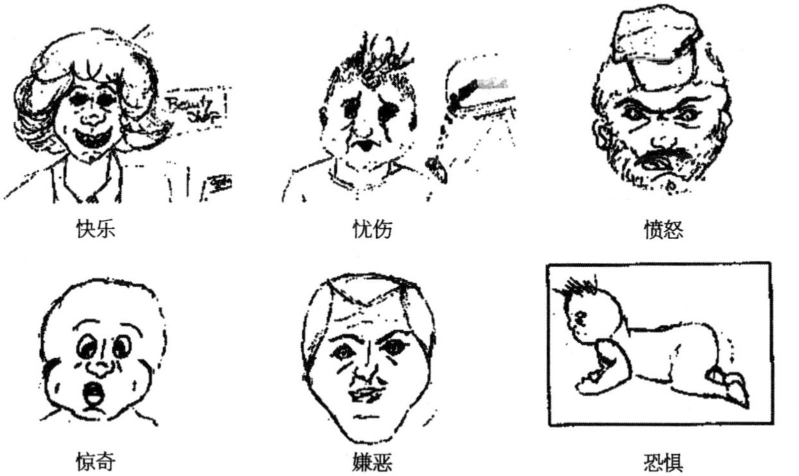

图 3.5 当实验者要求 S.M.画出相应于 6 种基本情绪的面部表情时，尽管她对快乐、忧伤、愤怒、惊奇、嫌恶时的面部表情都画得相当传神，但是唯独对恐惧，她莫名其妙地画了一个爬行的小孩。（引自 Gazzaniga et al.，2009）

一无所惧

S.M.不仅不能识别别人脸上的恐惧表情，而且她真的没有恐惧的感受。随便给她看什么样的恐怖片，她都没有恐惧感。美国临床神经心理学家范斯坦(J. Feinstein)带她到一家异国宠物店，她抓起一条蛇，摸了摸它四处乱伸的舌头，还评论说："这舌头真冷。"她对店里的任何动物都漫不经心，以至店员不得不阻止她去抚摸一只狼蛛①。他带她到号称"世界上最恐怖的地方之一"的肯塔基州的一处凶屋去旅游时，当别的游客被其中古怪的噪声、吓人的乐声，以及装扮成凶手、妖魔鬼怪的人吓得尖叫时，她要么是微微一笑，要么就是乐翻了天。当她见到一个"妖魔"时，甚至还伸手摸它的头去吓唬它，并说这只是想看看它究竟是怎么回事！

在她 30 岁时有一天晚上，她独自穿过一座公园回家，半途碰到一个看上去像是吸了毒的人坐在一条长椅上。他叫她到其身旁去，她毫不犹豫地走了过去。这个人站了起来，一把抓住她的衬衣，拿刀放到

① 一种产于南欧的有毛大蜘蛛，人们曾误以为被其咬后会发生毒蜘蛛舞蹈症。

她的脖子处,威胁着要杀了她。她毫不退缩,镇定地对他说:“要是您杀了我,您就得先刺穿我身体中的天使。”这个人放了她,而她镇静地走开。第二天,她还走老路,没有显出任何忧虑的痕迹。

“自来熟”和轻信他人

现在再来看看她的社会行为。S.M.不仅总是兴高采烈,而且对任何人都显得是一个“自来熟”。她热衷于跟任何人交谈,只要一经介绍,就会和人拥抱起来,好像是多年的老友一样。有一次,一位科学家带她到一家餐厅用餐,她和服务员起劲地闲聊了起来,第二天她还是要到同一处用餐,而她一见那位服务员就十分高兴,对他十分亲切。不过,她也很容易上当受骗。在她身上完全看不到恐惧和生气。美国神经科学家肯尼迪(D. Kennedy)对她做了个人空间感的试验,也就是让一位女士慢慢向她靠近,看离她多远时她感觉最好,结果是0.34米,几乎是常人的一半。

达马西奥收集了100张人脸的照片,其中有50张被一群正常的观察者认为是不可信任的,而另外50张则博得正常观察者的好感。达马西奥让S.M.和另外两位同样是双侧杏仁体受损的患者,看这100张照片,他们照单全收,认为这100个人全都值得信任。

两种不同的恐惧

虽然S.M.对外来的威胁一无所惧,但是精心设计的实验发现,确实有方法使她也感到恐惧。实验是这样做的:让她带上面罩,给她在瞬间呼吸一种含35%二氧化碳的空气,如果是正常人就会感到吸不上气,心脏狂跳,出汗和轻微的头痛,1/4的受试者会感到恐惧。出乎意料的是,她也极度恐惧,高呼救命,并把双手伸到面罩处,示意实验者快帮她卸下面罩。当问她感觉如何时,她回答说:“极度恐惧,因为我不知道还会怎么样。”这是她患上此病后第一次感到了恐惧。实验者对另外两名患同一种病的患者,进行了同样的实验,结果也是类似的。

这一结果似乎与杏仁体是恐惧中枢的看法相矛盾。后来范斯坦提出一种看法来做解释。他认为脑对体内危险,如接不上气或是心脏病发作的处理和对外部危险的处理是不一样的。他称前者“处于底层,是一种最基本的恐惧形式”。这话是有道理的,因为吸入高浓度的二氧化碳会改变血液的酸碱度,对整个脑引起一连串的反应。这样引起的神经活动变化范围极广,以至在没有杏仁体的情况下依然引起恐惧感,而杏仁体的基本作用可能是评估周围环境中的危险,并采取相应的行动。

“但愿不要有任何人像我一样”

通过对 S.M.的研究可得出两条结论：杏仁体在识别恐惧的面部表情和有正常的恐惧感方面起到关键作用;不同情绪可能是由脑的不同区域来处理的,这是因为她虽然缺失恐惧感,但是在其他情绪方面却一如常人,因此杏仁体并非人所有情绪的中枢。

从理智上来讲,她知道什么是恐惧,什么叫危险和如何预防。范斯坦说道:“她能够按规则防止危险。”例如,她穿马路前总要先向两边看清楚。但是,在实际生活中她就是没有恐惧感,也不能从旁人身上看到可能有危险或不愉快的事情将要发生。

所以,粗看起来,没有恐惧感的生活似乎很令人向往,但是通过上面的故事我们知道,这种人难于保护自己免受危险,因此也比较脆弱。当范斯坦问她,如果有人想要像她一样,她对这些人有什么话要说。她斩钉截铁地说:“但愿不要有任何人像我一样。”

3.4 “冷若冰霜”——牟比士综合征患者的故事

是情绪决定表情还是表情决定情绪?

在情绪研究的历史上,对于情绪的内心感受和行为表现之间关系的问题,曾经有过长期的论战。1884 年美国心理学之父詹姆斯(W.

James)发表论文《什么是情绪》(*What Is An Emotion*)。在这篇文章里,他认为感觉直接触发了某种身体变化,而这种内脏和肌肉的动作,最后返回皮层引起知觉。他说道:

> 通常我们认为,我们因为破财而伤心流泪;我们碰见一头熊,因惊吓而逃跑;我们因受到对手的侮辱而发怒厮打。我在这儿要论证的假说正好与此相反……合理的假说是:因为哭泣我们才感到悲伤,因为打架我们才感到愤怒,因为发抖我们才感到害怕,而并不是因为我们感到悲伤、愤怒或害怕我们才会哭泣、厮打或是发抖。要是在知觉之后没有身体上的变化,那么这种知觉只不过是一种认知形式,而不带任何情绪色彩。我们可能看到了一头熊……但是我们可能并不真正感到害怕。
>
> ……
>
> 我越是仔细考虑就越是坚信,我所有的心情、喜好和激情,都是由通常我们称之为这些情绪的表情或结果的躯体变化所造成的。

不过,他的理论遭到了许多人的批评,特别是来自实验生理学家和神经病学家的批评。他们通过动物实验和临床观察说明,詹姆斯的理论是有问题的。在本节中,我们将通过近年来的一个病例说明这个问题。此患者面部毫无表情,但其内心却有着丰富的感情。

"铁石心肠"的义工

2005年"卡特琳娜"飓风从墨西哥湾直扑美国南海岸,使许多地方成为一片泽国,居民不得不背井离乡,尤其一些老弱病残者更是处境堪忧。幸好,有一些热心的社区义工负起了照顾他们的责任。这里只说其中的一位难民及其帮助者。这位女难民在撤离之前,只来得及匆匆塞了点东西到一只塑料垃圾袋里。即使到了临时安置点,她还心有余悸，充满了孤独感。她不只需要食物和栖身处，还需要他人的陪伴和温情，有人能对她的损失感同身受，分担她的苦难。但不幸的是，从照顾她的义工的脸上，看不到一丝同情——真是“铁石心肠”呀！

图 3.6　牟比士综合征患者与正常人　此病患者(右)表情明显僵硬。

其实这真是天大的冤枉。这位名叫博加特(K. Bogart)的义工，是塔夫茨大学(Tufts University)的一位心理学研究人员，她得了一种先天性的遗传病——牟比士综合征(Möbius syndrome)。这种病的一个特征是脸部瘫痪，因此她总是毫无表情，就像戴了一副面罩一样(图 3.6)。她后来回忆那一段经历说：“我明白我们之间的感情联系被打断了，我明白事情如此却毫无办法。我无法用表情来回应她的悲痛，我试着用话语和声调来表达我的同情，但是这一点都不管用。没有了面部表情，就没法表达感情，没法分享感情，那就是没有办法。”

“我真的，嗯，我很生气”

在上一节中我们讲到过“无畏的人”S.M.。她自己没有恐惧感，不能用面部表情模仿恐惧的表情，也看不出别人的恐惧表情，甚至画不出一张恐惧的脸。我们正常人则有丰富的面部表情，而且一般在社会交往中对别人的脸部表情都会报以相应的表情，这在心理学上被称为“脸部模仿”(facial mimicry)。博加特不同于这两种情形，她与其他牟比士综合征患者一样，能识别他人的表情，也能从照片上认出人的情绪，但是他们本人无法模仿这些表情。研究者曾经做过一个实验，让

36 名这种患者看 42 幅有各种各样表情的照片，结果这些患者能正确地认出这些照片中 3/4 的表情，这个认出率和正常人无异，说明脑中另有系统识别脸部表情，因而不用依赖模仿过程就能懂得他人的情绪，脸部瘫痪的患者正是利用了这些系统。博加特说道："虽然我自己得了脸部瘫痪，但是我对这一研究并不特别感兴趣。我还有许多其他事情可以做。但是，我在学院里想看看心理学家们对此有些什么说法，结果什么都没找到。有关脸部瘫痪的论述非常少。我真的，嗯，我很生气。"——尽管她的脸部并没有显出生气的表情，而且这只是她自己的内心独白，既没有对别人讲，也没有做手势。不过正如她所说，她是真的很生气。这一例子也说明詹姆斯的论点是有问题的。

3.5 "当代盖奇"——腹内侧前额叶对理智/决策和情绪/感受贡献的故事

长期以来，人们常常把理性和情感对立起来，说某人"感情用事"就等于说此人不理性。但是从拙著《脑科学的故事》4.6 节和 4.7 节对两名腹内侧前额叶受损患者盖奇(P. Gage)和埃利奥特(Elliot)的介绍中，就可看到这种患者在理智和决策能力方面的缺失，与情绪、感受能力的缺陷并存。还有不少其他病例，也都表现出这两种症状的并存，这应该不仅仅是一种巧合。这似乎提示，理性(理智)和感情(情绪)并非水火不容。感情因素在做出合乎理性决定的过程中，可能扮演着重要的角色，而并不总是干扰做出这样的决定。当然，这些例子到目前为止，只能说明这两者之间可能有某种关联，还难于一下子断言其中的一个是另一个的原因。在神经科学和医学中，不乏把相关性和因果性混淆起来的例子，因此在下结论时要倍加慎重。不过这也并不是说，这两者就是一回事，或者任何决策都应该跟着感情走，而不用理性地思考！由于有关盖奇的故事已在那本拙作中做了详细的介绍，本书就不再重复。有关埃利奥特的故事,在前书中只做了简单介绍。由于他是在20世纪70年代才被葡萄牙裔的美国神经病学家达马西奥所详细研究,并加以长期的跟踪,对他的行为和脑部损伤都有了可信的资料,这是另外那位大名鼎鼎的患者的病史比不上的,因此有必要在这里做进一步的介绍。

当代"盖奇"

20世纪70年代初,达马西奥被介绍去看一位前额叶受到损伤后性格发生剧变的患者埃利奥特。据介绍,埃利奥特当时才30多岁,什么工作都做不长,因而只好由他的兄弟姐妹照顾。更为雪上加霜的是,他领不到残疾救济金,因为在旁人看来,他是一个聪明又有专长的人,行动自如,理应自食其力。有几位专家声称他智力正常,换句话说,他之所以不工作,只不过是由于好逸恶劳,说得难听点,就是装病罢了。

当达马西奥初次见到埃利奥特时,给他印象很深的是,这是个讨人喜欢的人,富有魅力,但从不表露感情。他有一种彬彬有礼的外交家气质,微呈冷笑,显示出他相当聪明,并对世上的种种蠢事微露不屑之感。他显得冷漠、超然,即使当着他的面议论令人窘困的私事,他也冷淡如故。

埃利奥特的知觉正常,不仅睿智而且条理分明,对自己身边的事也一清二楚。他讲得出新闻中的时间、人物和细节。他对政治事件的态度很恰当,对经济情况似乎也很清楚。他对自己过去工作过的领域,知识也很丰富。以前就有人告诉过达马西奥,他在技巧方面并没有什么变化,事情似乎确实如此。无论从哪方面看,他的记忆力都没有问题。在注意力方面似乎也没有问题。在语言方面,无论从理解还是从表达方面来说,也都很正常。他也能正确进行演算,并能通过绝大多数的智力和心理测试。

埃利奥特曾经是一位好丈夫和好父亲,在一家商行里面工作,也曾经是他的弟妹们和同事们的榜样。他曾经无论在处理私事、事业还是社交方面，都有令人称羡的能力。但是就在此时，他的生活开始崩溃了。他得了严重的头痛，不久就难于集中注意力。当这种情况进一步恶化之后，他似乎失去了责任感，他的工作得有人帮他完成或是加以纠正。他的家庭医生怀疑他长了脑肿瘤，不幸的是，事情正是如此。

他的肿瘤很大而且发展很快。诊断的结果是肿瘤有一个小的橙子那么大。这是一种脑膜瘤，长在脑表面的脑膜上，他的脑膜瘤从脑的中线区开始长起，就在鼻腔和眼眶之上。随着肿瘤越长越大，它从下面往上挤压两侧额叶皮层。

虽然脑膜瘤就其本身来说，一般是良性的，但是如不通过手术加以切除，它和恶性肿瘤一样致命。因为它不断长大和压迫脑组织，最终就会杀死这些组织。因此，埃利奥特如果还想活命的话，就不得不接受手术。手术很成功，肿瘤被彻底切除掉了，不会再长，不过被肿瘤破坏的额叶组织也不得不一并切除。其后果是他性情大变，随着他在体力上的恢复，他的家人和朋友都为这种剧变而感到震惊。虽然他在智力、行动和语言表达方面都没有问题，但在别的许多方面，他就像盖奇一样，熟人都说："埃利奥特不再是原来的埃利奥特了！"

早上要有人叫，他才肯起床工作，而在工作时他不会安排时间，一受打扰他就会转做别的事情。他可能执着于做某件琐事，却把大事丢在一边。他也可能中断正在做的事，转而去做一时吸引他的另外一件事。比如说，要他阅读某个客户的文件并进行分类，他读了起来也完全能懂得所读文件是否重要，他也知道如何按文件的内容进行归类。问题出在，突然间他可能不再做分类工作，而仔细地读起其中的某个文件来，并且一整天就这样过去了。他也有可能把整个下午都花在考虑究竟应该按什么原则来进行分类的问题上：是按日期进行分类呢，还是按文件的大小，或是按相关性进行分类？他就这样在这些问题上兜圈子而一事无成。他似乎在某些事上小心过头，却忽略了总目标；也就是说，他在首要的事上缺乏理性，而在细枝末节上却细致得过了头。

他在知识方面没有什么问题，要他进行一个个单独的行动，他和以前一样也没有问题，但是要他完成某个任务，他却不能采取适当的行动。他对同事和上司的一再告诫都置若罔闻，最后丢了工作。他找了一份又一份工作，都以被辞退而告终。埃利奥特的生活整个变了样。

埃利奥特在失去了正常工作之后，他有了新的爱好和商业冒险。他以搜集破烂为乐，他在事业上则从房产到投资管理什么都做。有一次他和一个声名狼藉的家伙合伙，而对朋友们的忠告充耳不闻，结果以破产告终。他把所有的积蓄都投资到一个前景堪虞的企业中去，结果自然血本无归。对于一个有埃利奥特这样事业背景的人，竟然会犯这样的错误和做出如此荒唐的财务决策，这确实有点匪夷所思。

他的妻儿和朋友们都不能理解，像他这样一位有识之士，在事先得到忠告之后还会尽干傻事。他的妻子因再也受不了而和他离了婚。虽然家人和朋友都不同意，他又结了婚，不久再次离婚。接下来他依然变化无常，没有收入来源，还拒领社会残疾救济金。

他的反常行为其实都是由其脑损伤引起的。尽管他在体力方面没有什么问题，大部分智力也正常，但是他不再能做合理的决定和制订眼下的计划，更不要说制订未来几个月或几年的计划了。和他有类似教育背景的正常人，也会犯错误或是决策不当，但是他们不会像他那样一再造成严重后果而依然故我。埃利奥特的变化实在太大了，明显地表明是病理性的。这些变化也不能用他以前性格上的弱点来解释，并且他自己也无法控制，其原因就在于他的脑有一部分受到了损伤。因此，他的这种变化并不是一时性的，而是终身性的。

对这个在其他方面都健康明智的人来说，其悲剧就在于他既不笨也不是无知，但是他的所作所为却经常表现出似乎他既笨又无知。他的决策机制受到了严重的损伤，他不再能够成为社会中正常的一分子。他尽管一再面临决策失误的灾难性后果，却不能从这些错误中汲取教训，真是无药可救。

智力正常却做不了决定

从他的手术过程可知，他的额叶皮层受到了损伤。以后对他又做了计算机断层扫描和磁共振成像，结果证实他左右两侧的额叶皮层都受到了损伤，而且右侧额叶所受到的损伤要远超过左侧。事实上，他左侧额叶皮层的外表面没有受到损伤，所有的损伤都在眶额叶和皮层的内侧面。他的右侧额叶皮层除了相应的部位受到损伤之外，皮层下的白质部分也受到了损伤，结果使他的额叶皮层有很大一部分在功能上不能发挥作用。经过详细检查，他脑部受到的损伤仅仅限于上面所讲的前额叶皮层，这正是通过理性思维最后做出决策所必需的脑区。

如果对埃利奥特做普通的智力测试，一般发现不了他的问题，因为他的智商很高。他的问题反映在情绪或是精神方面，因此一开始对他进行了精神治疗，结果却毫无用处，这才考虑他是否有脑器质性问题，把他介绍到神经病学专家达马西奥处求治。

由于达马西奥对他的病情事先已有所了解，因此一开始达马西奥就对他进行一些检查额叶皮层功能失调的测试，以为他会通不过，结果对他来说却是小菜一碟。开始做的一个测试是所谓的“威斯康星卡片分类测试”。这种测试给受试者一大沓卡片，卡片面上画有不同数量、形状（如星形、圆圈、方块等）和颜色的图案，要求受试者按这些特征之一把这叠卡片分成几堆。实验者可以改变分类规则，受试者必须很快理解这种规则变化，并按新规则进行分类。20 世纪 60 年代英裔加拿大心理学家米尔纳（B. Milner）发现，有前额叶损伤的患者常常完成不了这一任务，以后一些科学家的研究也证实了这一点。这些患者往往坚持按一种规则分类，而不能按实验者的要求改变规则。埃利奥特却能和常人一样完成这一任务。这说明他能集中注意力，利用工作记忆和逻辑规则进行操作。

前额叶损伤患者往往通不过的另一个测试是根据不完整的信息作判断。这种测试给受试者提出一些没有直接答案的问题，受试者只有把许多表面上互不相关的事实扯到一起进行逻辑推理，才能得出答案。例如,要是问您上海有多少只长颈鹿,您首先得知道上海地区不会有野生的长颈鹿,所以只有在动物园或是野生动物园中才会有长颈鹿,然后您得拿出一张上海市的旅游地图,看看上海地区有多少个动物园和野生动物园,估计每处可能有几头,然后把总数加起来就可以得到一个大致的数目。要做到这一点,您就得有正常的注意力、正常的逻辑推断能力和正常的工作记忆。令人惊奇的是,埃利奥特也通过了大多数此类测试。

于是,埃利奥特变成了这样一个奇人:他超乎常人地冷静,极少感情用事,智力正常,但是遇事犹豫不决,不断犯错误,他做的决定不是违反社会习俗的就是对己不利的,可以说很不理智。然而,他的这些缺陷在实验室里用传统的神经心理学方法却测不出来。究竟该怎么来解释他的这种情况呢?这一事件使达马西奥一头雾水,只能暂时放一段时间。有时把难题冷处理一段时间是有好处的,当达马西奥重新考虑埃利奥特的问题时,他突然意识到,以往他过于把注意力集中到埃利奥特的智力和理智方面去了,而没有太注意埃利奥特的情绪。

心如止水

初看起来,埃利奥特在情绪方面没什么不正常之处。他非常平静,然而许多杰出的公众人物也都喜怒不形于色。他显然并不情绪化,不会不恰当地笑或哭,看上去既不忧伤,也不高兴。他不会不问场合地乱开玩笑,仅仅略有幽默感,但是如果深入一点分析他的情形,就会发现有些地方不那么对头。他可以用一种非常超脱的态度详细地讲述自己的悲惨人生。他总是很有自制力,不动声色地以一种与己无关的旁观者态度来讲。虽然他就是他所讲的悲剧的主人公,但是没有丝毫痛苦的感情。他一点也不用克制自己的感情,非常冷静,也非常放松,从容自若地娓娓而谈。所以,达马西奥这样说他:“他并不是在克制内心的情绪波动,或是压抑内心的骚动。他其实根本就没有什么内心骚动要去压抑……当我听埃利奥特讲他自己的故事时,我比他本人还难受。事实上，每当想起这些故事时，我觉得自己比他还要难受。”

埃利奥特的情绪一直很平静，对于达马西奥的不断追问，他既不忧伤，也没有不耐烦，更没有沮丧。他在日常生活中也是如此，极少有恼怒的时候，即使偶尔发怒也转瞬即逝，很快又恢复平静，而没有任何怨恨。

达马西奥的同事对他做了一次测试——给他看一些应该引起强烈情绪反应的图片，例如大地震后满目疮痍的断垣残壁、火焰吞噬的房屋、满身是血的伤者或是洪水中淹死的人。当他们询问埃利奥特的感受时，他毫不含糊地告诉他们，自从生病以后他的感受变了。他可以觉察到，以前能引起强烈情绪反应的刺激不再能引起自己的反应，不论是正面的情绪还是负面的情绪。所以，他对这些景象应该引起什么样的情绪反应，并不是不知道，而是感受不到。

多谋寡断的人

根据埃利奥特在病后同时表现出来的这两大类变化，达马西奥开始考虑患者在情绪和感受方面的这种波澜不惊，是不是对他在决策方面所表现出来的缺陷有影响。但是为了确定这一点，首先要排除埃利奥特在基本智力方面的任何缺陷，因为这也可能用来解释他在决策方面的问题。

为此首先要弄清楚，他是否还明白有关社会行为应遵循的准则，因为如果他不再知道这些知识，那么即使他还是理智的，却不知道该如何解决问题。还有一种可能是，虽然他依然有这方面的知识，但是他不再能在需要的时候想起这些知识，并且按此操作。第三种可能性是，虽然他能想起这些知识，却不能按此操作，并作出选择。

为了回答上面的问题，达马西奥及其学生问了埃利奥特一连串有关伦理道德的两难问题和有关财务方面的问题。例如问他：假定他急需用钱，而他有机会偷到一笔钱，并且保证不会被发现，他要不要去偷？再比如，假定他知道某公司的股票在过去几月里的表现，他会抛出手头的股票或是再买进吗？他的回答与常人无异。所以，他遵循的伦理道德准则也与常人无异，他的财务决策听上去也很合理。进一步问他，在一些假定的情况下有几种可能的选择，每种选择的后果如何，他都能给出正常的回答。为什么对同一些问题，他在实验室里的表现和真实生活中的情况大相径庭呢？

在实验室的问答中，一般都只要受试者讲出有几种可能的选项，而不需要受试者在这些选项中作出选择。换句话说，在实验室的问答中，受试者只要根据问题进行推理，但是不用作出决定。埃利奥特的表现说明，他具有社会规则的知识，并且能在需要的时候调用这些知识，而和作出选择没有什么关系。但是，现实生活会迫使您作出选择，如果您对此置之不理，那么就只能像埃利奥特那样老是举棋不定了。有一次在做了这样的测试，并且埃利奥特也给出了大量可以怎么做的选项之后，他微微一笑，显然对自己的富于想象相当满意，不过他最后加了一句："尽管如此，我还是不知道究竟该怎么办。"这句话很能说明他的问题所在。

另外，即使在每次测试之后都硬要埃利奥特作出选择，实验室的情况和现实生活还是很不一样的。在现实生活中，如果埃利奥特在某种条件下做了选择，那么其后果将改变他所处的情况，从而造成许多新的选项，而这又要求有新的反应，进而产生新的选项，如此等等。换句话说，前面所讲的实验室测试，只能判断埃利奥特能否运用有关社会规则的知识，而没有牵涉不断进行推理和作出决策的过程。何况，现实生活中的问题总要比实验室测试的复杂和丰富多彩得多。

虽然如此，达马西奥认为还是可以得出下面的结论：埃利奥特在决策方面所表现出来的缺陷，并不是由于缺乏有关社会规则的知识，或是不能提取这些知识，也不是在推理、注意力和工作记忆方面有什么问题。他的问题出在推理过程的最后阶段，也就是必须进行选择的节点上。埃利奥特不能有效地作出选择，或许根本就不会做选择，或是在这方面非常差。对我们正常人来说，当我们要执行一项任务时，在我们面前有许多不同的选项，我们必须不断地做选择，找出一条正确的路径，直至达到目标。而埃利奥特的问题就是，再也不能找到这样一条路径了。

那么，埃利奥特是不是一个特殊的个例呢？达马西奥后来又找到了12名和埃利奥特有同样前额叶损伤的患者，他们也都表现出难以决策和情绪冷淡的特点。

情绪对阵理性

如上所述，埃利奥特的这一缺陷同时伴随着情绪反应的减弱。达马西奥认为，这两者并不是风马牛不相及，他猜想可能正是情绪冷淡使他不能对不同的选项赋予不同的价值，这就使他觉得所有的选项在重要性方面都差不多，从而难于决策。也正是情绪上的这种不分主次，使他在应该作出选择反应的时候却转移注意力，或是做些琐事。在面临复杂的、有许多选项可供挑选的场合，情绪往往在快速作出决定中起重要的作用。因此，与以往人们认为的情绪和理性绝对对立的想法相反，感情对作出理性决定也有贡献，甚至可以认为，情感过程的某些方面也是理智形成机制中不可分割的一个部分，情绪会先引导我们倾向于作出某种决定，此后就需要理智来思考这种决定是否合适了。因此，强调情绪对理智的作用，并不意味着我们就应该感情用事，什么事情都得跟着感情走。在某些情况下，情绪也会使人作出不理智的决定，例如在刚听到马航客机失联的新闻之后，有人就可能取消预定好的航班，尽管在理智上他们也清楚，这和所要乘的飞机是否会失事没什么关系。当理智和情感发生冲突的时候，情感对决策的作用往往更大，特别是当这种情感由最近发生的、震撼人心的事件所引起时。因此在这种情况下，最好不要忙着作出决定，冷处理一段时间会更好一些。但是从另一个方面来说，在情绪支配下作出决定而不是经过仔细思考之后再作决定也是必要的，例如当您在草丛中看到一条蛇时，恐惧使您甚至在意识到前面有一条蛇以前，就已经向后跳开，而生死就悬于这一线之间！

当然，上面所讲的埃利奥特的故事更不是说，情感和理性就是一回事。对一些本质上相同的问题，这两个系统可能会作出截然相反的决定。美国心理学家格林(J. D. Greene)和科恩(J. D. Cohen)做了一系列实验来研究，当人面临有关生死的道德两难问题时，脑是如何作出反应的。其中的一个研究是用 fMRI 扫描受试者对著名的“列车问题”(trolley problem)的反应。关于这个问题，哲学家已经争论了好几十年。所谓列车问题说的是，假定有一列火车正驶向轨道上有 5 个人的一条支线，如果这时您有机会扳动道岔，使列车驶向另一条支线，那么这 5 个人就得救了，不过代价是在另一条支线上站着的一个人就得死。无疑，绝大多数人会理智地决定应该扳动道岔。但是在另一种情况下，如果您正好在横跨铁道的天桥上，发现在驶来的火车前方有 5 个人站在轨道上，而救这 5 个人的唯一办法就是把站在您前面的一个胖子推下去堵住火车。这时您应该把胖子推下去吗？同样，绝大多数人的答案是否定的。尽管从本质上来讲，这两种情况都是以牺牲一个人的代价救 5 条命。那么，是什么原因使绝大多数人在这两种本质相同的情况下作出绝对不同的反应呢？为了寻找答案，格林和科恩对受试者做了脑成像记录。他们发现，当受试者在考虑第一种情况时，其负责理性决策和自我控制的背外侧前额叶皮层特别活跃，他们的决定是如何拯救尽可能多的生命；而在第二种情况下，受试者脑中的情绪中枢更为活跃，这时他们由于不忍亲手伤害一个人，而作出从纯理性上来说是错误的决定。他们对 9 名大学生做了类似的实验，给每名大学生提出了 60 个像“列车问题”这样的道德两难问题，并且要他们按置于手腕上的按钮，表示他们的决定是“是”还是“否”。脑扫描的结果都表明，问题的性质不同，活动的脑区也不同。

由此笔者想到，目前某些发达国家正在开发的致命性机器人(机器人战士)，它可以在战场上自动攻击敌方目标。不论事先对这种机器人的攻击目标设定怎样的标准以避免伤及无辜，它都没有情绪，对于伤及无辜也不会产生任何的负罪感。另外，现在某些国家正在广泛使用的定点清除的攻击无人机，由于操纵人员远在千里之外，因此他们对于攻击失误所造成的平民伤亡，也不会有多少情绪反应，只不过像在玩电子游戏而已。其后果必然是使战争变得更为残酷和造成更多的伤及无辜。神经科学家应该有责任呼吁全面禁止开发和使用这类武器，就像禁止化学武器和细菌武器一样。当有一个国家在开发和使用此类武器时不受限制，很难要求别的国家不这样做，而放任这种武器扩散的后果，将是战争变得更为残酷！

以上主要讲了情绪、感受对理性、决策的作用。之所以要讲这个，是因为传统上人们曾强烈地认为，前者只会干扰后者，而不会帮助后者。当然，这样的强调并不是说后者对前者就没有作用。请想象一下，当您在非洲的丛林中独行时，如果听到狮子的吼声，您一定会非常恐惧。但是，如果您在动物园里听到同样的吼声，您就不会为之所动，因为理性告诉您，动物园里的狮子逃不出笼子，不会对您构成威胁。您的额叶皮层发出的信号抑制了恐惧。当额叶皮层受到损伤时，人就失去了来自它的抑制，这种患者在动物园里听到狮子吼就会股栗，即使他们明白，并没有危险。勒杜说道："您可以整天向恐惧症患者解释并没有危险，但就是没有用。"

3.6 顽固的大法官和心中一片空白的患者——右脑中某些脑区对理智/决策和情绪/感受贡献的故事

在拙著《脑海探险》[①]5.2 节中介绍了右脑中风造成病觉缺失的患者——美国第 28 任总统（1913—1921 年）威尔逊（W. Wilson）的故事，他除了左半身偏瘫之外，同时表现出在理智/决策和情绪/感受[②]方面

① 顾凡及《脑海探险》，上海科学技术出版社，2014。

② 虽然人们常常把情绪（emotion）和感受（feeling）混为一谈，但这两者之间还是有些区别的。情绪可以是下意识的，而只有当主体意识到自己的情绪时，才称为感受。

的缺陷。所以，上一节所讲的有关理智/决策和情绪/感受的关系问题，不仅为腹侧前额叶损伤患者的病情所证实，而且某些右脑中风患者的表现也再一次支持了这种看法。威尔逊总统并不是唯一的病例。本节将再介绍两个病例。

顽固的大法官

1974 年除夕，美国最高法院大法官道格拉斯(W. O. Douglas)正在巴哈马群岛度假。正所谓乐极生悲，他在 76 岁高龄时，像威尔逊总统一样得了一次右脑半球中风，虽然他因左腿瘫痪而不得不坐轮椅，但他在口语表达方面没有任何问题，因此一些人希望他还可以继续履行职责，毕竟他在最高法院很有影响力。道格拉斯自己也坚持要继续参与最高法院的事务，尽管实际上他已力不从心。其实在他出院时，迹象就相当明显了，他不顾医嘱驱车去法院，大肆采购，暴饮暴食，他还告诉别人，他之所以住院治疗只不过是摔了一跤，令人啼笑皆非。在一次记者招待会上，他被逼无奈承认自己无法行走，如果不靠人帮忙他也下不了轮椅。不过，他对此不屑一顾地说："能否走路与法院的工作根本就没有多少关系。"他还邀约记者们和他在下个月一起去做一次徒步旅行。尽管他的康复训练没有什么进展，当来访者问及他的左腿时，他声称"我刚在健身房里一脚踢进 40 码的球门"。还大言不惭地说，他准备和华盛顿的印第安人队签约。当目瞪口呆的来访者委婉地反驳，说他的高龄可能会成为一个问题时，他笑了起来，并说道："您讲得对，不过您应该看看我怎么一脚把球踢飞。"虽然他已不能胜任法官的职责，他却顽固地拒绝辞职。甚至在拖了几乎一年之后被逼无奈不得不辞职时，他还想作为资深法官继续在最高法院工作。他拒绝接受自己已经退休了的事实，还想继续参与案件审理。当他回到以前的办公室，发现他原来的下属都在为接替他的新任大法官服务时，不禁勃然大怒。1976 年 3 月他还想过问案件审理，9 名在职的大法官不得不签署了一封公函提醒他，他早已退休而不再对法院的工作有任何职责，这样他才不得不罢休。

道格拉斯由中风损伤的，大概是右脑中央沟附近的区域。中央沟前缘运动区的损伤使他左腿瘫痪，而其后体感区的损伤则使他丧失了对自己躯体在脑内的正确影像，他就像威尔逊总统一样否认自己有病，这在医学上被称为“疾病失认症”或者“病觉缺失”。这种患者不仅行事乖张（在理智、决策上出了问题），而且在情绪、感受上也出了问题，他们对自己的疾病毫不在乎。有位患者当医生明确告诉他得了脑癌，已经活不了几个月时，他既不悲伤也不恐惧，却为了疥癣小疾一再去找医生。当医生提醒他，主要问题是他的脑病的时候，他却回答说，医生也常常有误诊的时候。对疾病失认症有兴趣的读者，可以进一步参看拙译《脑中魅影》和达马西奥的书①。

心中一片空白

损伤后会导致理智、决策和情绪、感受同时出现问题的脑区，除了上面讲过的双侧内腹侧额叶皮层、右脑体感皮层之外，还牵涉到前扣带皮层和辅助运动区等。损伤了这些脑区的患者，不仅在运动、情绪、注意力等方面出了问题，而且根本就既不动也不想，理性思考更无从谈起了，虽然患者依旧是清醒的。下面是达马西奥介绍的他的一位这种患者的故事。

达马西奥把这位患者称为 T 夫人，其两脑半球额叶的背侧和内侧广泛地受到了损伤。她突然间变得既不动也不说话，睁着双眼躺在床上，神色木然，毫无表情。她的身体也和脸一样没有什么动作，尽管偶尔她也会用手拉一下被子。当医生问她时，通常她都无言以对，虽然经过一再劝导之后，她也可能会说出她的名字、她丈夫和孩子的名字，以及她所居住的城市的名字。但是，她从来不谈自己的病历，也不谈自己为什么住院。因此，医生无从得知，究竟是她回忆不起这些事呢，还是虽然有

① 拉马钱德兰著、顾凡及译《脑中魅影——探索心智之谜》，湖南科学技术出版社，2017。

记忆，但是不想讲或讲不出来。对医生的一再询问，她从不表现出不耐烦；对自己的病情或是其他什么事，也从未表现出什么忧虑。经过几个月的治疗，她慢慢从这种不说不动的状态中恢复过来，并开始能回答医生的一些问题。令医生感到惊奇的是，据她说在那段时间里她脑子里是一片空白，根本就没有在想什么。她脸和身体的无动于衷，正好就是她内心空荡荡的真实反映。在稍后的日子里，她确认自己以前并没有因为不与人交流而感到痛苦。并不是有什么东西迫使她不愿讲出心中所想，而是正如她后来所回忆的："我当时真的无话可说。"

3.7 当认识和感情不一致的时候——卡普格拉综合征、科塔尔综合征和弗雷戈利综合征患者的故事

也许有读者看过美国的科幻惊悚片《天外魔花》(*Invasion of the Body Snatchers*)，故事讲的是医生本耐尔(M. Bennell)正出差参加一个医学会议，期间他接到护士的电话，称其所在的小镇病患激增，本耐尔医生只得匆匆赶回。这本是一个田园牧歌式的宁静小镇，居民友善而愉快，一切都再普通不过了。但是当医生回到家里后，发现他的一位患者认为，她的叔叔虽然面目依旧，却已经被人冒名顶替，是个冒牌货了。一开始医生还不是太担心，但是不久他发现，越来越多的患者开始怀疑他们的配偶、亲戚或邻居都是假冒的……外星人选取这一小镇作为入侵和主宰地球的基地。当然，这部电影讲的绝大多数剧情是编造出来的。只是有一点，把亲人当作冒牌货的患者确实存在，这种病症还有一个专门的医学术语——卡普格拉综合征(Capgras syndrome)。虽然这种病非常罕见，但确实有。

80个丈夫——卡普格拉综合征患者的故事

1923年法国精神病学家卡普格拉(J. M. J. Capgras)及其同事勒

布尔-拉绍(J. Reboul-Lachaux)首先报道了一名这样的患者M夫人，因此以后这种病就以他的姓来命名了。M夫人坚持说，她的家人都给长得一模一样的陌生人顶替了，不论用什么方法都不能改变她的这种看法。随着时间的流逝，她把她的这种幻想推广到了邻居、朋友和熟人身上。M夫人对这些冒名顶替者一无所知，因为她觉得这些人也一直在更换。最后，她声称顶替过她丈夫的有80人之多！

以后又发现了一些这样的患者，他们常常是在中风、动脉瘤或脑外伤之后首次出现症状的。美国神经科学家拉马钱德兰在他的名著《脑中魅影》[1]一书中详细介绍了一位这样的患者戴维，后者就是在一次车祸之后，把他的父母当成了冒牌货(由于笔者已把此书译成了中文，此处就不多介绍了)。不过，像戴维这样的卡普格拉综合征患者，往往在脑损伤之后才突然出现症状，而且可以不伴随精神上的其他异常，因此提示很可能这种损伤只局限于脑的某个比较小的特定部位。

卡普格拉综合征患者在识别人脸方面并没有问题，即使是被他们称为“冒牌货”的亲人，他们也认为这些人的脸和他们“真正”亲人的脸是一模一样的。他们说得出这个脸“像”谁，但是他们否认这就是谁的脸。那么这里缺失了点什么呢？缺少的是看到亲人时的温情！事实上，从视觉中枢到情感中枢本来是有神经通路的，而卡普格拉综合征患者可能正是这种联络出了问题。因此，比如说尽管戴维看到他的父亲时，知道这张脸是父亲的脸，却引不起看到亲人时的温情和爱。这就在他脑中产生了矛盾：“这个人非常像我父亲，但是为什么引不起我的情感？”于是脑只能给出一种“合理”的解释：“这个人其实不是我的父亲，而是个冒牌货。”2001年美国心理学家埃利斯(H. D. Ellis)等人做了一个简单的实验来支持这一想法。因为情绪激动，无论是高兴还是恐惧，都会影响到自主神经系统，使皮肤表面的血管收缩并出汗，这

---

① 有兴趣的读者可以参阅拙译：拉马钱德兰等著、顾凡及译《脑中魅影》，湖南科学技术出版社，2017。书中还有其他许多有趣的故事，此书已与萨克斯的《错把妻子当帽子》一样，成为有关神经病学的经典科普著作。

样就改变了皮肤表面的电阻。因此，只要简单地测量皮肤电阻，就可以间接测量情绪反应的强度。当研究人员给正常人看他们亲人的照片时，他们的皮肤电阻显著减小，但是当他们给卡普格拉综合征患者看他们亲人的照片时，他们的皮肤电阻却没有任何变化，尽管他们说得出这些照片像谁。这就支持了卡普格拉综合征患者的表现是由于损伤了脸识别系统和情绪系统之间联系的解释。这和脸失认症的患者正好相反，后一种患者不能识别脸，他们叫不出照片上的脸是哪个人的，然而对于亲人的照片，他们的皮肤电阻却有变化，尽管他们不知道这是谁！

活"死人"——科塔尔综合征患者的故事

有一种更稀奇古怪的综合征——科塔尔综合征(Cotard syndrome)，一些科学家认为这是卡普格拉综合征的一种极端情况。这种患者对任何刺激都没有情绪反应，而不仅仅是对亲人的脸。因为一切对他们都引不起感受，所以他们认为诸物皆虚，他们感受不到自己的存在，在极端情况下甚至声称自己已经死了。这不由得使笔者想起美国小说家欧文的名篇《鬼新郎》里的一段描述：

> "不对！不对！"陌生人回答道，神情比以前严肃十倍，"我这个约会不是会什么新娘——是蛆！那些蛆都在等着我！我是一个死人——我已经给强盗们杀了——我的尸首现在正躺在沃尔兹堡——半夜里我要入葬——坟墓正等着我去——我一定得守约！"①

当然，欧文不是科学家也不是医生，他并不知道科塔尔综合征，小说里面讲的"陌生人"也不是科塔尔综合征患者。上述引文只是传奇小说高潮中的一幕，吊足了读者的胃口，最后一切真相大白。陌生人

① 译文引自欧文著，万紫、雨宁译《鬼新郎》，载《外国短篇小说选》，山西人民出版社，1979。

其实是刚被强盗杀死了的真新郎的一位旅伴，受垂死的真新郎之托到婚礼现场报丧，只是由于大家等新郎已久而不容他有任何说话的机会，把他当成了新郎，而在这一过程中他和新娘一见钟情，为了摆脱困境，他最后才使了这么一招得以脱身。当然，最后的结局是他偷偷向新娘说清真相，喜结良缘，皆大欢喜。然而如果抛开这些不说，那么"陌生人"的话倒是非常生动地描述了科塔尔综合征患者的可能感受呢！

虽然埃利斯和拉马钱德兰等人对卡普格拉综合征给出了听上去合理的解释，并且得到了实验的支持，但是依然存在一些无法用他们的理论加以解释的现象。例如，有些卡普格拉综合征患者只把某些亲人当作冒牌货，而不是所有的亲人。另外一个问题是，为什么这种患者明知别人都不同意他们的妄想，而不理智地考虑一下这种反对意见？他们从来也不问下面这样显而易见的问题："如果我妻子给人冒名顶替了，那么我真正的妻子去了哪儿？""我应该去报警吗？"

"我家的亲人数不清"——弗雷戈利综合征患者的故事

在 20 世纪 60 年代下半至 70 年代上半的中国人看过无数遍的"样板戏"《红灯记》中，女主角铁梅的一句唱词"我家的表叔数不清"想来很多人记忆犹新，当然这里的"表叔"只是一种隐喻。然而，还真有把陌生人看成亲人的一种综合征——弗雷戈利综合征。这种综合征首先是在 1927 年报道的，其名称是按意大利著名演员弗雷戈利(L. Frégoli)的姓来命名。这位演员在他的独角表演中可以扮 60 个不同的角色，并能在刹那之间就从一个角色转换成另一个角色。

患有弗雷戈利综合征的患者，就像生活在充满了像弗雷戈利这样的人的世界里。他们把陌生人当成了自己的老朋友，或者经过乔装改扮的老熟人，只不过伪装得不够到位。这种患者会声称，电视节目中的新闻播音员就是他的兄弟，因为他能"认出"他兄弟特有的动作或是语调，尽管其实只不过有那么一点点相像之处而已。在极端情况下，这种患者甚至把遇到的每个人都当成同一个人,并常常感到好像受到了这个无处不在的人的纠缠。有些科学家认为,这种患者的病因可能在于视觉通路和情绪中枢之间的联结过分丰富,其结果是,即使陌生人也引起了熟悉甚或亲密的感受。

参考文献

Aschwanden C. 2013. The curious lives of the people who feel no fear [J]. New Scientist, 217(2907): 36 - 40.

Bhanoo S N. 2010. Humans, like animals, behave fearlessly without the amygdala [N]. New York Times, 2010 - 12 - 16.

Carey B. 2010. Seeking emotional clues without facial cues [N]. New York Times, 2010 - 04 - 05.

Damasio A. 2000. Descartes' error: emotion, reason and the human brain [M]. Quill.

Davidson R J, Begley S. 2012. The emotional life of your brain [J]. Hodder & Stoughton Ltd.

Gazzaniga M S, Ivry R B, Mangun G R, et al. 2009. Cognitive neuroscience: the biology of the mind: 3rd ed [M]. W.W. Norton & Company, Inc.

Gazzaniga M S, Heatherton T F. 2006. Psychological science: 2nd ed [M]. W.W. Norton & Company, Inc.

Grüter T, Kraft U. 2005. Alien friends [J]. Scientific American Mind, 16(1): 58 - 63.

Hall S S. 1999. Fear itself [N]. New York Times, 1999 - 02 - 28.

Henig R M. 2009. Understanding the anxious mind [N]. New York Times, 2009 - 09 - 29.

LeDoux J E. 1994. Emotion, memory and the brain [J]. Scientific American, 270(6): 50 - 57.

Ramachandran V S, Blakeslee S. 1999. Phantoms in the brain [M]. William Morrow, Inc.

Taylor J B. 2009. My stroke of insight: a brain scientist's personal journey [J]. 359(25): 2736.

顾凡及.2011.脑科学的故事[M].上海:上海科学技术出版社.

4 “一览有余”——注意的故事

注意的实质就是把意识集中或者说聚焦在一点。

——威廉·詹姆斯

俗话说“一览无余”，似乎一眼看去，万物尽收眼底，什么都遗漏不了。其实不然，当面对大千世界的时候，进入意识的通常只是其中很小的一部分，也就是我们特别加以注意的部分。这些部分或者是我们有意识要加以注意的，例如站在车站出口处的人流中，我们留意着自己要接的人，这被称为自上而下的、由目的驱动的注意；或者是由于某个对象在其中特别突出，这被称为自下而上的、由刺激驱动的注意，例如假定从车站出口处的人流中走出一位踩高跷的马戏团小丑。其实早在19世纪末，美国心理学之父詹姆斯就说过：

> 每个人都知道什么是注意。注意就是心智从若干个似乎同时呈现的可能对象或是不同的事项中，清楚而生动地选取其中之一。注意的实质就是把意识集中或者说聚焦在一点。注意意味着，为了有效地处理某些对象，而舍弃其余的种种对象。注意正好保证了不至于陷入茫然不知所措和思想不能集中的状态。

这就是说，詹姆斯认识到，我们在某一时刻所能意识到的容量是很有限的，因此我们不可能同时注意到周围的一切。注意使我们的意识有效地集中处理某个刺激，而舍弃其他刺激。

4.1 视而不见——疏忽盲和变化盲的故事

既然注意使我们的意识仅仅有效地集中处理某个刺激，而舍弃了其他的刺激，那么对这些不被注意的刺激就会“视而不见”。“视而不见”似乎是不正常的事，但其实是在我们日常生活中每天都上演的场景。只是由于我们对此未加注意，因此就连这一点本身，我们也常常不知道，而当有人指出来时，反而觉得非常奇怪。本节讲的就是这样的故事。

视若无睹——疏忽盲的故事

在繁忙的大街上一位工装打扮的男子拦住一位行人问路，正当行人要解释的时候，有两位工人抬了一块很大的广告板粗鲁地从两人之间穿过，而把他们隔开了。等工人走过以后，行人继续向问路人解释应该怎么走，这时问路人问他：“刚才向您问路的是我吗?”“当然是您啦！还能是别人吗?”这时边上走过来另一个人说：“您再仔细辨认一下，刚才是不是我问的您?”行人注视了一下才大笑起来：“哎呀！确实搞错了!”原来这两个人和抬板的工人都是实验人员，当工人抬板把他们隔开的时候，另一个实验者就换下了问路的人。当工人走开以后，行人所面对的人已经换过了，但是行人却浑然不知。

1999 年美国心理学家西蒙斯(D. J. Simons)和查布里斯(C. F. Chabris)放了一段片长 75 秒的篮球比赛录像给他们的学生看，片中每队三人，其中一队身穿白色球衣传球，而另一队则身穿黑色球衣，也彼此传球。实验者要求学生在看完以后报告片中穿白球衣的球员传了多少次球。结果很好，大家都报出了正确的传球数。这时实验者又问他们：“你们在看的时候，有没有发现什么奇怪的事?”大约有一半学生报告说一切正常，没有任何不正常的情况出现。真是这样的吗？实验者回放了这段录像,这时大家都哄笑起来,原来片子放到一半时,有一个打扮成黑色大猩猩的人上场走到中央,停下来面对观众拍了拍胸脯,然后再走下场,在场上一共停留了 9 秒之久呢(图 4.1)!但是,竟然有半数学生没有看到。通过记录受试者的眼动轨迹,科学家还发现,有些受试者曾经把目光停留在大猩猩上但还是没有发现,这真可谓"视而不见"了。他们第一次是对哈佛大学的学生做这个试验的,以后几年里他们又多次对别的受试者进行同样的试验,其结果是类似的。

图 4.1 录像中出现了一个打扮成猩猩的人,但是有半数学生把注意力集中在穿白色衣服球员传球动作上而没有发现他。

在这一录像试验声名远播之后,西蒙给 1 000 位知道这个录像的视觉科学家放录像,不过他稍稍做了点小的改动,就是当大猩猩上场时,他把背景幕布的颜色由红色改为金色,同时有一位黑队的球员下场。尽管这些科学家都知道录像中有出乎意料之处,但是绝大多数受试者对两处改动都没有注意到。他们过分专注于寻找大猩猩,而对其他出乎意料之处就视而不见了。

为什么?这是因为以上这两种情况下,受试者的注意力都集中于一个任务上了。在前一个试验中,行人的注意力集中在解释应该怎么走，而在后一个例子中，学生正注视着身穿白色球衣的一队，并集中精力计数运球的次数。所以，这两个试验告诉了我们，虽然每时每刻都有大量的视觉信息投射到视网膜上，但是其中只有一些，特别是有关注意对象的信息，才进入知觉，其他的都被忽略掉了。

“网驾”——一种和醉驾一样危险的疏忽盲

上面讲的两个例子，都只不过是让人觉得惊奇好玩的试验而已。在现实世界中，类似的情况却可能带来严重的后果。波士顿有位警官正在追踪一名嫌犯，当然他把注意力高度集中在嫌犯往哪儿逃、是否持枪或是否把证据扔掉了。这时，他经过一处另一位警官正在粗暴执法的现场。后来当陪审团要他作证时，他说他什么也没有看到，结果他以说谎和包庇同事罪入狱。陪审团不了解，当人专注于某个任务时，对此外的一切都视而不见是确有可能的。

在现实生活中，疏忽盲给人带来严重的危险，但还是有许多人未给予应有的重视。最普遍的一个例子就是边开车边打手机，其危险程度与司机不系好安全带或者醉驾不相上下，也许我们可以称之为“网驾”。有些人误以为，打电话之所以危险，仅仅因为用一只手拿手机，而只有一只手操纵方向盘的缘故。他们误以为，如果用了耳机或者免提打电话，使双手都解放出来掌握方向盘，那就没多大危险了——这不就跟司机与坐在副驾驶座上的朋友谈话一个样吗？其实大谬不然，要讲清个中的缘由还真得费些时间呢。这种想法是如此地似是而非，以至美国有些州立法禁止一手拿手机通话一手驾车，却不禁止在驾车时免提打电话，尽管两者引起车祸的风险是相同的。

关键是，边驾驶汽车边打电话造成危险，原因在脑而不在手。打电话分散了注意力，使您的心思没有放到路面上。无论是实验室中用驾驶模拟器做实验，还是对交通事故的原因做统计，都一致表明边打电话边驱车造成交通事故的风险，比不打电话要高 4 倍，但与是不是用手握住手机无关。这一风险和醉驾处于同一水平。

打电话很可能严重分散司机的注意力，影响到安全驾车时所需的空间处理能力。这方面的一个证据来自对驾驶员眼动的监视：在正常情况下司机的眼光应该在不断四处搜索，但是在打电话时，目光只是凝视前方，而且还不知道他是否真的看清了前面的情况。这就造成反应迟缓和其他的问题。美国神经科学家马鲁瓦(R. Marois)做了一个实验，他让受试者分别执行两个任务：一个是在听到8种声音之后按相应的某个键，另一个是当看到8种不同的图像之后说出相应的某个元音。当受试者分别执行这两项任务时，他们几乎在刺激呈现之后立刻就能作出正确的反应。但是，如果要受试者同时执行这两个任务，那么对第二个刺激的反应差不多要延迟一秒钟。虽然对许多日常事务来说，延迟一秒钟并没有多大关系，但是如果以每小时60英尺(1英尺=0.304 8米)的速度驱车时，反应慢一秒钟却可能导致致命的后果。因此马鲁瓦讲，他在开车时总是把手机关掉。有人为了避免因手机铃响而不由自主地接电话，在开车时甚至干脆把手机放到了后备箱里。

美国科学家斯特雷耶(D. L. Strayer)及其同事，用一台汽车驾驶模拟器研究驾驶时打电话的影响问题。他要求受试者在实验时处于下列不同的驾驶条件之下：手持手机打电话；免提手机打电话；和副驾驶座上的朋友聊天；甚至处于醉驾状态。然后，要求受试者完成下列简单任务：沿高速公路驱车几英里并寻找特定出口；在市内开车，并按交通信号灯及时停车；变道并注意行人。仪器严密监视其驾驶速度、在自己车道上的表现和眼动，还记录了他们的脑电波。结果表明，与车内其他行为比起来，通过手机交谈特别使司机分心。

一开始人们以为，在车内听收音机或是和邻座朋友交谈也同样危险，但是实验结果并非如此。这也许是因为，邻座的朋友在看到路面情况复杂时会停嘴不说，甚至在某些情况下还会提醒司机，所以等于多了双眼睛；而在手机另一端通话的人却对当时的路面情况毫无所知。因此，在一次要求司机在某个停车记号前停下的任务中，有朋友在旁的司机几乎总是能停下，而打电话的司机几乎有一半错过了停车点。然而，这并不意味着乘客可以不分场合地对司机喋喋不休。美国心理学家贾斯特(M. Just)通过磁共振脑成像发现，当受试者同时执行两个任务时，相应脑区的活动都低于有关脑区仅执行一个任务时的活动。他还发现，尽管受试者能够同时完成两个任务，但是完成每个任务所需的时间却延长了。任务越复杂，完成的质量越差。这就是为什么，一位有经验的司机和乘客有争执，而天又开始下冻雨时，他多半会闭口不再说话，而全神贯注于路面。

也有人以为"熟能生巧"，如果多加训练，就可以减少"网驾"的危险。事实上情况正好相反。美国心理学家斯特雷耶和沃森(J. M. Watson)对经常用手机的驾驶员和不常用手机的驾驶员进行了对照研究，并没有发现前者打电话造成的驾驶失误要比后者少。2009 年美国科学家纳斯(C. Nass)研究了同时执行多种任务的经历与不同任务间切换能力的关系，结果发现，那些报告自己经常用多媒体同时执行多项任务的人，在从一个任务切换到另一个任务时所需的时间更长。试图同时执行多项任务似乎是损害而非改善！

近年来，斯特雷耶和沃森等人对 300 多位受试者进行实验，他们要求受试者给自己同时执行多任务的频率进行打分；和一般的大学生比较起来，对他们自我感觉这方面的能力也进行打分。然后，他们让受试者完成某个多任务测试：一边从一长串物品清单中记住尽可能多的物品，一边解数学题。此外，还给受试者发调查问卷，由此评定受试者冲动和寻求刺激的程度。结果发现，那些在日常生活中越是经常执行多种任务的人，其工作记忆的容量越小，也越容易冲动和寻求刺激，往往更加高估自己同时执行多任务的能力。这说明，他们之所以喜欢同时执行多任务，并非真的技巧过人，而是过于自信的结果。

不过很少有无例外的规则。在斯特雷耶和沃森查看他们的受试者执行不同任务的打分时，偶然发现一个例外：有一名受试者无论执行单个任务还是同时执行两个任务，他的表现打分都一样，这引起了他们极大的兴趣。此后，他们从 700 名受试者中总共发现了 19 名这样的人,将其称为“超级任务执行者”(supertasker)。这些人在执行单个任务时,其表现的打分也名列前25%。为了研究这种超常现象的神经机制,他们对16名超级任务执行者以及一组在其他方面和这16人匹配的普通受试者做了核磁共振成像。结果发现对普通人来说,任务越艰巨,就要募集越多的脑内资源参与;但是对超级任务执行者来说,当任务变艰巨时,其脑活动几无任何变化。和普通人相比,超级任务执行者在下列脑区中的活动差异最为显著:额端前额叶皮层(frontopolar prefrontal cortex)(图4.2)、背外侧前额叶皮层(dorsolateral prefrontal cortex)和前扣带皮层。他们对额端前额叶皮层特别感兴趣,这是因为和大猩猩比起来,人的这部分皮层特别大且富于联结。他们认为,不管执行多任务的能力如何问题丛生,这可能是人脑在进化上的最新发展。在遥远的未来,人类也许都能够进化成为超级任务执行者吧,因为超级任务执行者显然是飞行员等的理想候选对象。另外,临床观察表明,额端前额叶皮层受伤的患者,执行多任务的能力也更差。

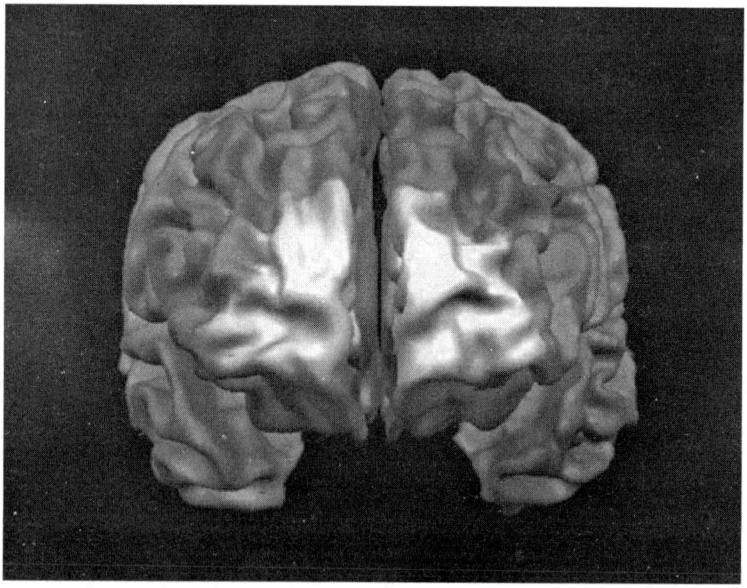

图4.2 额端前额叶皮层(浅色区域) 在执行多任务时可能募集了这部分脑区。

看不到的不一样——变化盲的故事

为让您亲身体验注意对知觉的重要性，请看图 4.3(请不要看得太久)，然后看下一页的图 4.4，您能讲出两张图有什么不一样的地方吗？很难吧！如果我告诉您，请注意图左侧那行字，再看图时您就会一眼看穿不同之处了。这种对图片中的局部变化“视而不见”的现象就被称为“变化盲”。那么，为什么我们在实际生活中似乎都能注意到变化呢？这是因为，实际生活中的变化往往伴随着运动知觉，而这种运动知觉会引起我们对变化之处的注意。

图 4.3　显示变化盲所用的刺激

4.2　“思想开小差”——“心智游移”的故事

“思想开小差”似乎总不是一个好词，如果有人当面指出您思想开小差了，您总感到很不好意思，甚或恼羞成怒。其实，也很少有人会好意思当面这样说您。思想开小差似乎是一件不登大雅之堂的事，在很长的时间里，连科学家都意识不到这种现象的重要性。同时也缺乏研究它的方法，差不多到 20 世纪末有了功能性磁共振脑成像技术，这才正式开始了这方面的研究，并且有了个学术气十足的名称——心智游移(mind wandering)。

发现心智游移的崎岖之路

在正常情况下，脑子总是在不断地活动，这种现象其实在 20 世纪初的一些研究中已经初露端倪。1928 年当德国神经科学家贝格尔(H. Berger)首次在人颅表上记录到脑电活动时就指出过:“我们不得不认为,中枢神经系统总是处于大量活动的状态之中,而并非只有清醒时才如此。”1953 年美国医生索科洛夫(L. Sokoloff)想研究当人执行智力活动时脑会消耗多少能量,于是他让一名 20 岁的大学生躺在医用轮床上解算术问题,一面记录他的脑电活动,一面监测他血液中的氧含量和二氧化碳含量。当时人们普遍认为,人脑就像一台未关闭的计算机,平时处于休眠状态,只有在需要处理特定的活动时才被激活,所以他原来以为,人进行智力活动时会大量增加氧的消耗量。但是出乎他的意料,此时的氧消耗量和受试者闭眼养神时差不多。他们的工作在当时还没有引起人们太多的注意。

其实在这种现象背后有个大问题:脑重只占整个体重的 2%,却要消耗 20%的能量,即使无所事事时也是如此。正如美国神经科学家赖希勒(M. Raichle)指出的那样:“脑是一种非常奢侈的器官,但是没有人深入地追问一下,付出如此高昂的代价究竟是为了什么。”不过一方面由于缺乏研究手段,另一方面因习惯性思维妨碍了人们的研究,没能解决这一问题。一直到 20 世纪 70 年代末发明了正电子发射断层扫描(PET),以及 1992 年发明了功能性磁共振脑成像技术之后,才有了合适的研究工具。但即使如此,人们的习惯性思维依然是把人在安静时的脑活动当作某种“基准”,进行智力活动则是“偏离”了这种“基准”。虽然这种“基准”变化幅度很大,但是人们依然倾向于把这种变化当作“噪声”。这种想法是如此根深蒂固,以至人们在用功能性磁共振脑成像技术时,也总是把人在安静

图 4.4 显示变化盲所用的另一个刺激

时的脑活动当作对照,而把人进行某种智力活动时的脑活动减去安静时的“对照”活动,以突出究竟是哪些脑区和该特定的智力活动有关。这固然对研究某种特定智力活动的相关脑区是必要的,但是同时也容易使人产生错觉,误以为人在安静时,所有的脑区也都是安静的,只有当面临特定的任务时,才召唤相应的脑区参与活动。没有人会想到,把进行某种智力活动时的脑活动当作“对照”,而研究停止这种特定的智力活动后——脑在“安静”下来以后,会有什么变化。

赖希勒等人不受习惯性思维的约束,从一个新的角度观察这些成像数据。他们发现,有许多脑区无论在测试条件还是对照条件下都很活跃;进一步的分析发现,完成特定智力任务时多消耗的能量不足原来“背景”消耗量的5%,消耗的总能量中有60%~80%根本就和这些特定的智力活动无关。这就使他们对在“安静”状态下任凭思绪海阔天空时究竟发生了些什么感到好奇。

20世纪90年代中,赖希勒等人偶然发现,当要求受试者执行某种智力任务时,有些脑区,特别是部分内侧顶叶皮层的活动大大减弱。1997年赖希勒的同事舒尔曼(G. Schulman)看了134人的脑功能成像记录,发现不管要求受试者执行什么任务,读书也罢,看屏幕上的图形也罢,只要受试者开始集中注意力,这些脑区的活动就会大大减弱。舒尔曼后来回忆说:“我为这种一致性惊诧莫名!”然而在开始时,有些人对他们的这一发现持怀疑态度。1998年他们的一篇有关此发现的论文在评审时被拒,这是因为有位评审者认为,文中所讲的活动减弱是因为数据有错!不过,后来其他研究者通过重复实验也得出了他们的结果,还发现内侧前额叶皮层也是如此。他们把这些脑区称为“默认网络”(default network)(图4.5),并在2001年的一篇文章中宣称他们碰巧发现了一种前所未知的脑的“默认模态”。在这种状态下,当人不集中注意时,这些脑区老是不断地在“自说自话”。对心智游移的研究终于走上了历史舞台!

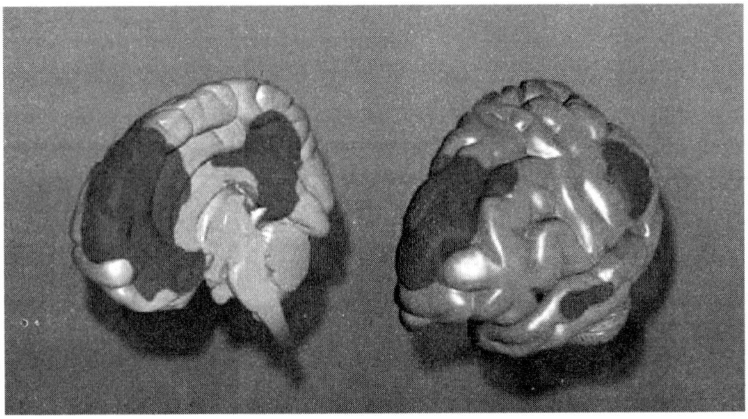

图 4.5　默认网络　从左脑半球外表（右图）和右脑半球内侧（左图）看到的默认网络所在部位都用深色表示。（改自 Raiche，2010）

几乎"无所不在"的心智游移

其实每个人都知道，自己常常有思想开小差或者说走神的时候。不过大多数人想不到自己思想开小差的次数之多，更想不到走神也有好的一面。

2005 年美国心理学家斯库勒（J. Schooler）及其同事，要一群大学生在计算机屏幕上读托尔斯泰的小说《战争与和平》（*War and Peace*）前几章，并且要求他们每当走神的时候，就按一下键。结果这些大学生在 45 分钟的阅读过程中平均有 5.4 次走神。其他实验的结果也是类似的，尽管实验开始前已经告诉受试者要集中注意力。45 分钟里有 5.4 次走神听上去已经不算少了，实际上还不止于此，因为这是受试者自己发现走神时主动报告得到的数据，而多数走神的受试者不一定能觉察到。所以，斯库勒后来在做阅读《战争与和平》的实验时，除了让受试者主动报告之外，还每过几分钟就问他们一次，当时是否在想其他的事。如果回答"是"，则说明受试者有时没意识到自己走神。这个实验表明，受试者有 13%的时间走神。

当走神时我们就暂时失去了和外界的联系，记不住当时发生的事，也就更加容易犯错误。斯库勒等人做了个试验，他们让一群读者读《福尔摩斯探案集》,其中有个恶棍用了假姓名。就在受试者读到这一段的时候,实验者检查了受试者的注意状态,结果在此时走神的人中只有30%讲得出这个恶棍的假姓名,而在那时并没有走神的读者中则有61%的人记得起这个名字。

在走神时我们容易犯错误,而即使在做最简单的任务时我们也很难把注意力集中几分钟时间。对于脑这样一个极端复杂的系统来说,为什么要这样是令人吃惊的。为了解开这个谜团,斯库勒等人首先测试当人走神时,哪些脑区最为活跃,再看看当这些脑区活跃时,可能还有什么效应发生。

他们让受试者做看到3字就按某个按钮的标准实验,同时用功能性磁共振扫描仪对他们的脑进行测量。他们不时地询问受试者有没有集中注意执行任务,如果答案是否定的,则再问他们当时自己是否意识到了这一点。受试者在接受询问时回答,有43%的时间走神了,而其中有一半则是实验者不问的话,他们自己真就意识不到呢。实验结束以后,科学家仔细察看他们发问之前那一刻的脑活动模式,结果发现走神时和集中注意时有明显的差别。在走神时"默认网络"(default network)(图4.5)活跃了起来。默认网络对有意识或下意识的思维都有自上而下的影响,特别是当人无所事事或是自己想心事(回忆往事或是设想将来)的时候更为活跃。更有甚者,他们发现当受试者走神而自己并没有意识到这一点时,默认网络最为活跃。

"阿哈"时刻——"思想开小差"的好处

斯库勒等人据此认为,人脑处理信息以实现某个目标,不过有的目标是当前的,而有的目标则是远期的。我们的思想要在这两者之间不断切换。因此,走神而自己还意识不到的时候,可能是在沉思某些大问题。

在那些我们自己意识不到的走神中,一旦想到某些有价值的主意会令我们惊喜不已。历史上有许多科学发现就是如此。人人皆知的阿基米德从澡盆里跳出来时的一声“我知道了！”就是一个例子。法国数学家庞加莱(H. Poincaré)想一个数学证明，想了两星期都想不出来，于是他只好把此事暂放一边，而乘车去出席地质学大会。就在他上车的一瞬间，他想到了证明的方法。德雷克塞尔大学(Drexel University)的库尼奥斯(J. Kounios)让受试者在做功能性磁共振扫描时填写字谜，发现每当受试者久思不得其解，突然灵光一闪时，默认网络就会变活跃。与此正好相反的是，前面讲过的内侧前额叶皮层中风的T夫人在康复之后回忆说，当时她内心一片空白，根本没有我们习以为常的纷至沓来的种种思绪。

当然，人不能老是走神，在繁忙的路上驾车时走神无疑非常危险，因此斯库勒等人认为，理想的生活应该是在这两者之间找到适当的平衡。

默认网络是脑中最新发现的一个系统！美国著名的意识和睡眠研究专家托诺尼(G. Tononi)说道：“在脑中发现一个新的功能系统可不是经常能碰到的事，许多年来我都不知道有过这样的事。这就像发现了一片新大陆似的。”其功能可能还不止于某些人所说的“白日梦的神经发电机”。也有人说它是在记忆中挑挑拣拣，把这些材料编织为自成一体的内心独白。赖希勒等人还认为，默认网络可能在为将来的动作和选择做某种“内心预演”。此外他们还认为，默认网络失常可能与阿尔茨海默病(老年痴呆)、多动症、抑郁症、精神分裂症等有关。不过这些内容超出了本书的范围，我们就不再展开讲了。

4.3 引开注意力的大师——魔术师的故事

魔术历史久远(图4.6)，也许可以一直追溯到古埃及，是娱乐公众的艺术表演，在各种文明里都有；而脑科学则是近代才蓬勃发展起来的严肃的科学研究，这两者有什么关系呢？确实在很长时间里，两者之间很少有关联，直到最近情况才有所改观，产生了一门新学科——

神经魔术(neuromagic)。这是因为神经科学家认识到,魔术师除利用道具和特殊手段之外,还利用了观众的错觉,不仅利用刺激后像等感觉错觉,还利用认知错觉,就像我们上面讲到过的疏忽盲和变化盲。如同视觉科学家利用视错觉来研究视觉系统一样,认知神经科学家也利用认知错觉来研究认知机制。正如克里克所言:“心理学家之所以热衷于研究视错觉,就是因为视觉系统的这种部分功能缺陷,恰恰能为揭示该系统的组织方式提供某些有用线索。”①对于疏忽盲和变化盲这样的认知错觉也可以说类似的话。利用几千年来魔术师所积累下来的丰富经验和技术——其中有许多是传统的神经科学家都没有想到过的,结合现代脑成像和其他记录技术,有可能使神经科学家在实验室里更加有效地研究注意和觉知的问题。

图 4.6 16 世纪画家博斯(H. Bosch)的一幅油画《魔术师》(*The Conjurer*) 请注意当一位观众正全神贯注地观看魔术师的表演时,一个小偷在偷他的东西,而他却浑然不觉——典型的疏忽盲。这幅画现收藏于法国的 Musée municipal de St.-Germain-en-Laye。

① 对视错觉有兴趣的读者,可以读一下拙作《脑科学的故事》,上海科学技术出版社,2011。其中有一章专门介绍视错觉。

“变服”的秘密

聚光灯照在魔术师的那位美丽女助手身上，她穿了一件白色的紧身服，艳光四射，吸引了所有观众的注意。魔术师汤普森(J. Thompson，艺名Great Tomsoni)郑重其事地向观众宣布：他要在一瞬间把她的白衣服变成红衣服！观众俯身向前盯着女助手仔细观看。汤普森轻轻击掌，聚光灯瞬间暗了一下，旋即射出一片红光，女助手遍体通红，当然白衣也变成了红色。观众一片哗然：难道这也能叫魔术？

魔术师站到台前，看上去为他开的玩笑很是得意。他向观众致歉，说是跟他们开了个玩笑。观众把注意力再次集中到美丽的女助手身上。他又击了一次掌，灯光再次转暗了一下，然后一片白光大放光明，女助手的衣服当真变成了另一件红衣服！那么，汤普森是怎么做到的呢？

当汤普森向观众介绍他的助手时，她的一身紧身白衣使观众想当然地认为，在这件衣服里面绝不可能再穿另外一件衣服了，这是一个错误的假定。美艳女郎吸引了观众的眼球，这正是魔术师想要的效果，这样观众就注意不到地板上的机关了。另外，观众越是盯着助手看，他们视网膜中的神经元就越是对照在助手身上光的亮度和颜色产生适应。当汤普森在“开玩笑”以后致歉时，观众的视觉正经历着一个适应过程，而当把恒定的刺激撤掉时，已经适应了的神经元会产生某种“回跃”或者说撤刺激“后发放”，因为这时的适应刺激是那件被红光染红了的衣服，汤普森知道观众的视网膜神经元在灯光变暗时会在几分之一秒里产生回跃，所以观众在这段时间里会在女郎身上依然看到这种红色的后像。而就在这时，舞台地板上的一个活门短暂地打开了一下，一条观众看不见的细绳把助手用尼龙搭扣搭在身上的白衣服拖了下去。然后场内重又大放光明。除了撤刺激后发放之外，还有两个因素也使观众上当了。首先是在把白衣拉下去以前灯光非常亮，这时的视杆细胞已经饱和了，所以在灯光转暗时，它们不能起作用，而视锥细胞也只有在强光之下才起作用，因此在灯光变暗的瞬间，观众实际上是睁眼瞎子，根本看不到细绳和白衣的快速运动；其次，当汤普森真正表演时，正在他道歉说开了个玩笑的时候，以至观众都认为这只是其他节目开始之前的一个玩笑，事情已经暂时结束，就在关键时刻放松了注意！也就是发生上节中所说的疏忽盲。

飘失的球

魔术师在台上把球抛向上空，等它掉下来时接了再抛，抛了接，接了抛，从不失手。最后他把球藏在掌中，佯作再次上抛，他的眼睛盯着那个想象中抛向半空的球的飞行轨迹。大多数观众感到，那个其实根本就没抛出去的球在上升，然后在半空中消失不见了。这种魔术也部分地利用了认知神经科学里所谓的“启动效应”。也就是说，以前呈现过的刺激会不知不觉地影响人对后面类似刺激的反应，受试者甚至可以根本记不起以前看到过这种刺激。例如，在屏幕上很快地显示包括“无巧不成书”在内的一连串成语，每个成语的呈现时间都很短，以至受试者根本不记得看到过它们。然后，要受试者在“无”字后面续上一些字成为一个成语，受试者多半会填出“无巧不成书”，这就是启动效应。同时，魔术师还利用了重复对人产生的心理影响，因为每次他都用同样的姿势向上抛球然后接球，所以观众想当然地认为，后一次也会如此。英国心理学家兰德(M. F. Land)发现，那些自称看到球在半空中消失不见的观众，其视线并没有追随那个虚幻的球。他们的视线从来也没有在他们所声称的自己“看到了”球在半空中消失的地方停留过。所以，使观众产生这种错觉的并不是他们的眼球运动，而是魔术师的头和眼球的运动，因为正是这些运动把观众的注意力(而不是他们的视线)吸引到了他们以为球会经过的路线。使观众上当受骗的是他们的脑，而不是他们的眼动系统！科学家发现，无论是真的有球在上抛，还是观众以为有球在上抛，在这两种情况下同一些脑区活跃了起来。正因为在这两种情况下激活的是同一些神经回路，无怪乎观众“看到的”上抛的球会那么栩栩如生。而更好玩的是，观众看到球消失时的高度，甚至比前几次它实际达到过的还要高，似乎视觉系统对此还做了外推。

选择盲

瑞典心理学家约翰松(P. Johansson)和哈勒(L. Hall)发现,魔术表演不仅利用了上节讲过的变化盲和疏忽盲,有时还利用了所谓的“选择盲”。他们让不知内情的受试者看许多对头像图,并让受试者说出自己对其中哪一张更有好感。有时候,还会要受试者说出为什么有好感。在受试者没有注意到的情况下,他们偶尔运用从魔术师罗森格伦(P. Rosengren)那儿学到的手法,偷偷地把某对中的两张正好换了个儿。然后再给受试者看,他们选定有好感的图(其实其中有的已经给调包了)。能识破这一点的受试者仅占 26%。更有甚者,当他们没有发觉调换而要他们说出挑选这张图的理由时,他们居然都编造出了一套挑选的“理由”(图 4.7)! 研究者把这种现象称为选择盲(choice blindness)。

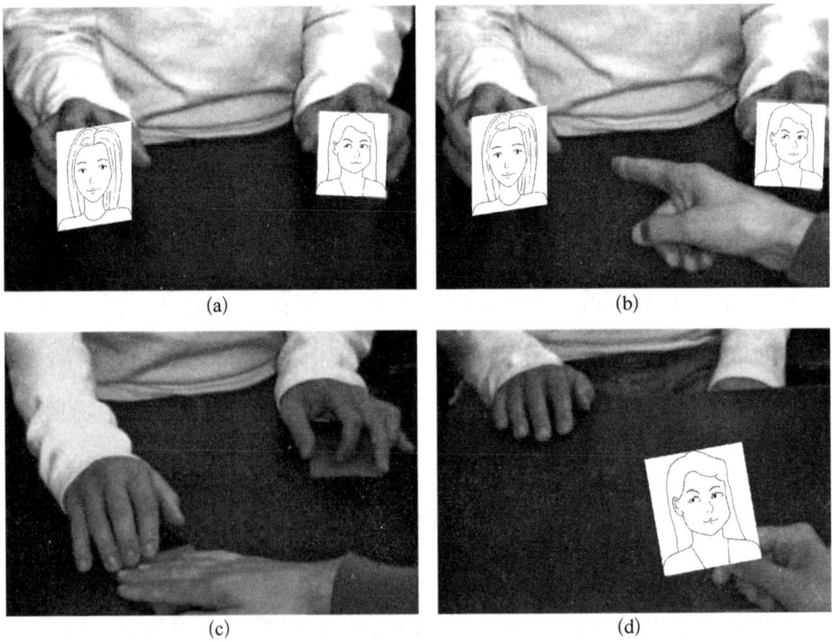

(a) (b) (c) (d)

图 4.7 选择盲 (a) 给受试者看两张头像图,问他更喜欢哪一张;(b) 受试者挑选出其中的一张;(c) 在受试者不加注意的情况下,实验人员偷偷地把两张图对调了一下;(d) 受试者取出的其实是他最初不那么喜欢的一张,但是他依然讲得出当初这样挑选的“理由”。(改自 Macknik et al., 2008)

街头上的“魔术师”

对于魔术师，我得道个歉——我把扒手也称为“魔术师”了，尽管打上了引号。我这样借用“魔术师”的称号，是因为扒手利用的也是受害者的疏忽盲。其手法和原理跟魔术一样，只不过这是一种引人烦恼的“魔术”而已。在南欧某些国家的街头，当您在一片林荫大道上信步时，突然上空掉下一堆鸟粪样的东西把您的新衣服弄脏了。而正当您为此烦恼之际，“及时”地来了两位“好心人”，他们拿出餐巾纸，打开瓶装水，一面忙着蘸水帮您擦掉污物，一面和您聊起了家常：“您是从哪儿来的呀？”“您的英语讲得真好。”“现在来我们这儿旅游的中国人越来越多了。我喜欢中国人，我真希望能到中国去一次。”……就这样分散了您的注意力——您把注意力都放到弄脏了的衣服上，心存感激遇上了好心人，聊起了家乡……而这时扒手就在您的眼皮底下，从您的口袋或背包里，把您的钱包给偷走了，而您还不知道呢！

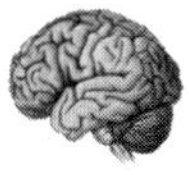

上述扒手和扒手“大师”罗宾斯(A. Robbins)比较起来，那又小巫见大巫了。罗宾斯有一次甚至偷了美国前总统卡特(J. Cart)保镖的手表、钱夹、警徽、绝密行程，乃至卡特的车钥匙！他有点像美剧《猫鼠游戏》(*White Collar*)里那位风度翩翩的盗贼卡夫瑞(Caffrey)。现在，罗宾斯和神经科学家而不是警察合作起来，揭开扒窃、魔术以及注意机制之谜。

2007 年在美国拉斯维加斯举行的“意识魔力学术讨论会”(2007 Magic of Consciousness Symposium)①上，当着满屋子 200 多名神经科学家的面，罗宾斯气定神闲地当众表演了他的扒窃术。他从与会者中随便挑了个对象，以为这也是一位科学家，其实他挑的对象约翰逊(G. Johnson)是《纽约时报》的科学记者。大家都满怀兴趣地看着罗宾斯怎么做。他对约翰逊说道：“现在我要轻轻地碰碰您，这只不过是

① 对于那些想看这次大会上魔术师表演的读者，可以登录网站 http://www.nature.com/nrn/journal/v9/n11/suppinfo/nrn2473.html 并下载 6 段录像，看看您能否识破他们的技巧。

要看看您的口袋里究竟有些什么。你们这些科学家总是带了很多东西。”他继续絮絮叨叨地说下去：“你们口袋里有那么多东西，我都不知道从哪下手。啊，这是不是您的啊？”他把一样东西往约翰逊手里一塞。约翰逊低头去看。罗宾斯解开了约翰逊的上衣袋，“里面有支笔，这可不是我想要的。那边那只口袋里的是什么呀？”约翰逊不由得抬头去看。“或许是一张餐巾纸或是抽巾纸什么的，您有那么多东西都把我搞糊涂了。您知道，坦白说我不太确定以前是否扒窃过一位科学家。以前我掏人口袋时从来也不曾为这编过目录。”

他这样滔滔不绝，绝不是无的放矢。滔滔不绝地发议论也是魔术师摆弄他人注意的工具箱中的一样重要工具。扒手当然得有一副巧手，但是流畅而亲切的一大串话也是吸引、误导和分散他人注意的法宝。罗宾斯在告诉约翰逊某件事时，他的双手正在做另外两件事呢。这就意味着，约翰逊最多也只有 1/3 的机会能注意到他有东西丢了，实际上这种机会还要低得多。他不断地碰到约翰逊全身各处：肩膀、手腕、衣袋、大腿……正当约翰逊想要跟踪这一切时，罗宾斯的另一只手已伸进了他的口袋。罗宾斯不断地说话和触碰，把约翰逊的注意力完全从他正伸手去偷的地方引了开去。

就这样，罗宾斯偷走了约翰逊的笔、日记本、数字录音机、钱包甚至手表。当他握着约翰逊的表带时，拼命挤压，这样就造成了一种触觉后像，这种后像使约翰逊的皮肤和脊髓中的触觉神经元对表被拿掉不敏感，并且使他产生在表实际上已经被偷走之后表还在那里的错觉；另外，开始时的强烈挤压使受害者的触觉感受器产生适应，而将表偷走后的后像则使受害者更难于觉察。当罗宾斯喋喋不休地转移约翰逊的注意时，他把双臂伸到背后把表戴到了自己手上。

罗宾斯不时地把他偷到的东西在约翰逊的头后高高举起，这引起了其他人的哄堂大笑，约翰逊窘迫地边笑边朝周围张望，不明白究竟是什么那样可笑，这样反而引起更多的笑声。然后，罗宾斯把约翰逊的东西一一归还他，最后转身对约翰逊说：“我们大家想买块表给您，这块表和您来这儿时戴的非常相像。”然后他从自己的手腕上把表解下来递了过去。可怜的约翰逊目瞪口呆,不明白自己怎么会那样地粗心大意!

形形色色的注意

在本章的一开头我们就介绍过,有两种不同的注意,有意识的、自上而下的注意和不由自主的、自下而上的注意。其实,注意的形式还不止于此,例如有目光盯着目标看的“外显注意”(overt attention)和虽然目光并不停留在目标上,却用余光注意着目标的“内隐注意”(covert attention);另外当您(特别是如果有许多人)把目光专注地投向某个目标时,也会吸引他人去注意这个目标。心理学家喜欢把注意比喻为某种心理上的聚光灯,当您把注意的聚光灯投向某个目标时,其他的一切都被忽略了。魔术师和扒手都是利用了这种忽略。

由于有多种形式的注意,很可能有多个注意控制中枢在协同工作。眼动回路在注意中可能起重要作用,正是它把注意的聚光灯投向目标。魔术师经常通过操控您的视线,让您注意一些无关的细节,从而忽略了他的真正手脚。感觉皮层则接收周围环境中突出的刺激,这是自下而上注意的基础,而前额叶皮层则是自上而下注意的CEO。当您有意识地要注意某个特定目标时,高层次的视觉系统加强了低层次回路的激活程度,增强了它们对感觉刺激的敏感性,且同时抑制了其周围神经元的活动。对某个目标越是注意,对其他的遏制也就越发强烈。当您看魔术时,您越是想揭开其中的奥秘,就越是集中注意力看某个目标,对其他的一切也就越是浑然不觉了。那个目标正是魔术师装腔作势引诱您去看的诱饵,他此刻大动手脚之处却在这个目标之外,然而您对此了无察觉。

罗宾斯正是利用这一点的大师。他从您的上衣袋里摸出一枚硬币,他问道:“这枚硬币是您的吗?”您明明知道没有人会把一枚硬币放在胸口的衣袋里,但您还是会不由自主地去看它。他又问:“这枚硬币是哪一年的?”但是字太小而且字迹模糊,因此您伸手到上衣袋里去摸您的眼镜,而它却早已不知去向了。罗宾斯从自己的脸上取下一副眼镜递给您,并说道:“试试这一副吧!”您一看正是自己的眼镜!当您全神贯注看硬币上的年份时,您对他伸手从您衣袋里取走眼镜一无所知。

扒窃大师的秘密

罗宾斯在“偷”完约翰逊之后,面向观众问道:“现在你们是否想知道,我是怎样偷偷做到了这一切的?”魔术师一般都不愿意透露他们的秘密,不过罗宾斯这次到拉斯维加斯来可不是为了演出,而是向科学家传授他的看家秘技。

罗宾斯把吸引观众去看之处称为一个“场景”(frame),场景可大可小。罗宾斯说道:“您不由自主地会去看我布置的场景。”他边说边表演,他抓住约翰逊的手,装着要把一枚硬币塞到他的手心里去,但实际上他是用他的拇指在约翰逊的掌心里产生挤压的感觉后像。罗宾斯解释说:“要紧紧地挤压。”约翰逊目不转睛地看着自己的手,这就是罗宾斯要他看的一幕“场景”。他还在那儿挤压。“您拿到硬币了吗?”约翰逊连连点头,他以为确实如此。罗宾斯说:“松开您的手掌。”手掌里什么也没有。罗宾斯说:“看看您的肩头吧!”一枚硬币正放在他的肩头呢。

罗宾斯解释说,要是一个人把注意力都集中在某个场景上,那么他对场景之外的一切都茫然不知,比如说把一枚硬币放到他的肩膀上。罗宾斯说,诀窍就是要在适当的时候把您的注意力引到适当的地方。

魔术师利用了心理学和神经科学的一些原理,来操控您的注意力聚光灯。罗宾斯称自己为一个“民间心理学家”,“关键是要有懂得人的心智是如何工作的天分”。其中之一是“感觉吸引”(sensory capture):新奇的、特别亮的、闪烁的以及运动的东西总是会吸引您的注意,想想看从帽子里展翅飞出的鸽子吧!在这种时候,魔术师就可以动他的手脚了,正如魔术师所说:“大动作遮住了小动作。”

魔术师絮絮叨叨地说话,也使您在自己的头脑里跟着进行自我对白,这会降低您的反应速度。另外,放松您的注意力也是手法之一,故意让您以为一切都还不会马上开始，事情或许就已经结束了。本节开始时讲的白衣变红裳就是个很好的例子。

美国心理学家马丁内斯-康德(S. Martinez-Conde)现在和罗宾斯建立起合作关系。她说道：“我希望魔术师所制造的认知错觉，能帮助科学家认识觉知，就像视错觉帮助我们理解视觉一样。”另外，我们不应该因为一些在自然界罕见、多半人为制造出来的错觉图像愚弄了我们的头脑，而怪罪人类的头脑不行。我们更应该感到惊奇的是，在绝大多数情形下，我们的视觉系统能够根据不完全的信息，迅速得出正确的结论。对于生存来说，在绝大多数情况下迅速得出正确的结论(只是偶尔也会犯错误)，要比绝不犯错误但是耗费大量时间更重要，须知生死存亡往往取决于瞬间之差！同样，我们也不要怪罪我们的头脑会受到魔术和扒窃的欺骗(当然，无论是谁，如果遭到扒窃，都会非常烦恼)，相反，我们应该惊叹在绝大多数自然情况下(除了像魔术和扒窃这样人为制造出来的例外)，我们的头脑能够那么有效地利用有限的资源，集中处理所面临的最重要问题，而把次要问题弃置不顾。

如果您想一睹罗宾斯的神技，可以登录网站：

http://sleightsofmind.com/media/magicsymposium/Apollo

笔者从里面看到的第一幕也是最简单的一幕，就是罗宾斯把受试者贴在自己额头上的硬币变没了。其内容大概是这样的：罗宾斯把一枚硬币贴在自己的额头上，然后要女性受试者也把一枚硬币贴在她自己的额头上，然后罗宾斯把手伸到她的额头上说，需要把硬币贴牢一点。就在他紧按硬币一会儿之后，当他缩回手的时候，顺手轻轻地把她额上的硬币取走了。由于强刺激的后效应，受试者以为硬币还在自己额头上，而罗宾斯滔滔不绝的话语又分散了她的注意力，使她根本没有注意到她额上的硬币已被取走。紧接着罗宾斯要她自己再去摸，自然已经是“钱去额空”而令她惊奇不已了。这一切就那么简单，当然后面的表演可就复杂多了。不过笔者还是卖卖关子，让读者自己去看吧。

4.4 “张冠李戴”——由缺乏注意引起的特征错误结合的故事

我们常常用“张冠李戴”来形容把一个人的特征错加到另一个人身上。为什么会产生这样的错误呢？

事实上，我们看到的各种事物都有非常多的特征。例如，看到面前飞驰而过的汽车时，我们不仅知觉到它的运动，还知觉到它的颜色、形状、离开我们的距离等。现在已经知道，脑内有不同的区域分别处理这些不同的特征。当视觉信息进入大脑皮层以后，先在头后端枕叶皮层的初级视觉皮层那里进行分析，检测图像中线条的朝向以及各部分的颜色等基本特征。然后“兵分两路”，一路向上到顶叶皮层，处理运动等和空间有关的信息；另一路向侧前方最终到颞叶皮层，这一路处理物体的颜色、形状等特性(图 4.8)。所以，这些不同的特性是在大脑皮层的不同部位进行处理的。一个科学尚未解决的问题是，皮层的各个部位在处理不同的视觉特征之后，是如何把处理过的信息重新整合起来，形成一个统一的、协调一致的物体形象的。这在科学上被称为“绑定

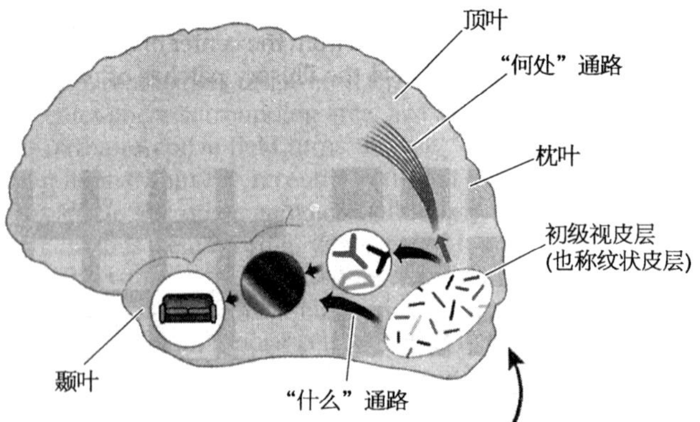

图 4.8 视觉系统中的不同部位处理图像的不同特征

问题”。如果一个人同时看到的物体不止一个,比如说您同时看到戴帽子的张三和不戴帽子的李四,并且看到他们的时间都很短,而在看到他们的时候,有人告诉您一条对您来说非常重要的消息,那么当事后问您看到了什么的时候,您很可能把一个对象的某个特征结合到了另一个对象上,例如说看到戴帽子的李四。当人们以后指出这个错误时,您大概会说:“是吗?但是您正在给我说一件重要的事情,我没太留意究竟是谁戴了帽子。”

您的上述解释不无道理,像上面这种“张冠李戴”的错误结合,确实是缺乏注意的结果。有人用科学实验证明了这一点。实验是这样做的:把图4.9拿给受试者看很短的时间(1/5秒)。在正式做实验以前告诉受试者,在看到图像后先报告他们看到的是哪两个数字,接下去再报告他们看到的几何图形的形状与颜色。由于这时他们的注意力集中在数字上,而几何图形又有颜色和形状两个不同的特征,在时间很短又没注意的情况下,受试者很可能把不同的特征错误地结合起来,例如报告说,看到了绿色的三角形和红色的圆圈。通常他们不会报告自己没有看到过的特征,例如不会报告说看到了橙色的五角星。

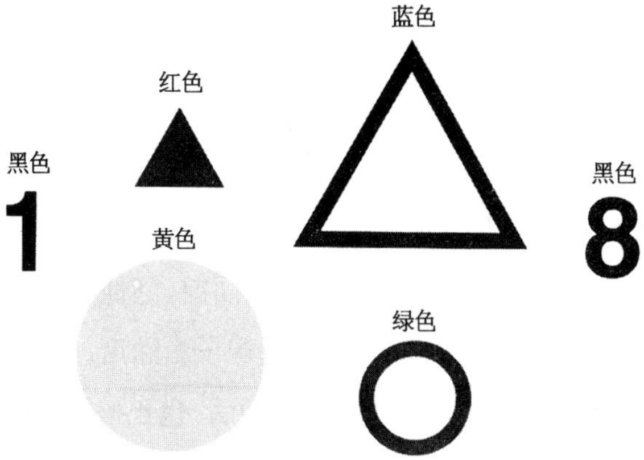

图4.9　特征错误结合实验所用的刺激图形

有一些顶叶受损伤的患者,会表现出一种被称为巴林特综合征(Balint syndrome)的症状。这种患者受损伤的脑部位是视觉系统的背侧通路而非腹侧通路，因此患者在识别对象方面并没有问题，但是在判断视觉对象的空间关系和在视觉指导下做动作方面，则遇到很大的困难。在某个瞬间，患者只能注意很小的一块空间区域，并且执着于此，很难把注意力转移到其他空间部位。当让这种患者做上面的实验时，由于他们能够注意到的空间部位非常有限，他们就更是错误百出了。例如，当给某位这样的患者看 10 秒钟的红色 T 字和蓝色 O 字，结果患者在 100 次中有 23 次报告说，看到了蓝色的 T 字。

这样，我们似乎可以下结论说：张冠李戴是缺乏注意的结果。

4.5 “光束变窄了的聚光灯”——巴林特综合征和忽略症患者的故事

在本章的最后一节里，我们将介绍某些由于脑损伤而在注意方面有缺陷的患者的故事。这些人的注意力收窄了，就像舞台上聚光灯的光束变窄了一样，有些原来能被照到的地方现在照不到了，患者注意不到原来他们能够注意到的东西，他们对眼前很明显的一些东西就是视而不见。他们的视觉并没有问题，关键是他们没能注意到这些东西。从他们的缺陷中，我们可以知道脑的哪些部位和注意有关。

巴林特综合征患者的故事

将一把梳子放到巴林特综合征患者面前，问他看到了什么，患者犹豫了一会儿，终于肯定看到的是一把梳子。然后，实验者把梳子换成勺子，问他同样的问题。他在一段时间后，也正确地回答说“看到了勺子”。然后，实验者把勺子和梳子交叉起来一起拿在手里，问他看到了什么，他回答说“看到了梳子”。实验者问他是否也看到了勺子，他表示没有看到。然而过了一会儿，他突然改口说：“不错，是有勺子，现在我看到勺子了。”实验者再追问说：“还看到别的什么东西吗？”患者回答说，他只看到勺子。这时，实验者用力把这两样东西一起抖动，并问他："完全没有其他东西吗？"患者努力凝视前方，最终出乎实验者的意料，他犹豫了一会儿，终于说道："对，对，我看到了……我看到了一些数字。"实验者不解地问道："什么数字？哪来的数字啊？您到底看到了什么？"患者继续凝视前方说道："没错，我看到了数字。"实验者顺着他的视线扭头看去，终于发现在自己身后的墙壁上挂着一只大钟。患者看到的是钟面上的数字！出现这种怪事，是因为巴林特综合征患者在把注意力从空间的一个部位转到另一个部位时有很大的困难。因此，虽然东西就在他眼前，但是如果他没有把注意力集中在这个物体上，那么这个物体对他来说就根本不存在。如我们在上节中所说，这种患者受损伤的是顶叶的视觉背侧通路。

忽略症患者的故事

劳埃德(Lloyd)是一位 68 岁的退休民航驾驶员，他一直对自己有职业所需的敏锐目光和对发生在周围的一切都很警觉引为自豪。有一天晚上他入睡不久，就给剧烈的头痛痛醒了。头痛似乎集中在头后部的右上侧。因为头痛难耐，他不得不立刻到附近的医院看急诊。赶来的神经科医生怀疑他是得了中风。医生开了点药，并让他立即住院。

第二天一早，劳埃德在病房里刚吃完早餐，妻子就来看他了。他妻子轻轻地进门，走到他病床的左边。令她惊讶的是，劳埃德根本就没注意她的到来。于是她走到他床的另一侧，这下他终于注意到她，并说他为她一早就来看他而感到高兴。不过妻子不安地看到，他只把面前早餐盘子里右半边的食物一扫而光，而对左半边的食物却纹丝不动。

医院让一位神经病学家对他做检查。医生从同一扇门进来，劳埃德依然没有注意他的到来。开始时医生想，劳埃德可能是得了中风，损伤了脑的视区；不过他同时也考虑到了另外一种可能性，那就是劳埃德可能是注意不到他左侧视野中的任何东西。为了确定究竟是哪一种原因，医生高声向他打招呼："早安，劳埃德。"劳埃德立刻把眼睛转到医生身上，并回应说："早安，医生。"接着医生举起右手剧烈挥动手指，并问他是否能看到医生的手。劳埃德表示他能够看到。这样，事情很清楚，劳埃德看得到他左视野中的东西，他并没有偏盲。这样医生就断定，他是因为中风而得了一种所谓的"单侧视觉忽略症"。这种症状在中风患者里面绝非个例，通常中风部位在右侧顶叶皮层(图4.10a)，他们注意不到左视野的东西，虽然强迫他们去看，或者做剧烈的动作进行诱导，他们可能也注意得到。但是在一般情况下，他们对

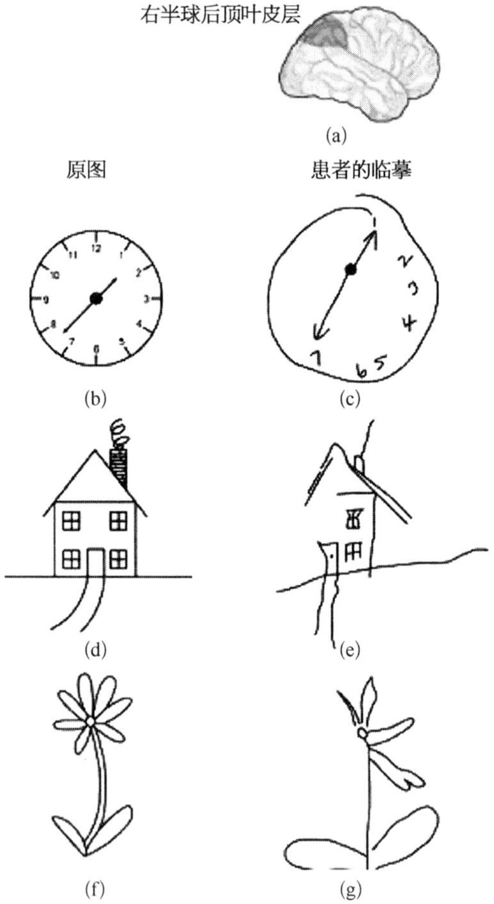

图 4.10　单侧视觉忽略症　(a) 这些患者脑中的损伤所在部位；(b)(d)(f) 实验人员让患者临摹的原图；(c)(e)(g) 患者临摹的结果。(引自 Kandel et al., 2013)

左视野中的一切都“视而不见”①。图 4.10 的 b、d、f 是实验人员给此类患者看的原图，而 c、e、g 则是他们对这些图临摹的结果，他们都只画出了原图的右半边！

参考文献

Chabris C, Simons D. 2010. Would you spot the gorilla? [J]. New Scientist, 206(2766): 32 - 33.

Engel A K, Debener S, Kranczioch C. 2006. Coming to attention [J]. Scientific American Mind, 17(4): 46 - 53.

Fox D. 2008. Private life of the brain [J]. New Scientist, 2681: 28 - 31.

Gazzaniga M S, lvry R B. Mangun G R, et al. 2013. Cognitive neuroscience: the biology of the mind: 3rd ed [M]. W.W. Norton & Company, Inc.

Kandel E, Schwartz J. 2013. The principle of neural science [M]. China Machine Press.

Macknik S L, Martinez-Conde S, Blackslee S. 2008. Mind over magic? [J]. Scientific American Mind, 21(5): 21 - 29.

Team. 2008. Attention and awareness in stagemagic: turning tricks into research [J]. Nature Reviews Neuroscience, 9(11): 871 - 879.

Martinez-Conde S, Macknik S L. 2008. Magic and the brain [J]. Scientific American, 299(6): 72 - 79.

Raichle M E. 2010. The brain's dark energy [J]. Scientific American, 302(3): 44 - 49.

Strayer D L, Watson J M. 2012. Supertaskers and the multitasking brain [J]. Scientific American Mind, 23(1): 22 - 29.

Yantis S. 2014. Sensation and perception [M]. Worth Publisher.

顾凡及.2011.脑科学的故事[M].上海：上海科学技术出版社.

① 单侧视觉忽略症一般是由右侧后顶叶皮层中风引起的，忽略的多是左视野中的对象。忽略右半视野的情况很少。这可能是由于左半球要担负语言等功能，因而在注意方面只承担右半视野中的对象，而右半球则对整个视野的对象都要加以注意。因此，如果右半球后顶叶皮层受了损伤，左半球只能注意到右侧视野中的事件而表现出单侧视觉忽略症，然而如果是左半球受到损伤，右半球后顶叶皮层依然能够注意到整个视野中发生的事件。

5 对科学的最后挑战——意识的故事

脑过程如何转化为意识，这是科学尚未解决的最大问题之一。

——科赫和格林菲尔德(S. Greenfield)

如上述引语所言，意识研究已成为对当代科学最大的挑战。直到现在，甚至还没有一个人能给意识下一个大家公认的定义。既然现在对意识连公认的定义都没有，那么这还能成为科学研究的主题吗？克里克认为，这不应该成为对意识不能进行研究的理由(参见本书前言第 3 和第 4 页的引语)。他指出，不要说像意识和生命这样的难题，即使对于电现象，也是远在发现电子之前人们就没有停止过研究，而且得出了像库仑定律、欧姆定律等的基本规律。因此克里克觉得，字面之争纯属浪费时间，暂时我们可以满足于一个对意识的大致概念。这就是那个当您无梦熟睡、深度麻醉或是昏迷时离您而去，而当您清醒过来时又随之而来的东西。虽然这并不是一个严格的定义，但是至少绝大多数人都会认可，这确实是您理解的“意识”的意思，不妨暂时就用它作为研究意识的出发点吧。当然，意识研究不能停留在这样模糊的描述上面。对于意识应该研究些什么问题？脑和意识之间的关系究竟是什么？脑中有意识的活动和下意识的活动之间有什么关系？我们能不能体验他人的意识？有没有自由意志？自我意识又是怎么回事？这些就是本章要讨论的问题。

5.1　百家纷纭话意识——形形色色有关意识的故事

英国作家布莱克莫尔(Susan Jane Blackmore)以写作有关心理学题材的作品而知名。她参加了好几次始于1996年的“向创立一门意识科学前进”(Toward a Science of Consciousness)系列学术会议。2000年,当她去参加第3届大会时,她决定利用这一机会,采访与会的意识研究领域的领军人物,并在会后根据采访录音把对话整理出来。之后她又参加了几次有关意识问题的学术会议,同样对与会的顶级专家进行了采访和录音。最后,她把对21位专家的访问记录总结成了一本很有趣的书——《有关意识问题的对话》(*Conversations on Consciousness*),在书中介绍了这些人对有关意识问题的主要见解。由于意识问题的复杂性,这是一个远未解决的问题,因此不同专家的意见五花八门,有时甚至针锋相对,对于她所提出的问题很少有一致的认识,也就不足为奇了。如果真要讲清楚这些不同的见解,那么即使用本书的整个篇幅都还不够,而且这些见解并不能当作故事来讲。但是,如果不预先提一下这些不同的见解,那么读者或许会误以为本章所讲的故事都已经有了定论,那又可能误导读者。因此,笔者还是扼要地把这些不同的流派在一些主要问题上的见解预先做一个介绍,作为后几节故事的铺垫。尽管对一些读者来说,这也许不大像是故事。对于这些读者,笔者建议在记住上面所做的说明之后,跳过本节,直接去读后面各节。

布莱克莫尔首先向专家们提出的一个问题是:意识问题究竟是个什么样的问题?她想弄明白为什么人们会把意识问题看作一个很特别的问题,而和科学或哲学上的其他问题迥然不同。美国神经哲学家丘奇兰(P. S. Churchland)认为,这个问题提得根本就不对,意识问题就像其他科学问题一样,也需要通过临床经验研究加以解决;而奥雷根(K. O’Regan)把这个问题称为“伪命题”。除了这些少数专家之外,绝大多数专家认为，解决意识问题的独特困难在于如何解释脑中物理过程所产生的主观体验。查默斯(D. Chalmers)称此为意识研究中的“困难问题”。也就是说，自然科学研究的一般都是客观实体，需要尽量避免研究者的主观意见，而关于意识问题，研究的恰恰是主观体验本身。他们中没有谁能够回答这个困难问题。使研究这一问题雪上加霜的是，虽然现在的绝大多数科学家否定笛卡尔(R. Descartes)二元论，认为心智和肉体，或者说脑和意识，不可能是两种不同的实体。但是，如果说物质的脑产生精神的意识，或者说物理活动“伴随着”主观体验，或者要寻找意识的神经相关机制①，是不是也隐含着某种形式的二元论呢？② 因此，有少数科学家如丘奇兰夫妇(Patricia Churchland 和 Paul Churchland)还有奥雷根，提出脑活动就是体验，以避免这一困难，但是这一说法不能解释并非所有的脑活动都有意识的事实。事实上，脑活动中的一些过程是有意识的，而大部分过程则是下意识的。例如，我们不能觉知自己的视觉皮层是如何检测边缘或尖角的，但是我们能觉知到窗外的景物。我们觉知不到自己的脑怎样构造出符合语法的句子，但是能觉知到自己所要表达的意思。因此，这两种过程之间必定是有区别的，但是这意味着某些脑细胞或脑区，或者某些类型的神经活动，“创造了”、“引起了”或“产生了”有意识的体验，而在其他情况下则没有。这种差别使我们又回到了意识的“困难问题”及其带来的问题。

过去几十年特别是近年来，神经科学获得飞速发展，使我们对脑有了更深刻认识，也逐渐认识了脑功能的许多机制，例如视觉、学习和记忆、情绪等，这就鼓舞了许多科学家，包括诺贝尔奖得主克里克、德裔美国神经科学家科赫、美国哲学家丘奇兰夫妇和丹尼特(D.

① 以往多定名为“意识的神经相关物”，但其实这一术语指的是“产生某个特定知觉或体验所需要的神经机制或事件的最小集合”，而不仅仅是指相关的某些脑区，故笔者在国家科技名词审定中建议定为今名。

② 一些科学家认为，使用“产生”并不意味着二元论，这类似于我们说线圈中通过的电流“产生”磁场，并没有任何二元论的含义。不过在笔者看来，无论是电流还是磁场都是客观的事物，但脑是客观的，意识则是主观的，所以这样的类比并没有解决问题。

Dennett)。相信随着神经科学的进一步发展，最终也能揭开意识之谜。他们的一个论据是，半个多世纪以前，人们还不相信能够揭开遗传之谜，但是沃森和克里克对 DNA 双螺旋结构的研究已经使这个问题在今天成为常识。与之相对立的一些科学家如彭罗斯（R. Penrose）、查默斯、美国哲学家瑟尔（J. Searle）等人则认为，虽然我们能够用神经科学方法解决上述有关意识的“简单问题”，但是有关意识的困难问题依然悬而未决。后者的一个主要论点可以用下述著名的思想实验来论证：假定有一位天生全色盲的视觉科学家玛丽（Mary），她对光学和视觉科学都学富五车，对色觉的神经机制也了如指掌，但是她依然体验不到什么是颜色。假定有一天她突然奇迹般地恢复了色觉，她的感受会和以前一样吗？这一思想实验想要得出的结论是，即使我们搞清楚了色觉的全部脑机制，我们还是不能解答脑是如何产生主观体验的问题[①]。

另外一个与此相关的问题是，如果意识和上述几种脑功能大相径庭的话，那么我们为何要有意识？意识究竟是为何种目的进化出来的？我们可以自动地完成许多动作，而不需要意识参与。比较极端地

---

① 其实，现在已经不必再假设什么思想实验了，因为已经有了现实版的玛丽，这就是美国神经科学家巴里（S. Barry）。她出生时就是对眼，两眼不能协同工作，所以她实际上总是下意识地快速交替使用一个眼睛来看东西。这样，除了把东西放到她的鼻尖附近之外，她没有任何双眼视差。但是，她可以利用单眼线索判断远近，因此正常人能做的事，她也都能做。美国著名神经病学家萨克斯有一次问她是否能想象立体视觉感受是什么样的。她的回答是应该能够做到。要知道，她本人就是一位神经生物学教授，读过休伯尔和维泽尔的文章，还读过许多有关视觉信息处理、双眼视觉和立体视觉的材料。因此她觉得，这些知识使她洞烛自己所缺。她认为，尽管她从未体验过立体视觉，但是一定知道这种知觉是怎么回事。然而时隔九年之后，她写信给萨克斯说道：“您问过我能不能想象用双眼看东西的感觉是什么样的，而我告诉您我能做到这一点……但是我错了。”这是因为在不久之前她才在治疗之后真正有了双眼视觉。她回忆起当时的感觉：“我回到车里，正巧看着方向盘。方向盘一下子从仪表板处跳了出来……我看了一眼后视镜，它也从挡风玻璃处跳了出来。”她惊叹道：“绝对是一种惊喜，我真无法想象之前我一直缺少了的是什么。”“这个早上当我带着狗去跑步时，我注意到灌木丛看上去不一样了。每片叶子看上去都屹立在它自己那小小的三维空间中。叶片不再像我以前一直看到的那样重叠在一起。我可以看到在叶片之间有空隙。树上的枝条、路面上的鹅卵石、石墙中的石块也无不如此。每样东西的质地都丰富了起来。”她在信中描写了所有这些对她来说全新的体验，这是她之前无法想象或者推理得到的。她发现没有东西可以替代自己的体验。

来说，有没有可能存在一种生物，从其行为上来看与我们丝毫无异，却完全没有意识？这在哲学上被称为“无魂人”(zombie)①。如果意识可以独立于脑及其功能之外，那么对这个问题的回答可能是“有此可能”。不过这样一来，就完全无法理解我们为什么要有意识，这种硬加出来的意识又有什么用。反之，如果认为意识也是脑的一种功能，那么就得否认存在无魂人的可能性。不过，有些科学家把我们下意识地采取自动行为的那部分神经系统，称为“无魂人系统”，以强调执行这些动作无须意识的参与。

被访问的科学家只对一个问题有几乎完全一致的看法，这就是“死后是否还存在意识”。回答是否定的，没有了脑，也就没有意识。虽然奥雷根设想将来有一天也许能把我们的人格下载到计算机里，并以此种形式永垂不朽，不过在笔者看来这是极少可能实现的。

在是否存在“自由意志”的问题上，被问到的科学家之间分歧最大。在布莱克莫尔访问之前，她期望几乎每个人都会否定这一想法，但是结果发现，如果不或多或少地有点这种信念的话，人就很难过日常生活。正如约翰逊(S. Johnson)所说：“所有的理论都反对自由意志的说法，而所有的经验都赞同有自由意志。”许多学者明白，整个脑系统和环境之间有着因果联系，因此没有自我或是意志力置喙的余地。但是在另一方面，他们发现很难把自己所做的一切都看作是先前发生过的事件的结果。有些学者为此感到迷惑不解，还有许多学者则说，他们决定就当作是有自由意志那样行事，尽管他们并不真正相信这一点。除了克里克之外，在她访问的专家中几乎没有人完全否定自由意志的说法。

最后是“自我”的问题。由于意识问题的实质是有关主观体验的问题，如果要讲主观体验，那么就总是隐含着要有某个人有此体验，换句话说，也就是要有某个“自我”。但是什么样的东西才能成为某种体验的“体验者”呢？更进一步，在脑中对应于体验者的又是什么呢？一

---

① 旧译“僵尸”，但是因为僵尸在我国语言中已经有了它固有的迷信意义和形象，为避免误解且使所表达概念的内涵更确切，笔者在国家科技名词审定中建议定名为“无魂人”。

个人在不同的时刻还是不是同一个自我呢？对于这些问题也还众说纷纭。

布莱克莫尔在总结她采访的收获时说道："我从这些对话中获益良多……但是现在我就真的懂得意识了吗？当然，我对许多有关意识的理论比之前要明白得多，至于说到意识本身（如果真的有意识这么回事的话），恐怕我还是不大明白。"

以上给出了有关对意识问题认识现状的一个简要介绍，读者由此可以知道，目前对意识及其有关问题还众说纷纭，并无定论，因此后面所讲的故事可能只是一家之言或几家之言，不能作为定论。对这个问题感兴趣的读者，请继续关注意识研究在今后的进展吧。要想对本节中提到的这些问题的现状有更仔细了解，请读布莱克莫尔的书《有关意识问题的对话》（*Conversations on Consciousness*）。

如上所述，有关意识的神经相关机制的研究，被意识研究的许多领军人物当作一个突破口，其重要性可见一斑，但是由于对这个问题，笔者已在拙作《脑海探险：人类怎样认识自己》一书中有了相当详细的介绍，因此在本书中不再重复。那些对意识问题深感兴趣，而对意识的神经相关机制的研究不太熟悉的读者，笔者建议去读一下那本书①。

5.2 "子非鱼，焉知鱼之乐？"——意识私密性的故事

我国古代典籍《庄子》中的下列记载，道出了意识研究中的一个根本困难。

庄子与惠子游于濠梁之上。

① 顾凡及《脑海探险：人类怎样认识自己》，上海科学技术出版社，2014。对于这个问题特别有兴趣的读者，可以读一下拙译：科赫著，顾凡及、侯晓迪译《意识探秘——意识的神经生物学研究》，上海科学技术出版社，2012。

庄子曰:“鯈鱼出游从容,是鱼之乐也。”

惠子曰:“子非鱼,安知鱼之乐?”

庄子曰:“子非我,安知我不知鱼之乐?”

惠子曰:“我非子,固不知子矣;子固非鱼,子之不知鱼乐,全矣!”

庄子不是鱼,所以惠子说庄子不可能知道鱼快乐不快乐。而庄子则以子之矛,攻子之盾,用和惠子同样的逻辑说惠子不是他,又怎么能知道他知不知道鱼快乐不快乐? 这段对白很好地诠释了意识的私密性问题。这一问题和意识体验的主观性是密不可分的,也是意识研究的困难问题为什么那样困难的根本所在。

不久之前,也有些科学家认为随着技术的进步,这一困难有可能在原则上加以克服,当然他们也承认现在离实际上做到这一点还很遥远。印度裔的著名美国神经科学家拉马钱德兰是一位才华横溢、奇想满脑的科学家。他在他的名著《脑中魅影》(*Phantoms in the Brain*)一书中提出脑中所用的“语言”是神经脉冲,而人际交往用的是口头或书面语言。他认为,意识私密性的根源就在于在这两种不同语言之间的翻译问题。如果无须通过这样的翻译,而把一个人脑中的神经脉冲语言直接传输到另一个人的相应脑区,那么意识的私密性也就荡然无存。他是这样说的:

……我认为我们在这里处理的是两种相互间难于理解的语言。一种是神经脉冲的语言,也就是神经活动的时空模式,它使我们得以比如说看到红色。第二种语言是那种使我们得以告诉别人,我们看到了什么的语言,这就是像英语、德语、日语这样的自然口语,也就是在您和听众之间的空气中传播的疏波和密波。这两者从严格的技术意义上来说都是语言,也就是说,它们都是富含信息的消息,它们都想要传达一些意思,在一种情况下是在不同的脑区之间通过突触传递，而在另一种情况下则是在两个人之间传递。

问题在于，我只能通过言语把我的主观体验特性（我看到红色的体验）告诉这位色盲的超级科学家①。但是在这一翻译过程中，丢失了难于用语言表达的“体验”本身。她永远也不知道，有关红色的那个实际上的“红”究竟是怎么回事。

但是，如果我跳过了作为交流媒体的言语，而取一条神经通路（由组织培养产生的，或者从另一个人那儿取来的），从我脑中的颜色处理区直接连接到她脑中的颜色处理区（要知道，虽然她的眼睛因为没有颜色感受器而不能区分波长，但是她的脑中依然有可以看到颜色的结构），那又会怎么样呢？这条线路使得颜色信息从我的脑直接传到她脑中的神经元，而不需要中介翻译。这是一个现在很难实现的设想，但是从逻辑上来说是完全可能的。

先前当我说“红”的时候，对她来说完全不知所云，因为只不过是用了个“红”字，这早就涉及一种翻译过程。但是如果她跳过了翻译而用一条连线，则神经脉冲将直接传到色觉区，这时她或许会叫起来：“喔，天哪，我真正明白您说的是什么意思了。我正在经历这种奇妙的新体验。”

这一方案推翻了哲学家认为的认识主观体验特性存在不可逾越的逻辑壁垒的论点。从原则上说，您能够体验别的生物的主观体验特性，甚至电鱼的主观体验特性——如果您能够找出鱼脑中感受电的部分在做些什么。假定您能够用某种方法把这些活动转接到您脑中与此相关的部分，并保持所有适当的相关联结，那么您也许会体验到鱼对电的主观体验特性。好了，我们现在可能进入有关是否您一

① 即本章第一节中所提到的思想实验中的视觉科学家玛丽。

定得是一条鱼才能有它的体验，或者您作为一个人是否也能体验到鱼的体验的哲学辩论中去了，但是这一辩论和我所要讲的论点没多大关系。我在这里提出的逻辑论点只是关于电的主观体验特性，而不是作为一条鱼的整个体验①。

这次拉马钱德兰可能是智者千虑或有一失了。尽管笔者同意他所说的：原则上，在许多场合下有可能让一个人大体上体验到另一个人的主观体验特性，这是因为所有人脑的结构与功能大体相仿。但是，人脑中并没有感受电的脑区，如果把鱼电感受区的活动（神经脉冲）直接传送到人脑的任意一个部分，它所引起的将是这一部分原来的功能②，但绝不会是一种人类从来没有感受过的感觉。拉马钱德兰在这里把难于体验他人主观体验的特性，归结为不同“言语”之间的翻译问题，这虽然很有启发，但在笔者看来，这里的问题并不仅限于翻译问题，还有一个接收端把传来的客观神经脉冲转换为相应主观体验特性的问题。由于人脑中没有一个电感觉区，所以不管把电鱼的电感觉区传出的神经脉冲，接到人的哪个脑区，都不会得到电鱼所感受到的感觉。另外，在电鱼问题上，即使我们确实产生了一种我们前所未有的感觉（这很少可能），我们又怎么能知道这就是鱼所体验到的对电的主观体验特性呢？这也就是主观体验特性私密性的问题。

不仅如此，甚至在拉马钱德兰所讲的把两个人的对应脑区用神经通路联结起来的思想实验中，虽然那位全色盲的超级科学家可以体验到色觉了，但是由于没有哪两个人的脑是完全一样的，因此还是很难肯定，这位超级科学家的颜色体验，究竟是不是和您的完全一样。其实，即使对我们这些正常人来说，由于没有哪两个人的脑在结构上完

---

① 译文引自拙译：拉马钱德兰著、顾凡及译《脑中魅影》，湖南科学技术出版社，2017。

② 就像当神经脉冲传到幻肢患者业已丧失肢体的感觉区时，会引起该幻肢受到刺激的幻觉；一位由于听毛细胞变性而失聪的人，当他转动眼睛时，由命令眼睛运动的神经上传的神经脉冲侵入到了现在因接收不到从听觉外周传来的信号而无所事事的听区，这时患者感觉到的是声音。

全一样，再加上后天环境及经验的不同，因此对同一个刺激的感受也多少会有所不同，甚至有很大的不同。正如大蒜对于一些人来说是美味，奇香扑鼻；而对另一些人来说则是恶臭，避之犹恐不及！

由于像脑成像这样的近代技术的发展，现在已经可以把不同人对同样刺激的不同感受，与他们脑结构上的差别直接联系起来了。英国神经科学家里斯(G. Rees)让 30 名受试者观看蓬佐(Ponzo)错觉图(图 5.1)，同时对他们的脑进行扫描。虽然每个受试者都有上部的横线比下部的横线长的错觉，但是长多少的感觉却因人而异。实验人员问受试者：如果要使这两条线看起来一样长的话，应该把下面那条线延长多少才行？结果他们发现，受试者的初级视皮层越小，错觉就越强烈。奇怪的是，和 V1 相邻视区的大小却和错觉的程度无关。

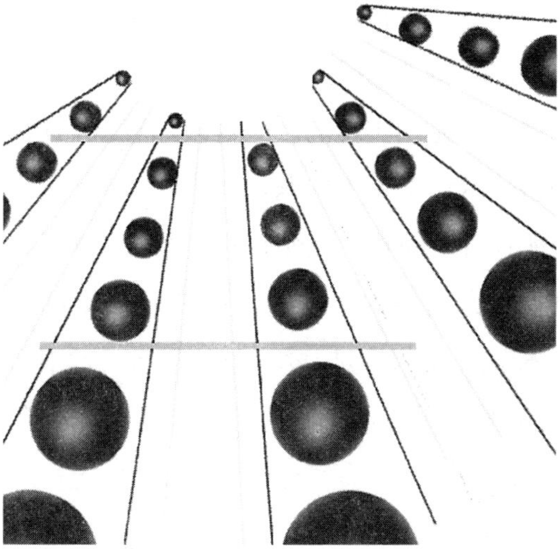

图 5.1 蓬佐错觉　由于透视线的作用，人产生图上端在远处的感觉，因此虽然实际上上下两条横线一样长，但是因为人判断上一条线比下一条线远，所以尽管两者在视网膜上的投影一般长，人的经验却是，远处的东西如果落在视网膜上的投影和近处物体的投影一样长的话，它就要更大一些，也就是上一条横线要更长一些。

对于像图 5.2 那样的交变图(也称双稳态错觉)来说，虽然正常受试者的知觉都会不由自主地在几种不同知觉之间来回转换，但是发生

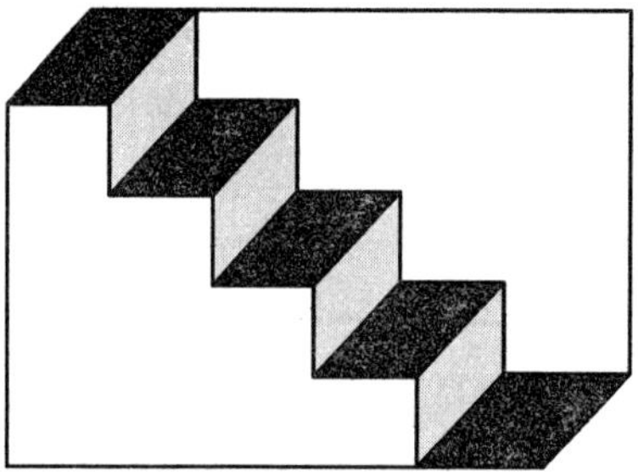

图 5.2 阶梯交变图 观察者容易交替地把此图知觉为楼梯的梯级和阶梯造型的一侧门楣。

转换所需的时间同样也因人而异，有的人每隔 5 秒钟就会转换一次，而有的人却需要 10 秒。里斯及其同事用一群运动的点使受试者一会儿产生这些点群所组成的圆柱在向左转，一会儿在向右转的知觉，这是一种动态的双稳态错觉。他们对 52 名受试者做了脑扫描，结果发现左右上顶叶皮层的厚度和同一种知觉的持续时间成负相关，也就是说，这些脑区的皮层越厚，转换越快。

里斯等人的工作表明，人在脑形态或结构方面的差异，会导致有意识体验的差异，而世界上没有哪两个人的脑，在形态或结构方面是完全一样的，因此也就不可能在一个人的某个脑区与另一个人的相应脑区中找到一一对应的神经元。所以，拉马钱德兰的上述思想实验，即使从原则上说也是无法实现的。能否破除意识的私密性，即使从理论可能性上来讲也依然是一个问题。

但是本节所述并不排除，在两个主体的脑基本相同的情况下，能够大体感受到他人之所感的可能性。这是下一节要讲的镜像细胞和同感的问题。本节所强调的是，要一丝不差地完全体验他人的感受，几乎是不可能的，特别是当两个脑的结构有明显差别的时候。

5.3 感同身受——同感[①]和镜像神经元的故事

在上一节中我们讲了意识的私密性，我们不可能一丝不差地体验

① 同感(empathy，也称共情)是由德国心理学家立普斯(T. Lipps)在 20 世纪初首先引进的一个概念，他用内心的模仿来解释我们对他人动作的知觉。他以我们观看杂技演员走钢丝时的知觉就像我们自己身处演员的体内为例，来说明这种知觉，并称之为“同感”。同感对于我们的社交生活至关紧要，我们正是由于有同感才得以与他人共享情绪、体验、需要和目的。

别人的主观体验,但是这并不等于说,我们一点都不能体会他人的感受。事实上在别人对您诉说之前,您就可以从他的表情或行动中猜想到他的感受以至意图,甚至感同身受。也就是说,您可以有“同感”(empathy)。同感是我们发展出模仿能力以至语言的基础,而正由于我们能模仿他人,并用语言与他人沟通,才能发展出文化,从而把某个个体的发现,迅速传给群体中的其他成员以至后代,这样才不用通过漫长的遗传和变异过程,就得以适应环境的变化,从而能够在不到一代人的时间里,在行为上发生有利于物种生存和绵延的变化,并传诸后世。虽然某些高等动物如猕猴也有初级的同感,它们能够感受其他“同伴”(其他猕猴甚至人)的动作并加以模仿,但是只有人类才发展出了高度的同感能力,不仅能够同感他人的动作,而且还能感知别人的感受甚或意图,以至发展出有复杂语法结构的语言,终于在残酷的生存竞争中脱颖而出,成为“万物之灵”,以及成为我们这个星球的统治物种。这一貌似寻常的神奇现象背后的机制,曾使哲学家百思不得其解;同样,这一切的神经基础是什么也令今天的脑科学家苦恼不已。一直到 20 世纪 90 年代,神经科学家才发现脑里有一种特殊的神经元——镜像神经元(mirror neuron)和由其构成的回路,很可能会对这一问题提供有力的线索。关于镜像神经元的故事,在拙作《脑海探险》中已做了初步介绍,本节将做进一步的介绍。为保持故事的连续性,内容上难免有某些重复,不过笔者将尽可能把这种重复减到最低限度。

镜像神经元是模仿他人动作的神经基质

20 世纪 90 年代初,意大利帕尔马大学(Università degli Studi di Parma)神经科学家里佐拉蒂(G. Rizzolatti)教授[①]领导的实验室,正在研

① 这位教授是科学界的一位多面手。他的研究工作涉及猫的视觉神经生理学、脑损伤患者的神经病学行为、针对健康受试者的心理学实验、有关灵长类动物的解剖学和神经生理学、人的脑成像,甚至还包括计算神经科学课题!这也许是他能够突破传统窠臼,做出创新发现的原因之一吧!

究猴脑中的运动命令神经元,为此他们在猴子脑运动前皮层的一个称为F5 的脑区(图 5.3)①中埋置了电极。他们的目的是更详细地研究这些神经元的发放模式与执行相应动作之间的关系。他们记录到了当猴子取食时细胞会发放神经脉冲。关于他们实验室发现镜像神经元的经过,有许多故事②,但是由于开始时谁也没有太把这一新发现当回事儿,那只是写在实验记录本上的寥寥数笔,所以这一切到底始于何时已很难深究。有一种说法是,他们实验室的神经生理学家加勒斯(V. Gallese),伸手去拿一样东西(他已经记不起拿的究竟是什么东西了),从埋置在静坐一旁等待实验的猴子脑中的电极传出的信号,让监视神经元发放的扬声器发出了一阵剧烈的噼啪声,而这通常只有在猴子自己取食时才有(图 5.4)。这使他们想起以前看到过的情形:当猴子自己取食,或者看别人、别的猴子取食花生或葡萄干等食物时,同样

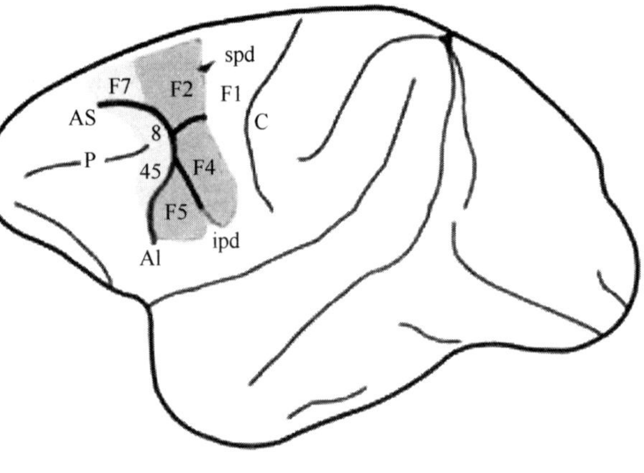

图 5.3 F5 在猴脑中所在的部位

---

① 猴脑中的 F5 区对应于人脑中的布罗卡区,而且有模仿能力无疑也是产生语言的先决条件,因此许多科学家认为,镜像神经元也是产生语言的前提。非常具有启发性的一件事是,当用经颅磁刺激技术刺激布罗卡区而干扰其脑活动时,受试者不仅不能说话,也无法模仿他人动作。

② 其中最著名的一个故事是说,加勒斯在实验室里舔冰淇淋蛋筒时,发现安静地坐在一旁等待实验的猴的脑中,某些运动命令神经元猛烈地发放了起来。这一故事传播甚广,笔者在拙作《脑海探险》中也采纳了这一说法,但是美国神经科学家雅科博尼(M. Iacoboni)为了写作《镜中人》(*Mirroring People*)一书(他也曾经相信这一说法,并多次在会议和访谈中讲过这个故事),专门问了加勒斯本人和里佐拉蒂,结果却发现这纯属讹传。

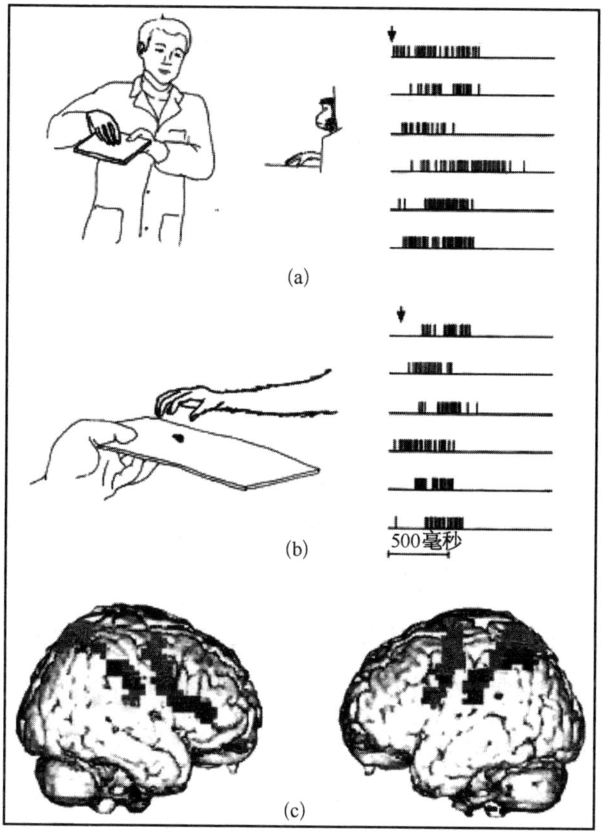

图 5.4 镜像神经元　猴子的镜像神经元在自己做动作(b)和看别人做同样的动作(a)时都产生类似的活动。这些图的右侧显示的是记录到的相应镜像神经元发放的神经脉冲序列。(c)中的暗色区域表示猴脑中富集镜像神经元的脑区。

的一些运动命令神经元会发放起来。不过，当时大家没有太把这当回事，因为并不是所有的运动命令神经元都如此①；即使有这种现象，也许是猴子在观察他人(其他猴)活动时也做了一个不引人注目的动作引起的，谁知道呢？况且，这与他们正在研究的课题也没有多大的直接关系。但是正因为类似的现象已见过多次，电光火石忽而闪过脑际：这是不是一种人们还不知道的新现象？猴子坐在那儿纹丝不动，

① 现在已经知道，猴脑 F5 区中只有 20%的神经元是镜像神经元，其他 80%的神经元则不是。

可是猴脑中的运动神经元却像猴子自己在拿东西一样地发放了起来!在这之前从来也没有人想到过,有些运动神经元会仅仅因为知觉到其他人的动作而产生发放;而有一个可以导致踢球动作的运动神经元,会在个体看到、听到他人踢球时有发放,甚至只要听到“踢球”两个字就有发放。但是对猴子所做的实验表明,有些对猴子剥开花生起反应的镜像神经元,不仅在同时看到他人剥开花生和听到花生壳碎裂声时有反应,也在只看到他人剥花生的动作而听不到声音时有反应,甚至在只听到花生壳碎裂声的录音时都有反应,只是对后两者的反应不如第一种情形那么强烈。这一结果非常重要,因为这说明镜像神经元是以一种复杂多模态的抽象方式对他人的动作进行编码的。此现象表明,当我们仅仅听到他人剥开花生壳的碎裂声音时,我们脑内有细胞作出了好像我们自己在剥开花生壳时的反应。里佐拉蒂教授的实验室决定对这种现象进行集中研究,首先是把这种现象确定下来。后来他回忆道:“我们费了好几年时间,才相信我们所看到的确实是真的。”因为在开始时,连他们自己都不大敢相信这种跟以前观念完全不同的新观念。但是他们也认识到,如果这种现象一旦得到确认,也就是说,在猴子的脑中有一类特殊的细胞,这类细胞不论在猴子自己做某种动作,还是看到甚至听到(例如听到剥开花生壳的声音)其他对象在做同样动作时,都会有发放,这将是脑科学中的一大突破。他们把这种神经细胞称为“镜像神经元”。通过这一看似平淡无奇的发现,第一次从神经生物学中找到了根据,有可能说明当我们看到别人在做某个动作时,我们在内心里也在模仿同样的动作。笔者虽然曾在北京工作过10年,但是讲的普通话依然有浓浓的上海腔,而且只有当笔者和北京人对话时,才会在不知不觉中说话更有京腔。说外语时也有同样的情形,不知读者有没有类似的体验?当我们观看运动员的比赛动作时,我们脑中也在做类似的动作,这时相应的镜像神经元也剧烈地发放起来,就像我们自己在参加比赛时做这一动作似的。即使我们不是运动迷,以前也没有参加过这样的运动,但是因为许多不同的动作都有类似的运动特性，并激活类似的肌肉，所以我们不一定必须是一名运动员，我们的脑内也早就有了类似动作的模板。当运动迷在看运动员的精彩表演时，他们脑内相应的镜像神经元发放就会更加强烈。当然，这样复杂的行为显然不是单个神经元所能够完成的，必然需要有一个系统，镜像神经元只不过是这样的镜像系统的一个代表而已。他们之所以在开始时对自己的发现持那么慎重的态度，还有一个原因是在传统上，人们认为负责感觉和执行动作的脑区，是彼此独立和分开的；而他们则发现，有神经元集两者于一身。特别是他们在 F5 区中还发现了一种他们所谓的“典范神经元”(canonical neuron)，这种神经元不仅当动物拿东西(动作)时有发放，而且当动物看到有可以拿的东西(知觉)时也发放。这就打破了以往的传统观念。

他们发现镜像神经元能在观察到他人类似动作时有发放的 10 年之后又发现，大多数在看到实验人员用手捡取葡萄干时有发放的镜像神经元，在看到人用镊子取葡萄干时并没有发放，因为用镊子(一种工具)取食物，并不在猴子的运动清单之中，它们自己并不知道用镊子拾取食物。但是，同时有 20%的镜像细胞，在看到实验人员用工具取食时也有发放。这说明，以上 20%的镜像细胞所反映的并不是特殊动作本身，而是动作的目的——拾取食物和进食，也就是识别他人的意图！为什么要经历 10 年之久，他们才得以发现这一现象呢？一个可能的解释是，猴子在这 10 年中，经常看到实验人员用工具捡取食物，这才逐步产生了如此一种新的性质，而这可能正是通过模仿进行学习的开始。

猴子是这样，那么人又如何呢？美国神经科学家扎德(L. A. Zadeh)做了一个脑成像实验。她发现，无论是读句子“伸手拿香蕉”“咬一口苹果”，还是给受试者看这两个动作的录像，受试者脑中控制手运动或是控制嘴运动的脑区都活动了起来。这意味着，当我们读小说读到其中角色的活动时，我们脑中的镜像神经元也在模仿这些动作，就好像我们自己在做这些动作似的。

镜像神经元系统是理解他人感受的神经基础

进一步的研究表明,镜像神经元不仅是脑内模仿“其他人(猴)”动作的神经基础,而且可能是产生同样感受的神经基础。最初的证据来自做神经外科手术的患者。多伦多大学的研究人员当患者清醒时,在他们的前扣带回细胞中进行记录。很久以来,人们就知道这个区域的神经元对疼痛刺激有反应,这种神经元被称为感觉性痛神经元。他们发现,这种神经元在患者看到其他患者受到刺戳时,也有同样猛烈的反应,就好像这个神经元的本体和别人有同样的感受。辛格(T. Singer)对志愿人员所做的脑成像实验,也支持这一结论。

2003年法国神经科学家维克尔(B. Wicker)用功能性磁共振成像技术,发现当受试者感到厌恶或当他看到别人厌恶的面部表情时,位于脑岛的同一些镜像神经元都会活动起来。这意味着,镜像神经元也是我们体验别人情绪的神经基础。这也就是说,“感同身受”确实有其神经基础——镜像神经元系统!

2000年雅科博尼(M. Iacoboni)在一次有关镜像神经元与模仿的讨论会上,做了一个有关镜像神经元和同感之间关系的报告。就在他讲完之后,听众中有一位学生问他,如果他的假说是成立的,那么脑中富含镜像细胞的脑区和主管情绪的脑区之间,是怎样联系起来的呢?当时他坦白回答说,自己对此还毫无概念,不过一定要进一步研究这个问题。确实,这位学生的提问促使他开始考虑这个重大的问题,正如他事后所说:“这一幕是一个绝妙的例子,用来说明我为什么那样喜欢在学术报告会上发言。学生们,当然还有同事们,常常给我一些好的想法,并促使我重新考虑那些我先前曾误认为早已解决了的问题。”他查找了有关脑的解剖文献,得知在脑中有镜像神经元的脑区和主管情绪的边缘系统(特别是杏仁体)之间,通过脑岛有通路联结。问题在于,这种联结是不是功能性的。他通过对健康受试者在观看或模仿人脸的六种主要情绪表现时做脑成像检测,发现这三个脑区的活动都增强了。这样,当我们看到别人的情绪表现时,就激发起自己的镜像神经元，就好像我们自己也在做类似的面部表情一般。而这些神经元的发放，又把信号传送到脑的情绪中枢，使我们感受到别人的感受。这正如美国悬疑小说先驱爱伦・坡(E. A. Poe)在他的小说《失窃的信》(*The Purloined Letter*)里借助于其中一个角色所说的：

> 我要是想弄清楚哪个人有多么聪明或者多么笨，多么好或者多么坏，或者他当时在想什么，我总是要模仿他脸上的表情，尽可能学得和他一模一样，然后等等看，我脑子里或者心里会产生什么思想和情绪，才配得上这幅神情，才能装得一模一样。

美国社会心理学家尼登塔尔(P. Niedenthal)让两组受试者检测别人在面部表情上的变化(实际上也就是他们的情绪变化)。她要求其中一组受试者用牙齿横咬住一支铅笔，这样就严重限制了他们的脸部活动，因此也就不能模仿他们所看到的脸部表情；而另一群受试者则不受此限制。结果发现，前一组受试者在检测他人的面部表情变化(情绪变化)方面远逊于后者。这提示，模仿对知觉他人表情(因此也是他们的情绪)起到重要的作用。

与此有关的一个有趣的现象是所谓的“夫妻相”。也就是说，夫妻在结婚 25 年之后的面容，会比他们刚结婚时看起来更相像，而且夫妻越是相亲相爱，他们的面容也会变得越相像。由于生活在一起、共享一切和相亲相爱，因而会使两人看上去越来越像。确实如俗话所说，配偶成了自己的“另一半”。

反过来，又产生一个新的问题：如果完全无法模仿他人的表情，是否就根本不能理解他人的情感？3.3 节中讲过“无畏的人”S.M.，自己没有恐惧感，不能用面部表情模仿恐惧的表情，也看不出别人的恐惧表情，甚至画不出一张恐惧的脸。这个病例以及上面讲的例子，似乎都支持这一看法。但是，问题恐怕也不是那么绝对。正如我们在 3.4 节中讲过的，牟比士综合征患者完全丧失了运动面部肌肉的能力，因此也就根本不能模仿他人的表情，而我们在那一节里讲过的患者博加特，还是能在一定程度上理解别人的感受，虽然她在与人交流感受方面也确实遇到了困难。有一位这样的患者抱怨说："要建立人际关系就要对别人的脸部表情作出反应，但是我完全掌控不了这种关系。"缺乏面部表情肯定影响人际交流，但是对于感受他人情绪是否有严重影响，或影响到什么程度，看来还是一个须进一步研究的问题。

镜像神经元系统也可能是理解他人意图的神经基础

更有甚者，镜像神经元系统甚至是"理解"别人(猴)"意向"的神经基质。里佐拉蒂得出这一猜想的根据是，他们发现猴子脑中有的镜像神经元在看到别人的手伸向某个目标(比如说一个橙子)时，才有猛烈的发放，然而如果没有目标，只有伸手的动作，发放就很稀疏。然后再让猴子看到目标以后，在其前面用一小块幕布把目标遮住，这时把手伸向幕布后，这个神经元还是有猛烈的发放，虽然这时猴子并没有看到目标，而只看到手的运动。如果先让猴子看到幕布之后一无所有，再把手伸向幕布后面，此时这个神经元就没有多少发放了。在这两种情况下，猴子当时看到的都是一只手伸向幕后，毫无区别。不同的仅仅是前一次猴子早先看到有橙子，而后一次则看到一无所有。这个实验提示，该神经元有可能"懂得"对方的"意图"。不过，这作为论据还不够充分，因为猴子即使在前一次"猜测"到手是去拿橙子，也不知道究竟是拿来吃，还是拿来放到冰箱里。

里佐拉蒂实验室的科学家佛格西(L. Fogassi)做了下列两个彼此对照的实验，一个是猴子伸手去拿食物放到嘴里吃，另一个则是伸手拿了放在同一处的一个不能吃的东西，再放到预先置于嘴边的一个容器中去(当然，猴子这样做，以后还是要给它喜欢的果汁作为奖励的)，猴子在这两种情况下手的动作几乎相同。结果发现，在记录的神经元中有1/4～1/3对这两种动作都有发放，但是其中75%的神经元对伸手拿食物吃的动作发放更猛烈，而其他25%的神经元则对伸手把不能吃的东西放到嘴边容器里这一动作，发放得更猛烈。看来，这些镜像神经元对食物更感兴趣。然后他们让猴子看别人重复上述动作，这时嘴边有容器就提示伸手的动作不是为了拿来吃，而是为了放到容器里。结果发现，猴子自己拿食物进嘴时发放更猛烈的镜像神经元，在看到实验员伸手拿食物时发放也更猛烈；而那些在猴子伸手把东西放到嘴边容器时发放更猛烈的镜像神经元，在看到实验员伸手去拿食物是为了放到嘴边的容器里去时(嘴边放置的容器提示了这一点)发放也更猛烈。这提示，这些镜像神经元有可能真的能猜测对方动作的意图。

雅科博尼报道说，镜像神经元甚至能区分别人伸手拿杯是要饮水呢，还是整理桌面。他让受试者分别看三段录像，其中的动作都是有一只手伸去拿一只茶杯，不同的是周围环境。在第一段录像中，除了手伸去拿杯子外，别无他物；在第二段录像中，杯子是放在一张刚准备就绪的茶歇桌面上；在第三段录像中，杯子是放在茶歇已过的一片狼藉的桌面上。结果发现，镜像神经元对第一段录像反应很小，对第二段录像的反应最剧烈；对第三段录像的反应则介于两者之间。雅科博尼解释说，这是因为伸手拿杯子饮用最为通常，第二段录像的背景提示去拿杯子喝饮料，第三种环境则提示去拿杯子清洗。他对镜像神经元能认识别人的意图，提出了下列假设：实际上这是激活了一串镜像神经元，这些神经元模仿一连串的简单动作，例如伸手去拿杯子，拿起杯子，把杯子举到嘴边等。他认为，在镜像神经元中有一类特殊的“逻辑上有关的”镜像神经元，这种神经元不是在看到某个动作时发放，而是对于一连串在逻辑上有关的动作有发放。在上面所讲的情况下，这就是“伸手拿杯”和“举杯到嘴边”，可能就是理解意图所需的关键因素。当我看到您伸手拿杯时，我的伸手拿杯的镜像神经元发放起来，但是周围环境提示我，您是要举杯饮用，与此有逻辑关系的举杯饮用的镜像神经元也发放了起来，正是这一连串镜像神经元的激活，使我的脑得以模仿他人的意图。正如加勒斯所言：“别人就好像变成了另一个自我。”他还以打棒球为例说道:“当你看到我把手臂挥向后边时,你的脑中也有我动作的一个拷贝,这帮助你知道我的目的。你靠了镜像神经元,读懂我的意向。你知道我下一步要做什么。”职业运动员和教练都知道,可以通过内心的练习和想象来改进技巧。甚至从不运动的球迷在观看比赛时,他脑里和奔跑、挥臂等有关的镜像神经元也会被激活。意大利科学家布契诺(G. Buccino)对两组皮层出血的中风瘫痪患者进行康复训练,其中一组患者观看各种日常动作的录像,而对照组则不看,结果发现,前者的康复效果要好得多。里佐拉蒂谈到这些问题时说过:“有意思的是,我们要指出,现象论传统的哲学家早就认为,只有当人对某种事物在体内有所体验的时候,才能真正懂得它。但是对神经科学家来说,发现镜像神经元系统奠定了这种思想的神经基础,此发现极大地改变了我们对‘我们怎样认识’的认识。”

既然镜像细胞在看到别人的动作时也有发放,为什么您并不盲目模仿您看到的每个动作,或是真的感到别人的疼痛?

对前面一个问题来说,一种答案可能是,有额叶抑制回路在模仿不当时遏制了自动模仿。如果这些额叶抑制回路受到了损伤,就像额叶综合征的情形,患者有时会不由自主地模仿他人姿势,这种综合征称为模仿动作综合征(echopraxia)。例如,有一位法国医生面对这种患者坐下,一言不发地做各种动作,例如折纸、梳头之类。也有一些动作不那么雅观,例如挖鼻孔、嚼纸张之类。而患者不问青红皂白,一概照做不误。

另一种可能则是,从正常人手的皮肤和关节感受器来的零信号(null signal: 我没有被碰到),阻断了镜像神经元发出的信号,使它达不到有意识的觉知。高级脑中枢把既有镜像神经元的活动又有零信号解释为:“当然也有同感,但是并不真正感受到别人的那种感觉。”说得更一般些,正是从额叶抑制回路来的信号、来自(额叶和顶叶)镜像神经元的信号,以及从感受器来的零信号之间的动态相互作用,使您既对别人的感觉有所感受，又同时保持了自己的个体性(individuality)。

有关这种猜想的证据来自一名称为汉弗莱(Humphrey)的患者。汉弗莱在第一次海湾战争中失去了一只手，并且有了一只幻手。就像别的幻肢患者一样，当触及他脸的时候，他就有碰到了他早就失去的手的感觉。到此，一切都不足为奇。但是为了检验上面的猜想，拉马钱德兰让他看医生敲和弹另一个人的手。他非常令人惊奇地声称，他不仅看到了，而且在他的幻手上也确实感到了，医生对他人的手所施的动作。这是因为，他的镜像神经元还是一如既往地被激活了，但是这时不再有来自手上的零信号进行否决。汉弗莱镜像神经元的活动，完全引起了有意识的体验。甚至麻醉四肢后健全患者的臂神经丛(连接手臂和脊髓的神经)也有同样的现象。令人称奇的是，这些患者中的一些人只要看到对别人做按摩，他们自己的幻肢疼痛也得到了缓解。这可能在临床上是有用的，因为显然您不能直接去按摩一只客观上并不存在的幻肢，以解除患者的“幻肢疼痛”。

此外科学家还发现，当主体自己在做动作的时候，镜像神经元的发放要比观察他人做类似动作时猛烈得多，这也许在区分自我和他人中起着一定的作用。

镜像神经元系统对人的特殊意义

脑成像实验发现，在人脑中，不仅镜像神经元的数目要远大于猴脑，而且分布的部位也更广。不仅在初级运动皮层、运动前皮层和辅助运动皮层等和运动有关的皮层中有丰富的镜像神经元，而且在扣带皮层、下顶叶、后顶叶、颞上沟和脑岛等知觉及理解他人感受、意向和语言，模仿他人的脑区，特别是人主管语言表达的布罗卡区，镜像神经元特别丰富。2005 年里佐拉蒂等人甚至发现，当人听到一句描述某些动作的话时，这个人自己做这些动作或是看人做这些动作时有发放的镜像神经元也发放了起来。对于“领会他人的意图和情绪”，一直以来被认为完全是一种类似解决逻辑问题的推理过程，尽管在一些情况下推理过程确实也起作用，但是里佐拉蒂教授指出："我们是高度发达的社会性生物，我们的生存有赖于懂得别人的动作、意图和情绪……镜像神经元使我们得以一窥别人的内心。这不需要通过概念推理，而是直接模仿；这不需要思考，而是直接感受。"

不过，镜像神经元系统所给人带来的，可能也不全是好处。在2006年《媒体心理学》(*Media Psychology*) 1月号上的一篇文章报道说，当儿童观看暴力影视时，其镜像神经元和攻击性的脑区都被激活，这增大了该儿童产生暴力行为的倾向。雅科博尼还指出："模仿暴力可能并不总是通过意识。"这也就更难于克服。因此，"扫黄打非"可能正是要克服镜像神经元系统的这一负面效应。

镜像细胞的发现，已成了近年来神经科学中最重要的发现之一。拉马钱德兰甚至这样评价："镜像神经元之于心理学，就像DNA之于生物学：镜像神经元将提供某种统一的框架，并有助于探究许多至今还显得很神秘和难于实验研究的智力问题。"当然，这在目前还只是他的一家之言，是否如此尚需拭目以待。另外，现在对于镜像神经元，我们也只是肯定了它们在我们模仿他人的动作、对他人的感受产生同感和了解他人的意图方面扮演重要角色，但是对于它们究竟是通过什么具体的神经机制做到这一点的，还不清楚。

5.4 海平面下的冰山——下意识的故事

无魂人系统

在5.1节中，我们讲到对"无魂人"这一概念的一种理解：在人脑中有一种自动系统，它可以在没有意识参与的情况下，自动地执行各种各样比较刻板的任务，尽管如果光是从现象上来看，有时这些任务甚至还相当复杂。这种任务有些是天生就会的，例如当您的手触摸到炉火上的铁锅时就会立刻回缩；只是在这以后，您才会感到灼痛。许多人误以为,这是由于感到疼痛才缩手。这是不对的,如果要等您意识到疼痛再命令您缩手,您的手早就被烫起一个大泡了,“感到疼痛才缩手”其实是事后脑(左半球)编造的一个故事,用以为缩手动作给出一个貌似合理的解释;而有些则可能在开始时需要意识参与学习,但是在多次重复训练之后,就不再需要意识的参与。例如,在骑自行车时保持平衡,只有当这种自动行为出错时,才需要意识的参与;反过来,如果在自动执行任务顺利时,硬要有意识地去考虑其中的每个环节,反而会破坏任务的执行。这就是为什么,当音乐家在音乐会上独奏时,使他出洋相的最有效方法就是,要他注意自己手指的动作。成功的演奏家即使偶尔出错也不会停下来思考,而是顺其自然地继续演奏下去。要别人在球赛中失败,最好的办法就是让其在击球之前想想应该如何动作。儿歌《蜈蚣的困惑》(*The puzzled Centipede*)就说出了这一道理。

蜈蚣一直悠然自得,
直到一天青蛙问道:
“请告诉我先走何腿,
接着跟进哪一条腿?”
这个问题从未想过,
脑袋瓜里空空如也,
再也不知如何行走。

有人做了一个这样的实验:让一个人反复练习一见灯亮就按下按钮的动作,使之最后变成一种自动行为,此时测定得到的反应时间是 220 毫秒左右。这时,如果实验者要求受试者有意识地稍稍放慢一点反应时间,例如放慢到 250 毫秒左右,则受试者不管如何努力都不可能做到这一点,因为一旦有意识参与进来,就需要额外的时间。这样,反应时间就得在 550 毫秒以上了。

因此,我们的生活就像是漂浮在海洋中的巨大冰山,有意识的行为只是海平面之上看得见的一角，而其基础却是沉在海平面之下的冰山主体。正是大量的下意识动作，完成了我们日常生活中的大部分工作。您对自己脑中正在进行着的大量活动一无所知，幸而如此，您的意识才有可能去处理一些棘手的新问题，您也才能正常地生活。您的活动，无论是体内的还是环境中的动作，绝大多数都是自动进行的，能进入意识的只是其中极小的一部分，而且有不少还是“事后诸葛亮”，也就是说，只有在动作已经完成之后才意识得到。因此，下意识远比一般人想象的重要得多。

在第二章里说过，人们学会自动执行的技巧动作，称为内隐记忆，或者叫作程序性记忆，演奏乐器或是击球都属于这一范畴。您知道该怎么做，却并不进入意识。如上所述，有意识的干预甚至只有坏事。我们能够执行许多“只能意会，不能言传”的任务，都属于此。下面是几个突出的例子。

雌雄鸡雏分拣员和敌我飞机瞭望员的故事

在养鸡场孵化出鸡雏之后，需要立即按其性别进行分拣。因为只有雌鸡才会生蛋，所以只须保留一小部分雄鸡作为肉用鸡或者种鸡。但问题是，鸡雏不论雌雄，在外形上非常相像，只有专家才能在鸡雏孵化出来一天后，根据小鸡肛门处的视觉线索，一眼加以区分。然而问题是，即使顶级专家也讲不出他们所根据的是什么线索。那怎样培养新手呢？没有其他办法，只有让他们自己操作，师傅在一边看着，告诉他们选对了还是选错了。这样训练几个星期之后，新手就可以满师了，虽然他们也只要看一眼鸡雏的肛门处，就能区分鸡雏的雌雄，但是他们既讲不出是根据什么进行判别的，也讲不出自己是怎么学会的。这些都是在下意识中学会的。

另一个类似的故事发生在二战期间的英国。当时一个迫切的问题是，要在朝英国飞来的飞机还相当遥远的时候，就得以区分来机是英国飞机安全归来，还是德机来袭。有一些军机迷很擅长于此，英国政府当然很希望他们能培养出更多的瞭望员。但是发生了同样的问题,就是他们讲不清楚自己是凭什么进行判断的,他们只要看一眼就知道了。要他们带徒弟,采取的也是同样办法,让徒弟判断来机是己是敌,而师傅则在边上肯定或者否定。通过这样的办法,培养出了一批飞机瞭望员,为英国的防空作出了贡献。

来不及想的快速反应

1974 年 8 月 20 日,在加利福尼亚天使队和底特律老虎队之间进行了一场棒球赛。里安(N. Ryan)的快球创造了一项吉尼斯世界纪录:其速度高达每小时 100.9 英里。里安投出的球飞越本垒板的距离为 60 英尺 6 英寸,如果您稍微做一点计算,就可以知道飞越的时间仅为 0.4 秒。虽然这点时间已足够完成从棒球上发出的光线到达击球员的眼睛,从视网膜沿视觉通路最后到达运动皮层,命令肌肉收缩以挥动球棒击球的整个过程,但令人惊奇的是,要有意识地觉知到这一切,需要大约半秒钟时间。因此,里安投出的球快到对方击球员根本就来不及意识到自己的反应,而击球员就已完成了应做的动作。同样,您也许有过树枝拂面而来,而您在还没有觉知到时就已经躲开了的经验。

下意识作出正确的决定

丹麦科学家让 11 名受试者坐在三盏灯前,每盏灯下都有一个按钮。科学家要受试者在某盏灯亮时,立即按其下的按钮。当然,这个任务听起来很简单。问题是,当受试者在伸手去按按钮时,科学家突然把亮的灯切换到另一盏,并且在进行切换的不到 1/10 秒时间里,向受试者脑后部的视觉皮层发送一个强的磁脉冲,从而干扰了视觉皮层神经元的活动,使受试者有几分钟暂时性地看不到东西,这样受试者会以为亮的还是原来的那盏灯(意识),但是绝大多数受试者已经把手改伸向正在亮的灯下方的按钮!

英法两国的有一些科学家,让受试者坐在计算机屏幕前,手握一个手柄。屏幕上不时较长时间地显示一些可以让受试者清楚看到的图片，还有一些图片则一闪而过。实验人员告诉受试者，当看到图片是钱币时就捏手柄，这样他们就能获得所显示的钱币作为奖赏。问题是，这些钱币的图片都属于一闪而过的图片，受试者根本看不清楚。但是，当显示的硬币是英镑时，受试者把手柄握得比显示分币时要紧！其实，在拙作《脑科学的故事》一书里面，讲到过盲视和脑中的补插，那也属于这一范畴。此外，本书前面所谈到的启动效应，也是下意识影响行为的生动例子，由于在前面已经讲过了，此处不再赘述。

精神分析的回归——压抑和分裂

上面所讲的都是下意识的一个方面——无魂人系统，它是脑中先天的，或是后天通过反复学习所产生的一种自动系统。它能执行我们生存所必需的绝大多数功能，甚至是非常复杂的功能，而无须意识参与其间。下意识的另一个方面则是，它会在人们意识不到的情况下影响意识。

最先系统提出下意识概念的是奥地利心理学家弗洛伊德(S. Freud)①。他提出所谓的精神分析学说，曾经风靡一时，并有深远的影响力。弗洛伊德认为，我们的许多行为受到下意识的支配而不自知，我们的一些有意识的体验也受下意识的影响。不过，他并没有通过实验来支持他的这些思想，当时的实验技术也还没有达到这一地步。另外，他把这种下意识的根源，过分归于幼年时所受到的伤害和性冲动，特别是过于夸大了性对下意识的作用。然而幼年时受到的极大伤害，确实有可能以主体本人所意识不到的方式，对成年以后的意识产生影响。

美国物理学家蒙洛迪诺(L. Mlodinow)的母亲出生于一个富裕之家，从小娇生惯养；但是到了她 16 岁那年，灾难就开始不断地降临到

① 他的一些有关下意识的思想源自叔本华。

她身上。先是她的母亲得了腹腔癌，在经过一年的剧痛折磨之后撒手人寰；接着她父亲被纳粹抓走；然后她和姐姐也被抓进集中营，受尽折磨，她姐姐就死在集中营里。直到纳粹垮台，她才重获自由并移民美国，靠着自己的努力终于成家立业，过上了中产阶级的生活。尽管从理智的角度讲，她很清楚再也不用为突然丧失亲人而担忧，但是幼年的悲惨生活在她脑中打下了深深的烙印，下意识地影响到她的行为。例如，当蒙洛迪诺还在读研究生的时候，每星期四晚上 8 点左右，他都会给母亲打一个电话。有一次他忘了给母亲打电话，如果是一般人，虽然可能也有些不安，但是很少会像他母亲那样大动干戈。事实上从 9 点开始，他母亲就不断给他的宿舍打电话（当时还没有手机），使他的室友不胜其烦。到后来，他母亲甚至想象他受了重伤躺在医院里。到了午夜，她更是认定他已经死了，恶狠狠地责备他的室友不该对她隐瞒事实：“为什么要说谎？我会找到真相的。”早年的巨创使她脑内对压力敏感的区域发生了实质性的改变。这种对丧失亲人的恐惧潜伏在他母亲的下意识中。虽然他母亲自身并未意识到这一点，但是一有机会就表现出来，明显地影响到了她的所作所为。

精神分析学说中的一个重要内容是，人们通过下意识的所谓“压抑”和“分裂”，来消除使人忧心的思想，并认为这是一种“防卫”机制。如上所述，在弗洛伊德的时代，这些思想都缺乏实验证据，但是随着技术的进步，特别是脑成像技术的进步，他的这些思想以新的形式得到了重新解释。

交变图和双眼竞争——视知觉压抑的证据

有一类被称为视知觉压抑（visual perceptual suppression）的现象，指的是在始终存在某个可见图像的条件下，人会知觉不到这个图像或其某个部分。这种压抑最为人熟知的例子就是交变图（图 5.5）。图5.5a 是笔者 2012 年到西班牙格拉纳达（Granada）旅行时拍摄的格拉纳达大教堂的一扇马赛克彩色玻璃的天窗图案。读者可以看到，其

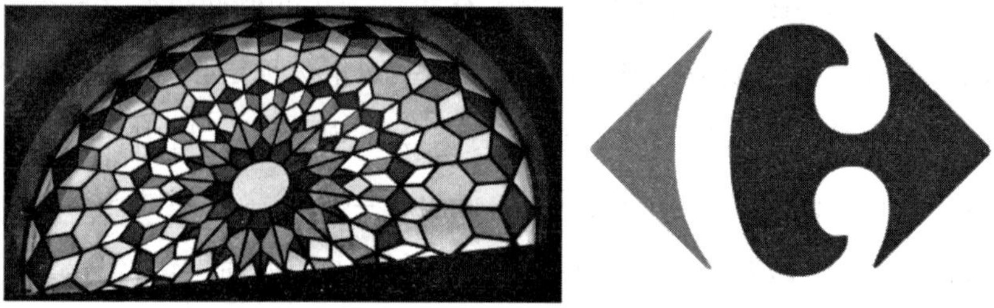

(a) (b)

图 5.5 交变图 (a) 西班牙格拉纳达大教堂的一扇彩色马赛克天窗；(b) 家乐福超市的图标。

中许多六角形柱体和立方体在不断地变换其位置、形状以至大小。图5.5b 则是大家都熟悉的家乐福(Carrefour)超市的图标，您通常看到的是一个向左的浅色(原为红色)箭头和一个向右的深色(原为蓝色)箭头，但是如果盯着多看一段时间的话，您就会看到中间一个白色的 C 字(Carrefour 的首字母)。在这两个例子中图像都没有改变，但是您的知觉却在不断地转换，而且在每个时刻，您都只知觉到其中的一种情形，别的可能性给暂时压抑掉了。两种知觉在不断地彼此竞争，在每个时刻都只有其中一种胜出，而另一种受到压抑。如果不同情形的显著性差不多的话，那么您知觉到其中每一种的时间也是差不多的，就像格拉纳达马赛克天窗中两种六角形柱体之间的转换，或是几种立方体之间的转换。如果其中一种的显著性比另一种大，那么您会更长时间地知觉到更显著的那一种，就像家乐福图标中颜色分明的左右箭头，而中间白色的 C 字母由于和周围白色的背景连成一体，而不容易被注意到。但是，一旦您意识到左右箭头中间的白色部分是一个 C 字母之后，它就像碎块图(图 5.6)中心的

图 5.6 碎块图 图中央有一个骑马牛仔。

那个牛仔。如果没有人指点给您看的话，您从图 5.6 看到的只是白色背景之上的许多黑色斑块；然而如果有人告诉您，图 5.6 中间有一个骑马牛仔正在向左前方骑行，马尾向右后方扬起，那么您注意看一下，就会清楚地看到这个牛仔了，而且以后再看到此图时，不用怎么费劲，就能一下子看到这个牛仔了。由于其他剩下的黑色斑块并不构成什么有意义的对象，所以这并不是一张交变图。顺便说一句，即使像韦尔林这样的失忆症患者，也能学会识别这种碎块图，尽管他们会否认以前看到过此图。这是一种启动效应，也是下意识影响到意识的一个例子。另外，就家乐福的图标来说，我们对上面讲过的图标中两个部分的注意机制也是不一样的。左右箭头是以其鲜明的颜色，由刺激驱动的自下而上的注意，而白色的 C 则是由目标驱动的自上而下的注意。如果观察者是个不识拉丁字母的人，那么他就极少可能会注意到它。笔者在读到家乐福图标也是一种交变图之前，由于左右箭头颜色非常分明，而把中间的白色 C 看成是和周围白色背景连成一体的背景一部分，而很少注意到它，然而在知道了这一点之后，C 字就变得非常明显，从而使知觉不断地在这两者之间翻转。

视知觉压抑的另一个例子是双眼竞争。这也就是说，如果同时分别给左右眼看两个不同的图像，那么您看到的并不是这两个图像的叠加，而是在每个时刻都只看到其中的一种。为了体验这种现象，您可以把一张报纸卷成一只眼睛大小的纸筒，伸开左掌，把纸筒的远端夹在左小指和无名指之间，手掌朝向脸，让右眼通过纸筒向墙壁看。这时呈现给您右眼的，就是通过纸筒所能看到的一小块墙壁；而您左眼所能看到的，主要是您的手掌和四个手指。如果墙壁和手上的亮度差不多，结果您会发现，您的知觉在一个洞和几根手指之间来回转换。每一种知觉都在某个时刻暂时地压抑了另一种知觉。只要您不移动您的目光或是眨眼，您就很难有意识地不让这种转换发生。

"化身博士"——人格分裂及其证据

您也许读过英国小说家史蒂文森(R. L. Stevenson)的经典作品《化身博士》(*Strange Case of Dr. Jekyll and Mr. Hyde*)。里面的主人公杰基尔(H. Jekyll)博士是一位善良的绅士,但是他内心中也有邪恶的一面,驱使他在服药后完全变成一个恶棍——海德(E. Hyde)先生。海德先生只有在逃避追责时,才服药变回杰基尔博士以掩人耳目。这样两种完全相反的人格,就共居于同一个躯体之中。对于这两种水火不相容的人格,史蒂文森是这样描写的:

> 现在,(杰基尔)博士就坐在壁炉前面。这是一位50岁左右的学者,身材高大匀称、脸部光滑,也许还略带几分诡谲的气质,但同时又具备才干和善良的一切特征。从他的眼神您可以看出,对厄特森先生①,他抱有真诚而热烈的好感。
>
> ……
>
> ……那位年长的绅士点了点头,很有礼貌地向另一位(海德先生——引用者注)打招呼……他(海德先生)手里正把玩着一根很沉的手杖,却连一句回话也没有,似乎带着毫不掩饰的厌烦神情在听。紧接着,非常突然地,他勃然大怒,跳着跺脚,并且乱挥手杖,简直像一个神经错乱的人在抽风。那老绅士赶紧倒退一步,就像一个人受到严重惊吓和侮辱的时候那样。这时,海德先生完全像一匹脱了缰的野马,简直无法无天了!他用手杖把老绅士打倒在地,接着更是兽性大发,把他的牺牲品踩在脚下。在一顿狂风暴雨般的毒打之下,就连骨头碎裂的声音都清晰可辨……②

虽然这仅仅是一部小说,其中说到杰基尔博士和海德先生在身材、相貌等方面也完全不同,另外要服药之后才能从一种人格转变成

---

① 杰基尔博士的律师。

② 译文引自史蒂文森《化身博士》,中国城市出版社,2009。

另一种人格，这些纯系小说家之言，但是像史蒂文森所描写的，同一个人可以在一段时间里表现出杰基尔博士的人格，而在另一段时间里表现出海德先生的人格，却并非绝无可能。其实，还真可能有这样的人，他们的表现被称为“分离性身份障碍”(dissociative identity disorder, DID)①。

蒙洛迪诺在他所著的《潜意识：控制您行为的秘密》一书中，描述过一位真实的“化身博士”患者。事情发生在 20 世纪 50 年代初。这是一个名叫赛泽莫尔(C. C. Sizemore)的女士，当时 25 岁，因为头痛和短暂的意识丧失而就医。医生们都认为，她稳重端庄，也很诚实，虽然为婚姻失败所苦，但是从精神方面来说并没有什么不正常之处。她的家人也都声称，没有注意到她有何不正常之处。

有一天，她在看病时提到，她最近应该是到什么地方去旅行过了，但就是记不起来到底去哪儿了。几天以后，医生们收到了一封匿名信，但是从字迹上可以认出，这封信来自赛泽莫尔。她在信中说道，她因为这段失而复得的记忆而苦恼，因为在发生过这样的事情之后，她怎么能够确认，是否真的记得在她身上发生过的一切，而以后还会不会再次发生这样的事呢？在信的末尾有一行潦草而陌生的字迹，很难辨认究竟在说些什么。奇怪的是，当后来医生问及她此信时，她却予以否认，尽管她说自己曾经是想过写这样一封信的，但是既没有写完，更没有寄出。然后，她显得有些激动和紧张，并窘困地问医生，如果她曾经听到过一些其实并不存在的声音，这是不是意味着她精神不正常？正当医生在思考如何回答她的这个问题时，她突然改变了姿势，跷起二郎腿，表现出一种蛮横的神情，这是医生们以前从来没有在她身上看到过的。诊疗她的医生后来回忆说：“一千种细微的变化：从习惯、手势表达、坐姿、表情、本能反应中表现出来的细微差别，眼神、眉毛扬起的样子、眼球运动，这一切都让我感到这只可能是另外一个妇女。”接着，这“另外一个

① 过去也被称为“多重人格失常”(multiple personality disorder, MPD)。

妇女"就像是旁人一般地谈论起赛泽莫尔和她的问题,并用"她"来称呼赛泽莫尔。当医生问她是谁的时候,她回答的是另一个不同的名字。她还说,正是她发现了那封没有写完的信,于是加上了一行句子并寄了出去。真是"杰基尔博士"变成了"海德先生"![1]

在以后的几个月里,当她就诊时表现出不同的身份时,医生就让她做一些心理性格测试,并把结果送给不同的专家进行分析,结果显示,两者在人格方面有着明显的差异!

分离性身份障碍指的是,患者的行为和意识被不同的情绪反应、思想、心态和自我感所交替控制。现在认为,这种失常是患者的身份(或者说人格)碎片化的结果,而并非同时具有多种人格。

患有 DID 的患者,通常在童年时受过长时间严重的伤害(例如一直被漠视,或者受到过感情伤害或性侵)。这种伤害非常痛苦,患者成年以后竭力想摆脱这种令人伤心的情感和记忆,想过上好像没有发生过这种伤害的生活,但并非总是能够做到这一点。当处于某一种精神状态时,患者触及过去受到伤害时的记忆,并对此产生强烈的情绪反应;而在另一种状态下,就完全记不起那些不堪回首的往事。

对 DID 患者所做的神经生物学研究,证实了同一个脑确实能够产生两个或两个以上不同的自我觉知状态,每个这样的状态都有其独特的视角、思维、行为和记忆。当患者处于不同的状态时,他们的一些生理指标(如皮肤电导、心跳、内分泌功能等)的变化也不一样。荷兰科学家赖因德斯(S. Reinders)及其同事,研究了 11 名 DID 患者的主观反应(例如像害怕这样的情绪反应和坐立不安这样的感觉运动反应)、心血管反应(例如心率、血压、心率变异性[2]等)以及大脑皮层活动模式。当患者处于不同的精神状态时,分别给他们读有关他们自己以往

---

① 关于近代 DID 患者的另一个生动例子,可参阅拉马钱德兰著、顾凡及译《脑中魅影:探索心智之谜》,湖南科学技术出版社,2017。

② 人的心跳并不完全是周期性的,相邻两次心脏搏动之间的时间间隔有一定的变异性。过于规律或过于混乱都属于病理表现,现已发展出度量心率变异性的多种指标。

的伤心事和一般性往事。当患者处于中性状态时，对听到的伤心事无动于衷，并声称记不得有这种事；而当他们处于另一种状态时，他们对伤心的往事表现出强烈的主观反应、心血管反应和不同的皮层活动模式，他们声称对这些事记得清清楚楚。这表明，在同一个头脑里似乎真有不同的身份。

有时候，这种转换表现得黑白分明。德国的心理分析师瓦尔德福格尔(B. Waldvogel)、乌尔里希(A. Ullrich)和心理学家施特拉斯布格尔(H. Strasburger)报告了一个 DID 病例。这名患者在被诊断为盲人 15 年之后，经过心理治疗逐渐恢复了视力。其实，这个患者的眼睛没有任何问题，而眼科医生的检查也证实了这一点，但她就是声称自己看不见东西。在他们的实验过程中，当患者处于一种精神状态时，她实际上有正常视力；如果用某个年轻男性的名字呼唤她，可以暂时性地使她变成此人，并且看不见东西。如果不是对她做脑电检查的话，人们可能还以为她患的是癔症呢。当她看得见东西的时候，用每秒翻转 10 次的棋盘格光刺激[1]，记录到有同样频率波动的正常的视觉诱发电位；然而在她自称看不见东西时，这种波动大为减弱，说明脑确实能在视觉系统的早期阶段就进行干涉，而使视觉信息到不了皮层。

弗洛伊德假设，像压抑和分裂这样的下意识，影响到人有觉知的行为。关于这一猜想，现在终于找到了神经生物学的实验证据，尽管对其机制还依然不太清楚。不过也有些学者认为，虽然存在像压抑和分裂这样的下意识作用，但它们并非就像弗洛伊德所强调的那样，都是为了“防卫”，即防止一些痛苦或者可能带来危害的想法进入意识层面，而只是下意识层面的东西能否使意识接触到罢了。

意识和下意识可能是两个平行的心智系统

从上面讲的故事中可以看到，我们的许多日常行为并不需要意识

① 刺激图形如国际象棋棋盘这样黑白相间的方格图形，同时每个方块的黑白每 1/10 秒交替一次。

的参与，而且在许多场合下，即使意识到自己的行为，也已是“事后诸葛亮”了。不过，并非所有的事情都是下意识执行的。美国心理学家利伯曼(M. Lieberman)做了一些实验来说明这一点。他及其同事设计了一个“人工构词法”的实验。也就是说，用字母构造“法定”的词汇，并让受试者判断，显示给他看的字母串是否“法定词汇”。他们给受试者两种途径来判断字母串是否“法定词汇”：一种途径是事先讲给他听构词的规则，例如 v 后面跟的一定是 t，这种规则是有意识的；还有一种途径是事先给受试者看大量按照一定规则构造的“法定词汇”，而不告诉受试者具体的规则是什么，这样受试者尽管说不出构词规则，但是能凭直觉猜测哪些字母串是法定词汇，而哪些不是，这是一种下意识的途径。

接下来，利伯曼让受试者同时学会这两种方法，然后进行实验。实验时，给受试者看一个新的字母串，并要受试者判断，这些字母串是否法定词汇；与此同时，对受试者的脑进行功能成像检测。结果发现，受试者在按照不同的途径判断时，活跃起来的脑区是不同的，而且当其中之一的脑区变活跃时，另一个会受到抑制。

利伯曼还做了类似的实验，让受试者观察一连串富有表情的人脸，同时对他们进行功能性磁共振脑成像检测。实验分别采取两种情况：一种是要受试者在观察人脸时用两个字讲出此人的情绪，也就是说需要有意识地注意对象的表情；另一种是要受试者讲出人名，而不注意其情绪。结果，在这两种情况下活动的脑区也是不同的。当要求受试者讲出一个愤怒的人脸的名字时，他只是下意识地看到人脸愤怒的表情，这时主管下意识愤怒的杏仁体活跃起来；而当要求受试者用两个字描写此人的表情时，受试者有意识地注意其情绪，此时杏仁体不活跃，而右腹外侧前额叶皮层却活跃了起来。

根据这些实验，美国著名脑科普作家季默(C. Zimmer)说道：“我们有意识的心智和下意识的心智很可能是两个平行的系统，其中每个系统都专门处理各自不同类型的任务……无魂人心智可能从有意识心智那儿接管了简单和重复性的任务，而让后者得以专门处理那些只有用自我觉知才能处理好的任务。”“因此，我们还是可能有自由意志和觉知的心智，只不过需要从其友善的无魂人邻居那儿借助一臂之力。”

5.5 谁主沉浮？——自由意志的故事

我行我素？——“自由意志”可能没那么多的自由

我们中绝大多数人相信，我们有自由作出选择或决定的能力。换句话说，身处同样的境遇，我们可以自行采取种种不同的选择。这就是哲学家所说的“自由意志”。此概念意味着，每个正常人都得为自己的行为负责。在学术界对自由意志还有一种说法，就是只有当您能够不受任何约束地按照自己需要或愿望行事的时候，您才是自由的。不过这样一来，几乎就没有人是自由的了。想一想，究竟有多少人可以随心所欲呢？人总是要受到内外条件的约束，有想做而做不到的事情。因此，我们暂时采取前一种定义。即使如此，这里也还有一个问题：所谓“自由作出决定”的究竟是谁呢？是我们的意识，还是我们的无魂人系统？在一般人想来，答案必定是我们的意识，因为一个直觉的体验是我们想好了(意识到)要怎样做，我们才按此动作。如果不是我们有意识要怎样做才去做的话，那么哪里还会有自由意志可言呢？

20 世纪 80 年代初，美国神经心理学家利贝(B. Libet)做了一个实验，对上述定义下的自由意志提出了挑战。他的实验是这样做的：让受试者自行决定何时动一下手腕。人们早就知道，肌肉运动是受大脑初级运动皮层控制的。当某些肌肉运动时，就可以在相应部位(在利贝的实验里是手腕)记录到肌电图。而在初级运动皮层发出运动命令之前，其前面的一些脑区早就做了计划，并下达到初级运动皮层。由于这些活动可以在脑电图中记录到一种称为“准备电位”的脑电成分。这一成分出现在实际运动开始的1秒钟或更久之前。按照“自由意志”的想法，要转动手腕，一定是您先想好了要转动手腕，您的脑把这一意向传到计划和发出执行命令的脑区，然后运动神经元控制肌肉运动，最终实现您的意志。果真是这样的话，您想(意识到)要动手腕必定在产生准备电位(也就是开始计划这一运动)之前，这似乎是不言而喻的。但是，利贝偏偏对此想法持有怀疑，他要受试者在做实验时，除了同时记录他的肌电图和脑电图之外，还要同时看屏幕上沿一个钟面不断旋转的光点(图5.7)。受试者要在事后报告，究竟是在光点转到什么位置的时候，才下定决心转动手腕的。结果是惊人的：准备电位要先于有意识动手腕半秒以上！在下定决心之前，脑早已经开始动作了①。所以很难说，您是“想好了”才动作的。有人将此作为“自由意志只不过是一种幻觉”的论据。不过这样说是不是就论证充分了呢？须知不管您是否意识到自己的决定，作出动作决定的毕竟还是您的脑！正是您的脑(尽管是无意识的成分)决定了在什么时候动您的手腕，只不过您意识到这一点却是在脑

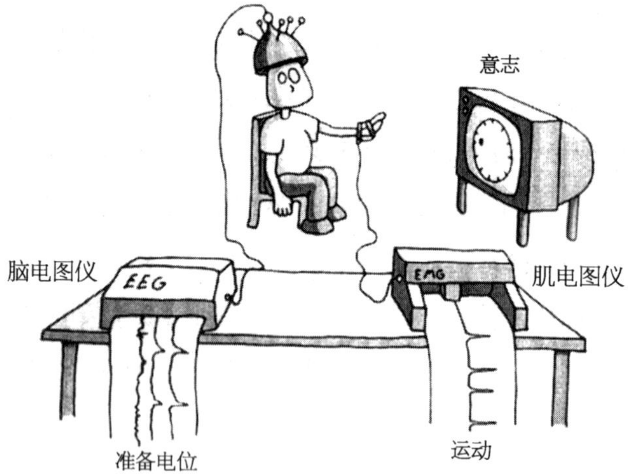

图5.7　利贝实验的示意图(引自Blackmore，2005)

① 以后有人用功能性磁共振成像做了类似的实验，结果发现，当受试者在意识到自己作出某个决定之前几秒钟，该决定在前额叶皮层的活动中已经有所反映了。

已经做了决定之后。另外,即使上述论据对这一特定的情况成立,也要知道,这只是一种最简单的即时行为,而对于像立志选择某种事业作为终生奋斗目标,或是像和谁结婚这样的长远决策而言,显然并不能由此外推得出,这一切都是早就决定了的,没有任何程度的自由可言。另外,利贝自己也有一种解释。他认为,从出现准备电位到手腕实际转动,这一段时间里也包括了神经信号由脑传递到手腕肌肉并使之运动所需的时间,所以在主体意识到要使手腕动作的意向之后,它还有时间批准或者否决这一动作。所以利贝认为,这为自由意志留下了否决的权力。拉马钱德兰据此认为,我们有意识的心智也许并没有自由意志,但是可能有"自由不做的意志"(free won't)。

和利贝实验有关的一个问题是:产生想做某个动作的脑区,是在什么地方?1991年美国神经外科医生弗里德(I. Fried)在为脑肿瘤患者或癫痫患者手术切除病灶之前,用电流刺激辅助运动前区(图5.8)。有时候患者报告说,他们禁不住产生一种想动一下腿、肘或手臂的感觉。2009年法国认知神经科学家德梅尔热(M. Desmurget)则报告说,当电刺激后顶叶皮层时,患者报告说:"我有过一种想动一下右手的感觉。"或者说:"我有过一种要把舌头在嘴里卷起来的欲望。"但是无论在哪种情况下,他们其实都没有做他们声称想过要做的动作。这和弗里德刺激辅助运动前区的作用是不一样的。在弗里德的情况下,当刺激很强时,患者真的会做出他们声称想做的动作;而

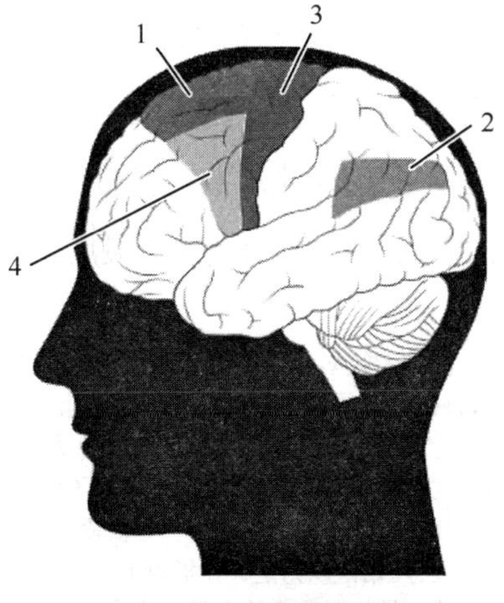

图5.8 脑中与"想"做某个动作的感觉有关的脑区:辅助运动前区(1区)和下后顶叶皮层(2区)。3区表示初级运动皮层,而4区表示运动前皮层。(引自Koch, 2009b)

在德梅尔热的情况下，患者产生了一种做过某种动作的感觉，而实际上并没有做过任何动作，这只是一种幻觉罢了。

究竟有没有“自由意志”？

在自然科学界，长期以来有一种完全否定自由意志的思潮。其主要论据是，心智是由脑决定的，而脑是一种物质，所以要服从物理规律。牛顿定律的成功，使人们认为物理世界服从决定论的规律，也就是说，只要您知道了某个系统现在的状态和对它的刺激，您就可以预测它下一个时刻的状态，一切都按规律办事。就连爱因斯坦都说过上帝不掷骰子的话。真是这样的话，那么我们的脑是否也是决定论的？进一步，由脑产生的思想是否也是决定论的？如果回答是“是”的话，那么所谓的自由意志就仅仅是一种幻觉，一切都早已决定了。不过这样一来，即如果并不存在什么自由意志的话，那么人还要为自己的行动负责吗？

然而，现代物理也从三个方面对这种决定论的世界观提出了挑战。首先，微观世界所服从的规律并非牛顿和拉普拉斯的决定论规律，而是“测不准原理”，也就是说，如果对粒子的位置测量精度越高，则对其动量的测量精度就越低，反之亦然。另外，即使在宏观世界中，对于一个非线性系统来说，即使在初始条件下发生极为微小的偏差，也会对其远期行为产生极大的影响，即所谓的“差之毫厘，失之千里”，也就是会引起混沌现象。因此，尽管系统服从决定论的规律，但是我们无法远期预测其行为①。最后，对于一个多层次的复杂系统来说，在

---

① 法国大数学家庞加莱(J. H. Poincaré)在研究有三个或三个以上相互作用天体的运动规律时，首先提出了这个问题。不过这在当时并未引起人们的注意。直到 20 世纪 60 年代气象学家洛伦茨(E. Lorenz)在计算机上计算大气的运动规律时，有一次核查上次的计算结果，由于当时的计算机运算速度很慢，他不得不中途中断一下，而把中间结果记录下来，在以后继续运算时就把这些中间结果作为初始值输入进去。令他大吃一惊的是，计算结果和原来的结果大相径庭，开始他以为是计算机出了毛病，但是经过仔细检查，最终发现问题出在他继续计算时所用的初始值对原来的中间结果进行了舍入(把原来的0.506 127舍入成了 0.506)，正是由于初始值的这一微小差异，导致了结果的巨大差别。后来他说了一个名闻遐迩的比喻：巴西的蝴蝶扇动一下翅膀，可能为得克萨斯带来一场龙卷风。这样一种由于初始条件的微小差别而引起一个决定性系统远期状态不可预测性的现象，就被称为“蝴蝶效应”，也就是混沌现象。

每个层次上都会有其下一层次的元素所没有的突现性质(emergent property),不可能把最高层次的现象完全还原到最底层的规律来加以解释,所以不可能完全用神经元的物理、化学性质来说明意识层面的“意志”。这犹如不能用颜料分子的化学性质来完全解释《蒙娜丽莎》之美一样。如果说,在原子层面服从的是概率统计规律,而不是决定论的规律,但由原子组成的牛顿-拉普拉斯的宏观世界层面是决定论的,那么即使神经系统某个层次完全服从决定论规律,也不能由此得出,全脑层面同样完全服从决定论规律。另外,如果讲到自由意志,那么讲到的就不仅是个体的脑,还必须把脑放在有大量互动的社会层次上来考虑。除此之外,对于一个多层次系统来讲,不仅底下的层次构成了上一层次活动的基础,而且上面层次的活动又反过来对底下层次施加了约束作用。例如,公路上的交通流是由许多单个车辆组成的,车辆流中的每辆车都对交通流有贡献。一辆车出事故将会对交通流产生影响,而反过来,整个交通流又对其中的每辆车都有影响,在大流量堵车队伍中的司机对此一定有深刻体会。这时即使心中再急,您也不能做到如您所愿,一路飙车飞驰而去。但是,这也不等于说,司机一点自由都没有,只能按部就班地慢慢爬行。他如果发现有可以绕行的道路,也还可以自己选择是继续排在车队里龟行呢,还是宁可多走些路,绕道而行。所以依笔者的管见,虽然不可能有绝对的自由意志,但也不是一切都由先天决定好了,人还是可以在内外环境的约束之下作出有限的自由选择,也就是说有某种程度的、有限的“自由意志”。当然,这只是笔者个人管见,在这个问题上究竟孰是孰非,还有待进一步的研究和争论。

5.6 我是谁?——自我的故事

一般人从来也没想过“我为什么是我,而不是别的什么人”的问题,这似乎是不言而喻的。几乎每个人都认为,在自己头脑里有一个统一的“自我”在指挥着自己的一切。关于这种感觉，美国心理学家黑勒顿(T. Heatherton)的下面这番话说得更清楚：“您低头看一下自己的身体，就知道这是您的身体；当您伸手时，您知道是您在控制着自己的手；当您回忆往事的时候，您知道这是您自己的经历，而不是别人的故事。当您清晨醒来时，您不用花很长时间来拷问自己，究竟您是谁。”虽然谁都熟悉这些感觉，但是如果您想说清楚这究竟是怎么回事，那还真是很不容易呢，特别是要给自我某种科学的解释，而不仅仅是思辨式的清谈。黑勒顿说道：“我的兴趣一直是环绕自我的问题，但是并非从哲学的角度去探讨，我竭力避免猜测之词。不管怎么说，至少我是这样努力的。”

经过他和其他一些科学家的努力，近年来情况已有所改观。科学家开始搞清楚了，哪些脑活动对产生自我觉知的不同方面①起主要作用。他们正在努力认识，这些活动怎样会使我们每个人都有自己是一个独立统一整体的那种感受。如果真的搞清楚了这些问题，就有可能帮助治疗阿尔茨海默病(老年痴呆症)等丧失自我觉知的患者。

“当窗理云鬓，对镜贴花黄”——用照镜子测试自我感的故事

读过古典诗词《木兰辞》的读者，可能多半会记得上述的引语。花木兰百战归家，“开我东阁门，坐我西阁床，脱我战时袍，著我旧时裳。当窗理云鬓，对镜贴花黄”②。木兰“对镜贴花黄”时，当然知道是在给“自己”贴花黄，总不会误以为是在给“当户理红妆”的阿姐贴，也不会误以为是在给“出郭相扶将”的爷娘贴，更不会误解成是在给“磨刀霍霍向猪羊”的小弟贴。这似乎最平常不过了。其实，知道镜子里的像就是自己的像并不简单，绝大多数动物不知道，一岁半以下人类婴幼

---

① 早在1890年美国心理学之父詹姆斯就在他的传世名著《心理学原理》一书中说过，虽然自我似乎是统一不可分的整体，但它还是有许多不同的方面，例如能觉知到自己的身体(也就是说，自我在空间中有确定的边界)、有关自己经历的记忆(也就是说，自我在时间上是连续一贯的)，以及知道自己在社会中所处的地位等。

② “花黄”是古代妇女贴在脸上的一种装饰品。

儿也不知道。科学家更是以此作为测试不会说话的动物或者人类婴幼儿是否有自我意识的判据。

其实,严格地用照镜子来测试是否有自我意识,还是 20 世纪 60 年代末才由美国心理学家盖洛普(G. Gallup)想出来的。当时他还是一名研究生,他所选修的一门课程要求学生提出一项研究课题。当然作为美国学生,他并不知道《木兰辞》。有一天早晨他正对着镜子边剃胡须边思考以什么为题,忽然灵光一闪:“面对着镜子中自己的像我开始想:其他物种有没有可能也会认出它们自己在镜子中的像呢?您要怎样才能够知道这一点呢?”

他查了一下文献,知道从 19 世纪中叶开始,就有包括达尔文在内的科学家用镜子来测试动物和人类婴幼儿是否有自我意识。不过在此之后的一百多年里,虽然有很多科学家继续进行研究,但是他们和达尔文一样,都只是描述性的,缺乏客观的评价标准。对此加以改进来进行研究,这真是一个金点子!

他首先以黑猩猩作为实验动物,开始时只是观察它们在镜子前面的自发行为。光是这一点就使他的研究比前人大大地前进了一步,因为只有这样,黑猩猩在正式做实验时才能对镜子习以为常,否则惊讶会歪曲实验结果。这是第一阶段,要耗时数天。在他知道了黑猩猩在镜子前的自发行为是什么样子以后,他才开始进行第二阶段的实验:把动物麻醉以后,在它们的前额涂上没有气味的颜料。因此,动物除了从镜子里看到之外,不可能通过其他途径发现这样的色斑。当动物从麻醉中清醒过来以后,盖洛普并不急于让黑猩猩去照镜子,他要先从它们的行为中看看,它们是否感到或嗅出被涂了标记。结果表明,黑猩猩并无任何异常,也从来没有想去摸一下这种标记。直到这之后,盖洛普才把镜子又拿了出来。这下,黑猩猩的行为立刻发生了显著变化。黑猩猩老是去摸这一标记,一再地在镜子里仔细端详。这就表明,它们确实知道镜子里的像是它们自己!他还对黑猩猩在涂上标记前后摸前额的次数分别做了统计。

盖洛普的照镜子测试法，现在已经成了测试不会说话的动物和人类婴幼儿是否具有自我感的标准方法。猴子就通不过这一测试，它们把镜子里的猴当成了新的游伴，而试图和它一起玩耍。出乎意料的是，绝大多数大猩猩也通不过这一测试。只有少数从小饲养在丰富多彩人类环境中的大猩猩，才能学会这一点。虽然达尔文曾经说过，猩猩认不出自己在镜中的像，但是如果把它们从小饲养在人类环境中，它们还是能够学会的。这说明，社会环境对产生自我感是至关紧要的。由于自我总是相对于他人而言，因此在社会性的动物中比较容易发展自我感，现在已经知道，海豚和大象也能通过照镜子测试。因海豚没有手，所以实验人员在海豚的身体各处涂了很多标记，而在它前面的水中放了一块大镜子。海豚为了看清楚这些标记，会在镜子前面不断扭动身体。人类婴幼儿也要到一岁半以后，才能通过照镜子测试。

虽然盖洛普通过照镜子测试，确实说明了实验对象有自我感，然而通不过照镜子测试是否就一定没有任何形式的自我感呢？似乎还不能下这样的结论。

自我藏身何处?

对自己身体的主宰感是自我觉知最初级的一种形式。英国科学家布蕾克莫尔(Sarah-Jayne Blakemore)及其他研究者通过脑成像技术研究了我们如何觉知到自己身体的问题。他们发现，当脑发命令使身体的某个部分运动起来的时候，有两个脑区活动了起来：其中一个就是使这部分身体运动的运动皮层，而另一部分脑区则监视这些运动。布蕾克莫尔把这解释为类似于“发送电子邮件时的抄送，同样的信息送到了不同的地方”。脑就利用这一“抄件”，预测动作会产生什么样的感觉。例如，说话会使我们听到自己的声音，伸手去握门把手会感受到铜把手的冰凉。如果实际感觉和我们的预测不太相符，就会引起我们的注意，以适当调整动作。要是实际感觉和预测大相径庭，那么脑就会设法作出解释：这个动作大概是由别的原因引起的，而不是自己做的。布蕾克莫尔及其同事对一些处于催眠状态的受试者进行了脑成像检测。当她们告诉受试者，正在用一根绳索通过滑轮把他的手吊起来时，尽管受试者是自己把手举起来的，但是脑成像的结果却好像是别人在抬他的手，而不是他自己举起来的。有些精神分裂症患者在伸手去拿杯子时动作正常，但是他们声称："不是我自己要拿杯子的，是那头的那台机器控制了我，使我这样做的。"对他们进行的脑成像研究表明，他们在预测自己的动作方面出了问题。

能对他人的感觉产生同感，是由于人脑中有丰富的镜像神经元。布蕾克莫尔研究了一位 41 岁的女士，并把她称为 C。这位 C 女士有异乎寻常的同感，当她看到某人的某个部位被别人摸到时，她就感觉到似乎自己的同一部位也被摸到了。她还以为所有的人都有这种感觉呢。布蕾克莫尔对她进行了脑成像检测，并和正常人作对照，结果发现 C 的触觉感觉区在看到他人被触摸时的反应，要比对照组中的正常人强得多。不仅如此，脑成像还发现，此时 C 脑中的前脑岛(图 5.9)也活跃了起来，而正常人则否。布蕾克莫尔发现，正是这个区域在受试者看自己的照片或者回想自己的经历时也被激活，因此前脑岛很可能指明，哪些信息是和自己有关的，而 C 的前脑岛则"谎报军情"。2004 年英国科学家克里奇利(H. D. Critchley)及其同事让受试者躺在磁共振成像仪中注意自己的心率。他们让受试者在下述两种情形下，通过耳机分别听自己的心跳声：第一种情形是实时听自己的心跳声，第二种情形则是把他的心跳声延迟了半秒再让他听。然后，要求受试者确定，究竟哪一种是自己实际的心跳声。结果表明，当受试者在实时听自己的心跳声时，前脑岛更为活跃。有些学者把这种与自己躯体有关的自我感，称为"躯体自我"(physical self)。前脑岛可能与这种躯体自我感关系密切。

黑勒顿及其同事则利用脑成像研究了涉及自己的记忆方面问题。他们给受试者看一系列形容词，然后问受试者，此形容词可否用到他自己身上，或者是否可用到老布什身上，或是干脆问这个词是不是用大写字母拼写的。脑成像的结果也发现，只有当问题牵涉受试者自身时，内侧前额叶皮层(图 5.9)才被激活。有些科学家把这种与自己特性有关的自我感，称为“认知性自我”(cognitive self)。内侧前额叶皮层可能和这种认知性自我感有关。

大家都知道，初生儿并没有多少自我感，一岁半以下的孩子甚至不懂得镜子里自己的像就是自己。自我感随着年龄而逐渐成熟。美国科学家利伯曼对一组年龄在 9～15 岁的孩子做实验，他们要孩子分别想自己和想象哈利波特，并在他们想的时候做脑成像检测，把这些结果与对成年人做相应实验时的结果进行对照。结果他们发现，当想自己的时候，无论是孩子还是成年人，脑中内侧前额叶皮层的同一块区域都活跃了起来，但是在脑中还有一块区域，也就是楔前叶(precuneus)皮层(图 5.9)，孩子在想他们自己的时候不如想哈利波特时的反应强，而成年人则并非如此。德国科学家施奈尔(K. Schnell)让 15 名受试者玩赛车的电子游戏，不过在受试者操纵他们虚拟汽车的过程中，计算机不时从他们手中接过操纵权。受试者必须注意什么时候是他们自己在操纵，什么时候计算机剥夺了他们的操纵权。对受

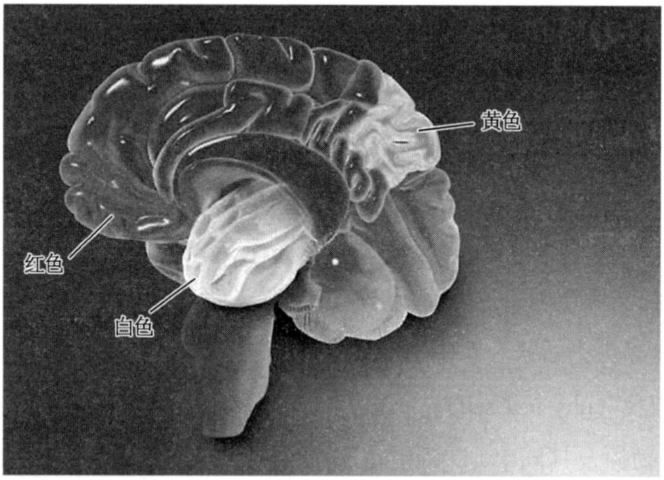

图 5.9 自我感在脑中藏身何处　图中除了突出的前脑岛区(白色区)之外，为显示清楚起见，只给出了右半个脑的内侧面。图中标出颜色的脑区可能和自我感有关：最左侧的红色区是内侧前额叶皮层，它可能把有关自我的知觉和记忆结合起来，形成持续的自我感；右上侧的黄色区域是楔前叶，它和提取自传性记忆有关；前脑岛区在看自己照片时特别活跃。(改自 Zimmer，2005)

试者所做的功能性磁共振成像表明，当受试者看到他们自己在操纵时，他们脑中的前额叶皮层和下顶叶皮层都活跃了起来。前额叶皮层是脑中做出计划的命令中枢，它发送命令到要执行这一命令的相应脑区，同时发送一份副本到部分顶叶皮层，以监视运动的执行情况和预测应该有何感觉。要是两者不符，例如受试者把操作盘打左转，而虚拟汽车却向右转，那就丧失了自己操纵的感觉，而归因于有外力操控。

一些病理情形也支持了上面的看法。美国神经病学家西利(W. Seeley)发现，在阿尔茨海默病患者中最先发现的有病变区域，正是海马和楔前叶。

上面的研究提示，某些脑区可能和自我感的某些方面有关，但是还不能说，我们有关自己的整个自我感，就藏身在上述脑区。有一个病例为此提供了佐证。一位名叫罗杰(Roger)的 57 岁患者(医学界也常称他为 R)，1980 年他由于疱疹病毒感染导致的严重脑炎，脑受到了广泛损伤。这场病毁坏了他的脑岛皮层、前扣带回皮层和内侧前额叶皮层。如前所述，一般认为这些脑区和自我觉知关系密切。他只有大约 10%的脑岛皮层还是好的，而前扣带回皮层则只剩下了 1%。罗杰虽然已忘却了从 1970 年到 1980 年这段时间里的往事，也几乎记不住此后发生的一切，他不辨香臭也食不知味，但是他依然知道自己是谁。他能从镜子或是相片中认出自己，他的行为大体上也还正常。

2012 年美国神经科学家腓立比(C. L. Philippi)和鲁德劳夫(D. Rudrauf)对他还有多少自我觉知的程度进行了研究。在一次实验中，研究人员用蘸有黑色眼影膏的软纸假装擦去他鼻上的脏东西，15 分钟之后，研究人员让罗杰照镜子。罗杰立刻把它擦去，而且还对自己的鼻子上怎么会涂有黑色表示不解。

研究人员又给罗杰看他自己、他认识的人以及陌生人的照片，他几乎总是能认出自己，而且不会把别人当成自己。但是如果在照片中把他的毛发、衣服以及环境都涂黑了的话，那么他要想认出自己就会有困难。

罗杰对别人挠他痒痒与自己挠自己的反应也截然不同。有一次，当研究人员请求他允许自己挠他的胳肢窝时，他回答说："您带好毛巾了吗？"他的这种机智表明，他不仅有自我感，而且还能从别人的角度看问题，他预料到研究人员会发现他的胳肢窝汗潮潮的，因此用句幽默话以免尴尬。

在另一项任务中，研究人员要罗杰用鼠标把计算机屏幕上的一个蓝色方块从屏幕中心拖到屏幕的一个角落。在他这样做时，研究人员通过设计程序，使他有时能够完全控制蓝色方块的运动，有时则对他的控制施加限制。罗杰完全分得清这两种不同的情形。换句话说，他清楚什么动作是由他作主的，什么动作则不由他控制。

从上面所做的各种试验来看，罗杰还有着相当完整的自我觉知，这和前人的实验结果不太一致。究竟怎么看待这一矛盾，还有待进一步的研究。在腓立比和鲁德劳夫及其同事看来，脑岛皮层、前扣带皮层和内侧前额叶皮层单凭它们自己，做不到有意识地把自己看作一个有思想的主体。要有自我觉知，可能需要广泛得多的弥散的认知过程，可能牵涉脑的许多区域，甚至包括大脑皮层以外的脑区。

因此，对于自我究竟藏身何处的问题，现在尚无定论。也许我们可以用黑勒顿的话作为总结："认为自我藏身在脑中一个地点的想法是荒唐无稽的。"他认为，可能要把所有与产生自我感有关的知觉和记忆都结合起来，才会最后产生"我究竟是谁"的统一的感受。

受到愚弄的自我感

人们对于自我感通常深信不疑，"难道我还不知道自己要不要做什么吗？"虽然通常这句话没有多大错，但是也不要认为，这就是亘古不变的真理。在某些特殊情况下，您也可能犯错误。科学家在计算机屏幕上显示 50 个小的图像，然后让一名受试者戴上耳机用鼠标把光标在计算机屏幕上慢慢地从一个图像移动到另一个图像，然后在这个图像上停留一下，大概每 30 秒左右移动一次。与此同时，科学家还通过耳机让受试者听一些词汇，其中有些词汇和屏幕上的图像有关。然后，科学家偶尔也在受试者不注意的情况下，使光标移动到屏幕上的某个图像上去，例如让光标移动到一朵玫瑰花上去，并且在移动之前，让受试者从耳机里听到“玫瑰花”这个词汇。在这种情况下，受试者通常会报告说，是他们自己要把光标移动到玫瑰花上去的。也就是说，脑会犯一个普通的逻辑上的错误，把后发生的事当作先发生的事的结果。因为先听到了“玫瑰花”这个词汇，而稍后光标也确实移动到了玫瑰花上去，并且他不知道还有一个玩家和他一起在玩，所以他就毫不犹豫地断言：“这是我做的！”把别人作主所做的事情，当成了自己做的，自我感受就这样到了愚弄！

“灵魂出窍”实验

每个人都有自我就在自己躯体之内的强烈感觉甚至信念，但是在一定条件下，也可以产生“自我”转移到了别人身体里的错觉。

十多年前，瑞士科学家布兰克(O. Blanke)为了治疗一名43岁患有癫痫而药石无效的妇女，在做检查时短暂地刺激了她的颞顶叶连接处(temporoparietal junction, TPJ)。这一部位正是把听觉、触觉、视觉、平衡觉和空间位置觉整合在一起的脑区。就在给予刺激之后，患者犹犹豫豫地说道：“我……没有太大的把握，是不是应该告诉您这件事……我有一种灵魂出窍的感觉。”一开始，布兰克没把她的话太当回事，不过后来当他用电极再次刺激同一部位时，这位妇女又重复这么说，这才引起了他的注意，并且把这个现象和幻肢感联系起来加以考虑。他说道：“既然您对您的手能够产生错觉，那么您对您身体的其余部分也能产生错觉。当脑试图把看到的和触摸到的调和起来的时候会犯错，这样脑就会产生另外一种现实感，也就是会有两个有关您自己躯体的表征。”

2011年布兰克及其同事让受试者躺在一张特制的床上，并让他们戴上特制的眼镜来看录像。通过每个镜头都可以看到计算机产生的一段有适当视差的录像。所以,受试者会看见一个类似人背部受到敲击的三维影像浮在半空中。与此同时,安装在床内的一个机器人手臂以同样的方式敲击受试者的背部。受试者报告说,他们觉得自己似乎漂浮在自己身体的上方,而其中有一些人的感受就更奇怪了:尽管他们都是仰面躺着的,但这些人感到好像是脸朝下浮在半空中,所以他们能看见自己的背部(图 5.10)。有一位受试者是这样说的:"我从上面看着自己的躯体,虽然那种脱离了自己躯体的知觉不是很强,但是确实有这种感觉。"实验者中有一位讲出了他们的兴奋之情:"我们确实为此兴奋不已,因为这实际上非常接近人们一直在说的灵魂出窍的体验,也就是从上方俯视自己的身体。"

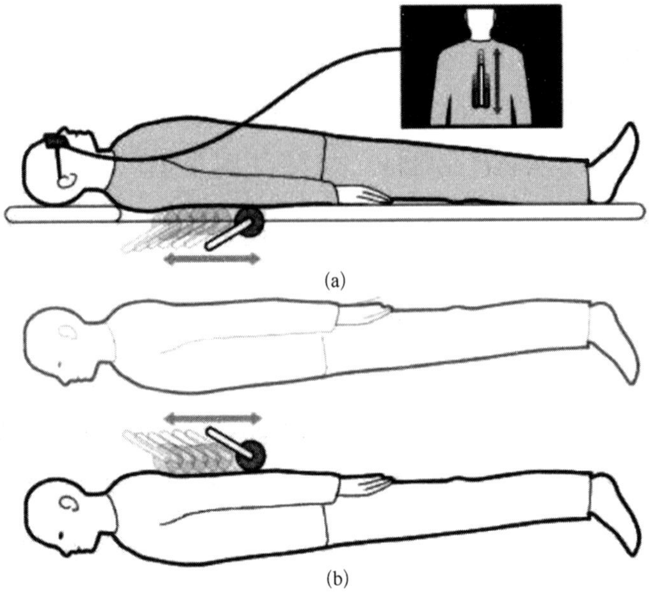

图 5.10 "灵魂出窍" 通过操控,脑科学家可以让受试者产生漂浮在自己躯体之上的错觉。(a) 在受试者背部用一个滚轮上下滚压,同时通过显示器看到另一个人的背部也受到相应的刺激。(b) 有的受试者报告说,他们似乎漂浮在半空,俯身看到了自己的背部正受到滚轮的滚压。(引自 Ananthaswamy, 2013)

瑞典科学家艾尔森(H. Ehrsson)及其同事,就让一些受试者产生了他们的"自我"转移到了一个真人大小的人体模型中的体验。他们在人体模型的眼睛处安装了两台摄像机作为双眼,同时把模型"看到"

的景象，传送到戴在受试者头上的显示器中去。他们的实验是让人体模型“看着”它的腹部，而与此同时，实验者同步地敲击受试者和人体模型腹部的对应部位。在这种情况下，有许多受试者感到他们所受到的敲击仿佛是来自人体模型。换句话说，人体模型好像成了他们自己的身体！

2011年他们再一次做了这个实验。不过这一次，他们还让受试者躺在功能性磁共振成像仪里面。他们发现，当受试者产生“自我”跑到了人体模型中去的感觉时，额叶和顶叶的某些区域被激活。对猕猴相应脑区的研究发现，其中有些神经元的功能是把视觉、触觉和本体感觉整合起来。艾尔森猜想，人脑中的对应神经元只有当触觉和对身体周围的视觉同步时才有发放，表明这些神经元可能在产生我们占有自己身体的感觉方面起关键作用。如果扰乱了脑接收到的这种信息，也就可能扰乱对自己身体的占有感。在艾尔森的实验中，他们让受试者感到自己的“自我”转移到了另外一个身体里面，虽然这个身体不再是自己的肉体，不过毕竟还是一个身体！那有没有可能，把自我感转移到没有任何身体的半空中呢？这才真正像是“灵魂出窍”呢！

还有更有趣的现象。艾尔森的团队在类似的实验中所用的假人，或者是一个只有11英寸半的芭比娃娃，或者是一个足有13英尺高的人体模型。当进行类似的实验时，受试者会有一种非常怪异的感觉，好像自己成了芭比娃娃或是巨偶。此时艾尔森用刀威胁或砍玩偶时，记录到受试者的皮肤电导也像威胁到他们自己时一样，大幅度地增高了。另外，当受试者感到玩偶就是自己的身体时，艾尔森及其团队要他们注视一下放在房间另一头的木块，并要他们估计一下木块的大小和距离，然后要求受试者闭上眼睛走到木块所在处。当受试者产生的错觉是自己在芭比娃娃体内时，他们总是过高估计距离和大小；而当受试者以为自己附身于巨偶时，情况正好相反。

磁共振成像表明，当受试者诉说自己有漂浮出体外的体验时，他们脑中颞顶叶连接处的活动发生了变化。而以前有些报告说，有灵魂出窍体验的脑损伤患者,其特殊体验也和这个脑区有关。科学家认为,正是这一区域和其他一些脑区,与涉及躯体的幻觉有关。它们协助把视觉、触觉、本体感觉和来自内耳的平衡觉以及空间定向感觉整合在一起。这进一步证明,脑把各种各样感觉整合在一起的能力,在把自我限定于自己体内方面起到关键作用。

同一个脑袋里有两个自我吗?——"裂脑人"带来的困惑

在拙作《脑科学的故事》和《脑海探险》中,笔者从不同的角度对"裂脑人"作了比较详细的介绍,因此在这两本书里讲过的内容就不再重复了。本书只是介绍一个在上述两本书里并未深入展开、而与自由意志和自我息息相关的问题。不过,为了避免没听说过"裂脑人"的读者特意去查找有关的书,笔者在此处以尽可能少的笔墨,介绍什么是裂脑人。

所谓裂脑人,就是联络脑左右两半球的神经纤维(主要是胼胝体,还包括前联合等一些其他纤维)(图 5.11)被断开了的患者(例如为了治疗癫痫从一个脑半球扩展到另一个脑半球)。在这种两脑半球联络被断开的情况下,加扎尼加研究了两脑半球在功能上的差异,结果发现右脑半球更擅长于视觉空间技能,而左脑半球更擅长于语言、言语①和智能行为[关于言语和语言的左脑半球优势,其实远在 19 世纪下半叶就由法国神经病学家布罗卡(P. Broca)和德国医生韦尼克(C. Wernick)在左脑半球损伤患者身上发现了]。在两脑半球之间联系被断开的情况下,患者的左半球能将它接收到的刺激用语言表达出来,而右半球则不能,但是后者可以用它支配的左手作出表示。有趣的是,当实验者问右脑半球接受刺激的患者,他所接收到的东西是什么时,由于这一消息不能通过胼胝体传递到会说话的左脑,患者就讲不出来,尽管他的左手能有所表示。如果这时要求患者解释,他的左手

① 这里我们用言语(speech)表示口头语言(language)。语言还可包括书面语言、肢体语言等。

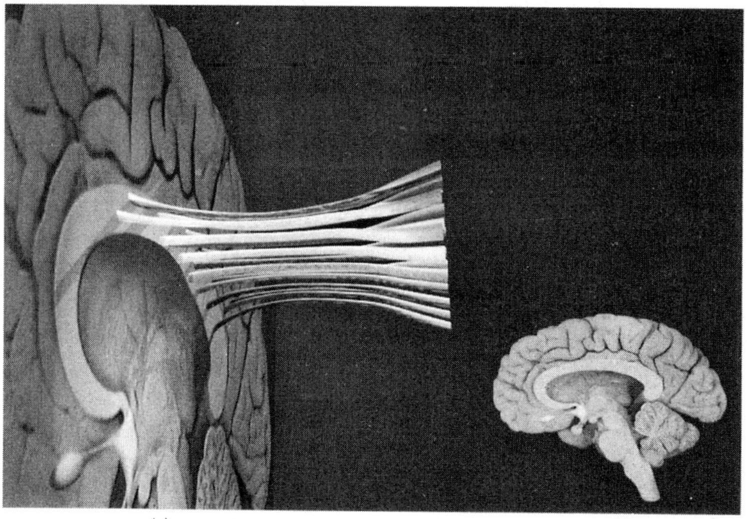

(a) (b)

图 5.11 胼胝体 (a) 右侧的白带表示把左右两个脑半球联结起来的胼胝体纤维，这些纤维发源的 a 图左侧的浅色半圆弧表示大脑右半球内侧面中的胼胝体剖面。(b)是右脑半球的内侧面剖面图，胼胝体剖面如图中央的白色圆弧所示。(引自 Carter, 2010)

为什么做这样的选择时，由于会说话的左脑并没有接收到这一刺激而不明就里，但是左脑会编造出一套似是而非的“理由”来自圆其说。因此在 1972 年，加扎尼加曾经写道：“在过去 10 年里，我们积累的证据表明，当沿中线把大脑一分为二之后，通常统一的正常意识就受到了干扰，这使裂脑患者至少有了两个心智：左心智和右心智。它们作为两个完全有意识的实体而共存，就像两个连体双生子是两个完全不同的人一样。”如果真是这样的话，这就引出了一系列的问题：这样的每个意识是否都独行其是呢？有没有两个自我呢？有没有两个自由意志呢？脑的两半球为什么不争夺主导地位呢？其中有一个脑半球是主导吗？脑中的这两个自我，真的都处在一时只能处于一地的同一个躯壳之中吗？是哪一半大脑决定了下一时刻到哪儿去呢？为什么会有这种鲜明的统一感受呢？意识和自我感只是在半个脑中吗？

不过，他在 1972 年所做的论断，是根据他们当时对一些裂脑患者的观察而外推出来的。随着科技的发展和研究的深入，他不再认为脑中有两个精神系统,而是有许多可动态变化的系统,其中有些系统是在某个脑半球之中,而另一些则横跨两半球。他们认为,意识体验是由许多各有其特殊功能的模块在进行相互竞争之后,胜出者所产生的感受,而这种竞争和胜出始终处于动态变化当中。在脑中所有的就是这样许多相互竞争的动态模块,而没有一个最高裁决者,没有一个"微型人"在操控一切。既然如此,为什么我们每个人在日常生活中都有一种在时空两方面都由统一的自我控制一切的感觉呢?

前面我们讲过,裂脑人的左脑会编造一套理由来自圆其说。在《脑科学的故事》里我们也介绍过,一些右脑中风的病觉缺失患者,会不承认自己左半身偏瘫,而且为此编造出一套理由来搪塞。这些都说明,左脑起着某种"解释器"(interpreter)的作用,它会编造一套貌似有理的理由,来解释它不知道的右脑半球所做动作的原因(裂脑人的情况),或是右脑半球功能失常所造成的左半身不动作的原因。其实,不仅是患者,我们正常人脑中的解释器也会不断编造故事来解释事件的因果关系。例如有一次,实验者告诉受试者,要在他脸上通过化妆制造出一条可怖的伤疤模样,并要受试者观察,在和他人谈话时,他人对他这条假伤疤的反应。实验者让受试者在镜子里看了一下他自己可怕的相貌,但就在让他去见他人之前,实验者假装为了避免"伤疤"开裂而要在它上面涂点润肤油,实际上却是在受试者不知情的情况下偷偷地把"伤疤"擦掉了。在受试者和他人谈话结束以后,实验者问受试者,别人对他的态度如何,受试者说自己受到了恶劣的对待,对方既紧张又摆出一副屈尊俯就的架势。实验者放给他看当时对方表情的录像,并要他指出对方在什么时候开始表现出这种态度的。当录像刚开始放时就被受试者叫停了,说一开始对方就态度恶劣。实验者问他何以见得,他说只要看看对方目光旁移的样子就可以知道了,他显然是给那条可怕的伤疤吓着了。在这里,解释器的作用表露无遗:因为房间里只有他们两个人,没有其他东西,对方把目光旁移就一定是因为不敢看他脸上的伤疤(其实早就擦掉了)。正是解释器模块,它随时把跟意识有关的、分布得很广泛的各种特异化系统，与不同的过程整合了起来。在某个时刻从竞争中获胜的模块，就成了产生当时有意识体验的神经相关机制。也正是这种解释器模块，使我们产生了一种统一的、协调一致的体验，它在脑根据进化、发育和以往经验所建立起来的有关外部世界的模型框架之下，针对我们的知觉、记忆、行动及其彼此之间的相互关系，作出“合理”的解释。如果这种解释远离实际，右脑中的“差别检测器”就会进行干预而修改整个模型。当由于右脑受损或是由于胼胝体断开等原因，得不到来自右脑的这种干预时，“解释器”就可能作出荒谬的解释。不管在哪种情况下，解释器都给出了一种自圆其说的统一解释，而不是彼此纷争的不同解释（在竞争中失败的解释都被压抑到意识水平之下而不被觉知到）。这就是为什么，我们始终会有一种统一的、前后衔接的自己在掌控一切的感受之原因。加扎尼加对此有一段评论，颇堪玩味：“我们有意识的觉知来自我们的优势左半球。它对早已进入意识层面的众多片段信息，坚持不懈地作出解释。请注意，这里讲的是早已进入了的信息。这是一种把后发生的事当作前面发生的事所产生的结果而加以合理化的过程。解释器在编造有关我们自己的故事时，只编织那些已进入意识层面的东西。因为意识是一个慢过程，所以进入意识层面的东西，都是早已发生了的事，也就是一种既成事实……我们只是在事后才对我们的行为作出解释，这意味着什么呢？有多少时候我们是在进行虚构，对过去发生的事件虚构出某种解释，而且信以为真呢？”“这种事后的解释过程涉及像自由意志和决定论、个人责任和道德规范等的大问题，并对此深有影响。”笔者并不怀疑，有许多意识内容是事后体验，特别是对当前刺激的反应，但是否所有的意识内容都如此呢？尤其是一些远期计划又该如何解释呢？

最后，还有一个问题要说一下，这就是意识和自我感的关系问题。虽然科学家在这个问题上仍旧争论不休，但是也还有下面的共识：意识是有关自己躯体和周围环境的觉知，而自我意识就是能够认识到自己有意识。也就是说，不仅认识到自己是存在的，而且还认识到自己知道自己的存在。换句话说，有意识就意味着会思考；而有自我意识则是知道自己会思考，并且还会对自己的思想进行思考。例如，初生儿大概是有意识的，他们有知觉，也会对周围的人或物作出反应，但是他们还没有自我意识。诺贝尔奖得主埃德尔曼(G. M. Edelman)认为，许多动物也有知觉等“初级意识”，但是它们觉知的只是当下的知觉。只有人才能意识到自己有意识，才能意识到过去和未来。

5.7　有罪还是无罪？——神经法学的故事

传统上，整个司法系统的基础是我们必须为我们的行为负责。这实际上隐含地承认了，至少在某种程度上是存在自由意志的。但是如上节所述，如果真的证明了并不存在什么自由意志，那么整个有关司法的观念都得跟着改变。另外，既然精神病可以不用为他们所犯的罪行负责，那么形形色色脑功能失常的人，从有脑器质性病变的患者到神经递质失调的患者，要不要为他们所犯下的罪行负责呢？在什么情况下，应该让嫌犯为其所犯下的罪行接受惩罚(犯下罪行就得受相应的惩罚，这是传统司法的基本原则)？在什么情况下，应该给予他们治疗或是减轻处罚？这条界线究竟应该怎么划？在未来，司法是不是应该更多地考虑防止犯罪，进行诊断与治疗？脑科学的发展已经向司法提出了上面这些问题，形成了神经法学这样的交叉学科。

前额叶损伤和反社会性人格障碍

在拙作《脑科学的故事》和本书第三章中，都讲到过一些人在前额叶受到损伤以后性格大变，以至他们的家人和朋友都声称，他们前后判若两人。这些病例说明，前额叶对人的社交行为起关键作用。心理学研究也发现,许多暴力罪的惯犯常常表现出反社会性人格障碍(antisocial personality disorder, APD),他们常常表现出类似我们在上面讲过的那些患者的反常社交行为。这样就提出了下列问题:这些表现出 APD 的罪犯,是否前额叶也有异常?美国心理学家雷恩(A. Raine)对 21 名表现出 APD 的罪犯进行脑成像,并和正常人的相应脑成像进行对比。结果发现,这些表现出 APD 的罪犯,前额叶的灰质体积缩小了,神经活动也减弱了。这表明,罪犯的脑在结构上和正常人就有差异,而我们知道,前额叶对情绪中枢能起抑制作用。前额叶功能低下将使人难于控制自己的情绪冲动。青少年容易冲动的一个关键原因,也是他们的前额叶皮层还未发育成熟。青少年的前额叶皮层要到 20 岁才发育成熟。这可能正是司法上对青少年犯罪从轻发落的神经生物学根据。

2002 年西奈山医学院(Mount Sinai School of Medicine)的精神病学家纽(A. S. New)研究了 APD 患者表现出来的一种症状,就是冲动性攻击。她通过正电子发射断层扫描分别研究了 APD 患者和正常人对一种称为 m－CPP 的兴奋性物质的反应。对正常人来说,m－CPP 激活前扣带皮层,这一额叶中的脑区和抑制有关,同时使后扣带皮层失活;而对 APD 患者来说,情况正好相反。抑制作用的减弱可能是这种人易于在冲动下进行攻击的原因。那么,这种人还应不应该为他们的攻击行为负责呢?

在《普通精神病学档案》(*the Archives of General Psychiatry*)2000 年 2 月份的一期上,美国心理学家雷恩和赖特(R. Wright)报道说,在 21 名有犯罪和暴力记录的反社会性人格障碍者的额叶皮层中,有并不显著的结构异常。这种异常与健康人中也可能有的异常、瘾君子或是酗酒者以至像精神分裂症等精神病患者中的异常都有不同。对他们做的磁共振成像的结果显示,其额叶皮层的灰质比正常人和上述其他人减少了 11%左右。这种人对令人紧张的情形的生理反应也减弱了。例如,要他们当着摄像机讲述自己的缺点错误,他们的心跳和出汗程度都较对照组要弱。

校园枪声

在媒体上，美国校园内发生青少年持枪杀死自己同学或老师的惨剧时有所闻。为什么会发生这样的暴行？撇开由于利益集团的阻挠而使美国政府难于管控民间枪支，媒体和电子游戏充斥暴力，以及家庭破碎和父母对孩子教育不当等社会问题不谈，其中一个重要的原因是，青少年的前额叶皮层要到 20 岁左右才能发育成熟。由于缺乏前额叶皮层的抑制，青少年难于控制自己的一时冲动，而容易不计后果。2001 年美国加州圣安娜(Santana)高中血案的枪手威廉姆斯(A. Williams)就是一个 15 岁的少年，而其他案件中的枪手，很多也是这个年龄，甚至还要小。其实每个人都会发怒，心生报复之意，但是正常的前额叶会遏制这种冲动，而 15 岁以下青少年的这一部分还没有发育成熟，其中神经元之间的联结还未最后定型，更难于控制这种冲动而去理性地思考问题。只是在青春期的后期，前额叶才加速成熟。也正是出于这个原因，所有的司法制度对少年犯都从轻处置。

但是，使前额叶皮层控制一时冲动不力的原因，不仅限于青少年的发育不成熟，神经性疾病、头部损伤、酗酒和毒品都会损伤这种功能。那么，对于后面这样的成年嫌犯也要从轻处置吗？

天性邪恶，还是脑子有病？

美国精神病学家刘易斯(D. O. Lewis)研究了好几十名死囚犯。她发现，这些罪犯几乎无一例外地都有脑损伤。其中的大多数在幼年时受到毒打和经常性的性侵，常常表现出某些精神病症状，特别是偏执狂。她采访了 150～200 名谋杀犯，搜集了他们的病史，并且尽可能地获取他们的脑资料。

1986 年刘易斯和她的长期合作者美国神经病学家平卡斯(J. H. Pincus)，在他们的一篇论文中研究了 15 名死囚犯，发现所有这些人都在儿时有严重的头部损伤，其中差不多有一半人遭到过强奸。但是，除去一个人之外，这些人不仅不以此作为借口，反而尽量淡化甚至否认他们有精神上的问题。由于头部受到严重的损伤，他们甚至记不得自己的伤疤是怎么来的，以至于她不得不去调阅这些人儿时的病历并访问他们的家人。

在另一项对 14 名被判处死刑的少年犯的研究中，他们发现，这些人都有严重的头部损伤，其中大多数是由车祸造成的，但是也有许多是遭到毒打的结果。刘易斯认为，虽然并不是说，受到虐待或是脑损伤就会使人变成谋杀犯，但是几乎每个杀手的脑都有问题，特别是额叶皮层，正是这一脑区控制着攻击性和冲动。她由此声称，这些发现对目前司法上有关精神错乱的定义提出了疑问。对这些人，许多人看到的是邪恶，而刘易斯看到的是伤病。

但是，刘易斯的论点也并非所有人都赞同。美国法医心理学家柯温(B. R. Kirwin)认为，刘易斯的样本数太少，缺少对照。柯温调侃说，如果可以解释脑的异常活动的话，那么“我倒是想知道特里莎嬷嬷(Mother Teresa)①的皮层下发放是怎么样的”。她研究了 300 名左右的谋杀嫌犯，发现只有 10%左右在儿时受过虐待，这个比例和正常群体差不多，而和刘易斯的结果大相径庭。刘易斯声称，她从来也没有见到有“纯粹的反社会者”(mere sociopath)，也就是脑非常正常而仅仅完全缺乏同情感的人；而柯温则说她见过许多这样的人。

1999 年美国伊利诺伊州最高法院撤销了对一名有癫痫的妄想狂囚犯的死刑判决，因为平卡斯在庭上指出，嫌犯有明显的非理性症候，例如试图把尸体藏在衣橱抽屉里，而嫌犯的律师却没有提出对此进行调查。

美国法学家丹诺(D. W. Denno)指出：“下意识比我们一直认为的

① 印度著名天主教修女，诺贝尔和平奖得主，以从事各种慈善事业闻名于世。

重要得多。我认为，刑法在何谓有意识的问题上走极端。刑法上总是两者择一：要不人得负全责，要不就不负责。如果您是一个梦游者，您就完全不用负责。”

20世纪90年代初，美国一位65岁的广告经理温斯坦（H. Weinstein）被控扼死了他的妻子芭芭拉（Barbara），随后把她的尸体从他们12层楼公寓房的窗口抛到曼哈顿东72街，以造成自杀的假象。但是在审判开始之前，他的律师提出，因为他有蛛网膜囊肿，属于精神不正常，所以不能为他的罪行负责。既然所有的行为都是由脑引起的，那是否意味着，只要脑有一点异常之处，所有的行为都有可能得到赦免呢？最初检方提出，法庭不应接受温斯坦的蛛网膜囊肿作为证据。政府方面的证人、法医心理学家马特尔（D. Martell）作证说，脑扫描技术只是一种还没有通过检验的新技术，还没有得到科学界的普遍接受。最后，法官卡拉瑟斯（J. R. Carruthers）在1992年10月8日作出了一个所罗门式的裁决：温斯坦的律师可以告诉陪审团，脑扫描表明被告患有蛛网膜囊肿，但是不得告诉他们，蛛网膜囊肿和暴力行为有关。即使这样，检方还是害怕，当堂显示温斯坦的脑成像图片，会对陪审团产生影响。11天之后，他们同意如果温斯坦认罪的话，可以把指控减轻为过失杀人罪，以此作为交换。目前关于脑成像是否可以作为定罪的证据，还存在激烈的争论，不过它正在引起人们越来越多的重视。在一些情况下，神经科学显示被告脑异常的证据，能说服陪审团把死刑判决减轻为终身监禁。在一些案件中，法庭也接受脑成像证据，例如据此裁定谋刺美国总统里根的凶手欣克利精神不正常。神经法学的支持者声称，神经科学提供的证据，不仅会对判定是否有罪和如何量刑产生重大影响，而且对测谎和发现隐蔽的偏见，以及预见未来可能发生的罪案，都会有重大影响；而反对者则认为，脑扫描技术有可能成为一种超级读心装置，这可能会威胁到我们的个人私密和思想自由。另外，由于脑结构的多样性，没有两个脑是完全一样的，脑成像的细微差异是否就可以作为脑异常的证据？而法律界人士普遍不熟悉脑科学，如果拿出高深莫测的脑成像图，再加上专家巧舌如簧，就有可能误导法官和陪审团轻判。所以，现在对于是否可以用脑成像结果作为呈堂的证据，依然存在争议。

虽然人们开始认识到，犯罪可能和脑异常有关，但是问题依然存在，其中之一是划分“正常脑”和“异常脑”的界线究竟在哪里。

20 世纪 90 年代中叶，美国心理学家古尔(R. Gur)的一位同事要求他为在佛罗里达州审讯的一个连环杀手案提供帮助。该案的嫌犯隆(B. J. Long)被人称为“分类广告强奸犯”。这是因为他总是装作顾客，上门到要出售家用物品的女士家里进行强奸，然后把受害者杀死。他至少谋杀了 9 人，因此被判死刑。古尔对隆的脑做了 PET 扫描，发现他在一次摩托车车祸之后曾陷于昏迷，而且杏仁体严重受损。正是在这次事故之后，他犯下了第一宗强奸罪。

美国心理学家格林(J. D. Greene)指出：“对神经科学家来说，您就是您的脑。只有您脑内的操作决定了您的行为。如果这句话是对的，那就要从根本上改变我们对法律的整个想法。有关法律的官方见解是，一切都取决于您是否有理性，然而确实存在着完全有理智的人，却受到某种他控制不了的东西操纵的情形。”他的话实际上就是我们在前面讲过的有关自由意志的争论。他认为，自 20 世纪 70 年代以来的美国刑法，都是基于坏人自由地选择了不道德的行为，所以应该受到处罚，而现在到了改变这种观念的时候了。他认为，法律着重的应该是防止将来再犯，因而在某些情况下可以减轻处罚。自 1843 年英国著名的精神错乱刺客诺滕(D. M. Naughten)[①]的案件以来，英美两国的法庭都认可，为那些不能区分是非者的精神错乱行为提供辩护。一些学者认为，这一规则在有了当今的脑成像研究之后，已变得没有意义了。美国神经科学家萨波尔斯基(R. Sapolsky)说道：“有的人脑受到了极大的损伤，虽然仍有是非观，却不能控制自己的行为。在这种

① 诺滕(1813—1865)是一个苏格兰木工车床工人，他谋杀了英格兰的一位文职官员德拉蒙德(E. Drummond)。不过由于他患有偏执性幻觉，最后被判无罪。

时候，您碰到的就像是一台出了故障的机器，这与惩罚、邪恶和罪恶之类的观念完全没有关系。那么，这是不是说，就应该把这种人放出去？当然不可以。如果您的汽车刹车不起任何作用的话，那么就不能允许开车靠近任何人，以免伤人。”

美国法学家和精神病学家莫尔斯(S. J. Morse)强调指出：“犯罪的是人，而不是脑。”如果青少年的脑决定了青少年的所有行为，那么“我们应当期望十六七岁的人杀人率在世界各处都差不多，因为他们的脑都是差不多的。但是事实上，丹麦和芬兰青少年的杀人率与美国青少年的杀人率差别很大。”他同意是脑产生行为，但是他不同意以此为理由，宽恕某种罪行。他举出 1966 年惠特曼(C. Whitman)一案为例。惠特曼杀死了自己的妻子和母亲，还爬到得克萨斯大学的塔楼上，开枪杀死了其他 13 个人，最后被警察击毙。尸检发现，他脑中有一个压迫杏仁体的肿瘤。莫尔斯说道：“有些人易怒是因为遗传所致，而另一些人则因为他们的杏仁体受到了损伤。问题是，发怒在什么时候可以成为宽恕的条件？”“假定神经科学能够说明，理性在决定人的行为方面实际上不起什么作用的话，假定我可以向您说明，您的意图和理由都是在您的行为发生之后才提出来的，那不过是让您的行为听上去合理的一种借口，您的脑在早已做过了之后才向您作出解释”，而并没有您的意识参与决定，如果真是这样的话，莫尔斯就会同意格林和科恩的意见：刑法应该放弃目前有关追责的想法，而应该寻求别的方法来保护社会。但是，这并不意味着犯罪者可以逃脱刑罚。他强调说：“您可以把这些人收监和给予他们改造的机会。”对于因不能控制自己而犯罪的人，是否应该免除其刑责的问题，他认为，这是一个道德的、最终是法律的问题，这个问题不能在实验室里得到答案，而应该由法庭和立法机关来回答。

对于这个问题，笔者以为某人为其行为负责是社会层次上的问题，如果只有单个个人的话，就无所谓负责不负责的问题了。而脑失常则是器官层次上的问题。虽然这两个问题彼此有联系，但是不能用一个问题来代替另一个。“责任”和“自由”都是在有许多人(当然也包括他们的脑)组成了高于个人的社会层次以后才出现的涌现性质。犯下某种罪行就要受到处罚,这是社会层次上对人际交流所定下的一种契约。至于考虑嫌犯脑的情况,以及在处罚的轻重和方式上如何处理,则是另外一个问题。重要的是不让嫌犯再度危害社会。

综上所述,神经科学和认知科学已经向司法的基本原则提出了挑战,现在已经形成了神经科学(认知科学)和法学的交叉领域——神经法学(neurolaw)和法医神经科学(forensic neuroscience)这样的学科,虽然它们的定义和研究范围还不是那么清楚。不过,这些领域比我们在本节中所介绍的还要广。这是因为,本章的主题是意识,以及与之相关的自由意志等问题,从而我们在这一节只涉及了这一个方面。此外,如我们在第二章讲到的,在现行的司法制度下,目击证人的证词在定罪中也起到很大的作用,但记忆并不总是那么可靠;不恰当的审问甚至诱供,还会给嫌犯植入虚假的记忆,因而按嫌犯的自供定罪,也有造成冤假错案的可能。此外,利用神经科学的方法对嫌犯进行测谎,以及追踪犯罪现场在嫌犯脑中的记忆痕迹这些问题,在拙作《脑科学的故事》里面也有介绍,此处不再重复。综合起来说,神经科学和认知科学的这些最新进展,已经向现行的司法制度提出了挑战。特别是传统司法界中的许多人,可能从来也没有听说过神经科学和认知科学。要让司法界人士普遍理解这些问题,那就是一大挑战,更不要说具体到怎样正确对待目击者的证词,目击者如何从排列成行的对象中指认嫌犯,法官和律师的提问,审判者潜在的种族偏见意识,嫌犯的自供,嫌犯的脑是否有明显的或隐蔽的失常,如何看待嫌犯对他所犯罪行的责任等问题。这些问题都需要司法人员和神经科学家合作进行研究和探索。

5.8 有意识的“植物人”——新技术为失去行为反应患者的康复带来新希望的故事

在临床上，一般把由于脑损伤而出现意识障碍问题的患者，按照他们是否有醒着的时候和是否有残存的意识，分成三等。昏迷：既不能醒，也没有任何意识；植物人状态：有醒着的时候，但是没有意识；最小意识状态(minimally conscious state)：有醒着的时候，也有意识表现，但是非常有限。

如果一个患者睁着眼(醒着)，却对任何问话都毫无反应，那么这个患者究竟有没有意识呢？因为意识是发生在脑里的事情，光看患者的表面行为，您怎么能够判断患者脑子里在想些什么呢？您怎么知道，患者就没有听懂您的话呢？也许患者只不过无法表达而已。在功能性脑成像这样的新技术出现以前，这些都只是疑问。一般人把这样的患者当作植物人，因而忽视了患者有一天会康复的希望。

2006 年英国科学家欧文(A. Owen)领导的团队，宣布他们通过对一名以前被认为处于植物人状态的女性患者进行功能性磁共振脑成像检测，发现该患者实际上是有意识的，她能够听懂医生的话，虽然从表面行为上看不出丝毫这样的迹象。他们甚至还由此想出一种方法，可以知道患者对他们提出的问题究竟回答“是”还是“否”，尽管患者毫无表情。这一切到底是怎么做到的呢？

他们在对患者进行功能性磁共振脑成像检测时，告诉患者想象自己正在打网球，结果得到了图 5.12a 这样的成像图，该图表明她的辅助运动区(SMA)活跃了起来；而当要求患者想象她正在自己的屋子里到处走动时，她的海马旁回(PPA)、后顶叶(PPC)和外侧运动前区(PMC)被激活了(图 5.12b)。他们对 12 名健康的志愿者做了同样的检查，其结果与患者非常相似(图 5.12c、d)。这就说明，患者确实听懂了实验者的话，并且按照他们的要求做相应的想象，尽管从她的外表上看不出任何迹象。因此，可以相当有把握地认为，这位一直被当成“植物人”的患者是有意识的，其实她并不是一个植物人，只是无法用行动来表达自己的感受而已。

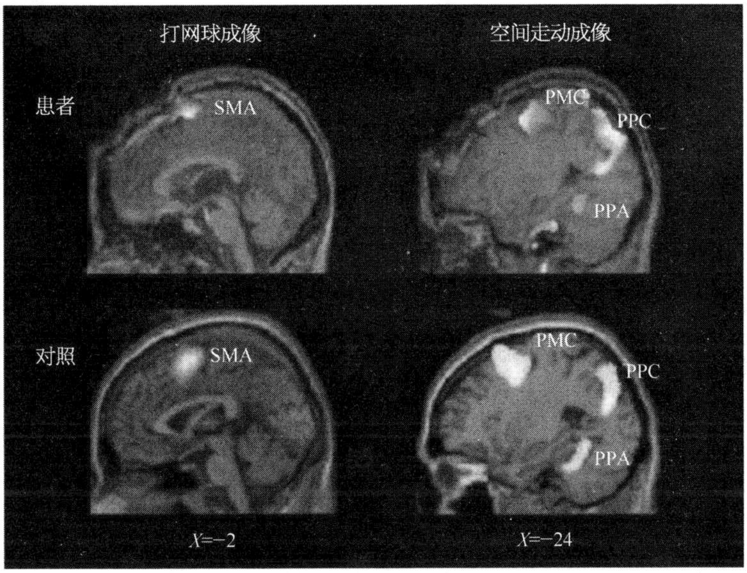

图 5.12 用功能性磁共振脑成像探测没有行为反应的患者是否还有意识 (a)(b) 病人的功能性脑成像；(c)(d) 对照组正常人的功能性脑成像；(a)(c) 要求受试者想象自己正在打网球；(b)(d) 要求受试者想象自己正在屋子里到处走动。(引自 Owen et al.，2006)

这一研究还为与这样的患者进行交流开辟了可能性。既然患者想象打网球和想象在自己屋子里到处走动，其功能性磁共振脑成像图显示出明白无误的区别，而患者又听得懂话，那么只要与患者约定在问她一个是或否的问题时，如果她的回答是“是”的话，就想象打网球，而如果回答是“否”的话，就想象在自己的屋子里到处走动，这样我们就可以根据患者的功能性磁共振脑成像图，知道她的回答是“是”还是“否”。进一步，甚至可能给她读一个个字母，当读到她要表达的词中的字母时，她就想象打网球。这样就可以知道她想表达的字母，直到她想象在屋子里走动，表示一个词的结束。原则上来说，用这种方法可以让患者“脑述”她想要表达的意思。就像大仲马的名著《基督山伯爵》里那位除了眨眼皮之外什么也不能动的全身瘫痪患者诺瓦蒂埃·德·维尔福(N. de Villefort)先生一样。他为了阻止心爱的孙女瓦朗蒂娜(Valentine)所不愿意接受的一项婚姻,而要改立遗嘱。他的孙女请来了一位公证人为他立遗嘱,当公证人知道这是一位既不能说也不能写的全身瘫痪患者时,他怕因无法理解委托人的真正意愿而要承担法律责任,故准备告退时,他的孙女告诉公证人,他能用眨一下眼表示“是”,而用连眨几下眼表示“否”,同样可以用特定的眨眼模式,表示他所要的字母或词。书里是这样描写的[①]:

> “您已经听见,而且懂得您孙女说的话了吗,先生?”公证人问。
>
> 诺瓦埃蒂慢慢地闭上眼睛,过了一小会儿才睁开来。
>
> ……
>
> “您是否愿意看见我没有办好公证文件就离开这儿?”
>
> 瘫痪的老人很快地一连眨了几下眼睛。
>
> ……
>
> “好。那么,先生,您要我做什么,您想要公证什么文件呢?”
>
> 瓦朗蒂娜把字母表从头背下来,一直背到字母T。
>
> 到了这个字母,诺瓦蒂埃富有表情的目光示意她停下。
>
> “先生要的是字母T,”公证人说,“这是很明白的。”
>
> “请等一下,”瓦朗蒂娜说着,又转过头去朝着祖父:“Ta……Te……”
>
> 老人在第二个音节上止住了她。
>
> 于是瓦朗蒂娜搬来辞典,在公证人聚精会神的目光注视下,一页一页地翻动辞典。

---

① 译文引自大仲马著,韩沪麟、周克希译《基督山伯爵》,上海译文出版社,1991。

“Testament(法文‘遗嘱’——译者注)”,她的手指在诺瓦蒂埃目光的示意下停在这个词上。

“Testament!”公证人叫出声来,“事情很明白,先生是要立遗嘱。”

……

当然,这是小说,所以这里用了意思含糊的“目光”,其实这完全可以用事先约定好的某种特定的眨眼方法,例如眨一下,闭一小段时间,再眨一下等等做到。书里还有很多精彩描写,不过限于篇幅,我们就不再引用了。有兴趣的读者可以把这本小说拿出来读读,特别是第58章。

令人惊奇的是,在大仲马的书出版100多年以后,居然真有和诺瓦埃蒂一样的患者,用了几乎完全一样的方法,不但可以和他人交流,甚至在他的“眼授”之下,还出版了讲述自己得病之后感受的书!

法国时尚杂志《世界时装之苑》(*Elle*)的前总编辑博比(J. D. Bauby)在43岁时得了一次大面积的中风,既不能说也不能动。他唯一还能做的运动就是眨他的左眼皮。按照使用频率从高到低把法文字母排列如下:

ESARINTULOMDPCFBVHGJQZYXKW

当他想把自己想法告诉别人时,就让对方读上列字母表,直到他闪一下左眼皮,让对方停止读下去,而停止处的字母就是他想要的字母。然后再重复上述程序,这样就可以得出整个词;然后是一段多少可以让人读懂的句子。他的毅力是惊人的,竟然在这样的状况下,“眼授”完成了一本讲述他病后经历的书《潜水钟与蝴蝶》! 书名隐喻着,虽然他的整个身体好像被压在沉重的潜水钟下一般动弹不得,但他的思想却还是像蝴蝶一样自由地展翅飞翔。

通过这两个故事就可以知道,上面所讲的利用“伪植物人”的功能性脑成像图,从原则上说,确实有可能与患者进行交流。但是真要实现这一点,目前还有很大的困难。首先是功能性磁共振脑成像仪,不仅价格昂贵,而且设备庞大,对实验条件要求极高;另一个困难是,为了处理数据得出图 5.12 这样的功能性脑成像图,需要很长时间的计算。不过随着科学技术的进步,这一问题有望在将来通过实时处理而得到解决。只有这样,此项技术才有可能真正付诸应用。当然,并非按目前的医疗条件所认定的植物人,都有可能适用这一技术;只有那些还有意识,仅仅无从表达的“伪植物人”,才有可能适用。从另一个角度说,这一技术也给了人们一种方法,以区分表面上看来都一样的“植物人”究竟是真是假,而那些“伪植物人”正是最有可能在精心护理和治疗之下,有朝一日得到某种程度康复的患者①。

以前有一种理论,认为能运动是有意识的必要条件。这一病例却说明,即使完全不能运动,意识依然可能存在。也就是说,初级运动皮层的活动,并非意识的神经相关机制。

参考文献

Ananthaswamy A. 2013. Where are you [J]. New Scientist, 217(2905): 38 - 41.

Baker S. 2012. Ways to leave your body [J]. Discover, (7/8): 50 - 56.

Berlin H A, Koch C. 2009. Neuroscience meets psychoanalysis [J]. Scientific American Mind, 20(2): 16 - 19.

Binkofski F, Buccino G. 2007. Therapeutic reflection [J]. Scientific American Mind, 18(3): 78 - 81.

Blackmore S. 2005. Conversations on consciousness [M]. Oxford University Press.

Blakeslee S. 1999. Study links antisocial behavior to early brain injury that bars learning [N]. New York Times, 1999 - 10 - 19.

Blakeslee S. 2006. Cells that read minds [N]. New York Times, 2006 - 01 - 10.

Carter R. 2010. Mapping the mind [M]. Phoenix.

Dobbs D. 2006. A revealing reflection [J]. Scientific American Mind, 17(2):

① 应该指出,这样的“伪植物人”可能在目前认定的植物人中比例不是太高。欧文实验组后来又对 17 例植物人做了类似的实验,其中只有一例是“伪植物人”。但是要记住,缺乏证据不等于证明了该植物人不可能有意识,因此这个问题还有待进一步的研究。另外,即使只能从植物人中筛选出少量的伪植物人来,对伪植物人患者来说,这不仅使他们得以有了与外界沟通的可能,也为医务人员更积极地对他们进行治疗、为有朝一日的康复开创了机会。这对他们及其家人来说可是头等大事!

22 - 27.
Eagleman D. 2011. Secret life of the mind [J]. Discover, (9): 50 - 53.
Edelman G. 2007. Learning in and from brain-based devices [J]. Science, 318: 1103 - 1105.
Edelman G M, Tononi G. 2000. A universe of consciousness: how matter becomes imagination [M]. Basic Books.
Gazzaniga M S, Steven M S. 2005. Neuroscience and the law [J]. Scientific American Mind, 16(1): 42 - 49.
Gallese V, Fadiga L, Fogassi L, et al. 1996. Action recognition in the premotor cortex [J]. Brain, 119(2): 593 - 609.
Gazzaniga M S. 2011. Who's in charge: free will and the science of the brain [M]. Harper Collins.
Goode E. 2000. Brain abnormality linked to pathology [N]. New York Times, 2000 - 02 - 15.
Herwig U. 2010. Me, myself and I [J]. Scientific American Mind, 21(3): 58 - 63.
Iacoboni M. 2009. Mirroring people: the science of empathy and how we connect with others [M]. Picador.
Jabr F. 2012. Self-awareness with a simple brain [J]. Scientific American Mind, 23(5): 28 - 29.
Kiehl K A, Buckholtz J W. 2010. Inside mind of a psychopath [J]. Scientific American Mind, 21(4): 22 - 29.
Koch C. 2004. The quest for consciousness — a neurobiological approach [M]. Englewood, Colorado: Roberts and Company Publishers.
Koch C. 2009a. A theory of consciousness [J]. Scientific American Mind, 20(4): 16 - 19.
Koch C. 2009b. The will to power [J]. Scientific American Mind, 20(6): 20 - 21.
Koch C. 2011. Think different [J]. Scientific American Mind, 21(6): 16 - 17.
Koch C. 2012. Finding free will [J]. Scientific American Mind, 23(2): 22 - 27.
Koch C, Greenfield S. 2007. How does consciousness happen [J]. Scientific American, 297(4): 76 - 83.
Koch C, Tononi G. 2011. A test for consciousness [J]. Scientific American, 304(6): 44 - 47.
Lilienfeld S O, Byron R. 2013. Your brain on trial [J]. Scientific American Mind, 23(6): 44 - 53.
Mansnerus L. 2001. Damaged brains and the death penalty [N]. New York Times, 2001 - 07 - 21.
Mlodinow L. 2012. Subliminal: how your unconscious mind rules your behavior [M]. Pantheon Books.
Owen A M, Coleman M R. 2007. Detecting awareness in the vegetative state [J]. Science, 315(5816): 130 - 138.
Pauen M. 2004. Does free will arise freely [J]. Scientific American Mind, 14(1):

40 - 47.

Ramachandran V S. 2012. The tell-tale brain: a neuroscientist's quest for what makes us human [M]. W.W. Norton & Company.

Rizzolatti G F, Gallese V. 2006. Mirrors in the mind [J]. Scientific American, 295(5): 54 - 61.

Rosen J. 2007. The brain on the stand [N]. New York Times, 2007 - 03 - 11.

Tononi G, Koch C. 2014. Consciousness: here, there but not everywhere. Tononi 个人网页.

Tse P U. 2013. Free will unleashed [J]. New Scientist, 218(2920): 28 - 29.

Weinberger D R. 2001. A brain too young for good judgment [N]. New York Times, 2001 - 03 - 10.

Westerhoff J. 2013. What are you [J]. New Scientist, 217(2905): 34 - 37.

Zimmer C. 2005. The neurobiology of the self [J]. Scientific American, 293(5): 92 - 101.

顾凡及.2011.脑科学的故事[M].上海：上海科学技术出版社.

顾凡及.2014.脑海探险：人类怎样认识自己[M].上海：上海科学技术出版社.

科赫,顾凡及,侯晓迪.2010.意识探秘[M].上海：上海科学技术出版社.

结 语

本书讲的是有关心智的故事。心智有很多方面，包括感知觉、记忆、情绪、注意、动作、语言、智能、意识等，而本书只是从心智的浩瀚大海岸边拾取了一些引人喜欢的美丽贝壳，编织成书，其内容真可谓沧海一粟，甚至未能涵盖上述所有大的方面。例如，本书中没有涉及动作、语言和智能的问题。对于这样一本仅仅为了引起读者对心智问题兴趣的小书，这自然无足厚非了。不过在完稿之前，对整个画面有所展望也还是必要的。

人们曾经多次认为，可以在一代人的时间里解决心智问题。20世纪中叶人工智能的奠基者之一司马贺(H. A. Simon)，就宣称他们已经“解决了古老的心身问题，告诉人们某个由物质构成的系统怎么会有心智这样的特性”。人工智能的另一位奠基人明斯基(M. Minsky)在1967年曾经乐观地预言：“在一代人的时间里，有关创立‘人工智能’的问题就将得到实质性的解决。”但是，这一切都没有发生。2014年南非裔的瑞士神经科学家马克拉姆(H. Markram)申请到了欧盟作为两大“未来和新兴技术(future and emerging technologies, FET)旗舰项目(flagship projects)”之一的人脑计划，号称要在10年内开发出人工人脑。不过启动还不到一年，就由于受到科学界的广泛反对，不得不把目标修改为开发脑科学研究用的信息技术。许多科学家直言，要想在10年内开发出人工的人脑，那是不可能的。

2006年笔者在为杂志《认知神经动力学》(*Cognitive Neurodynamics*)起草发刊词①时，请弗里曼教授审阅和修改草稿，他

① Wang R, Gu F. Editorial. Cognitive Neurodynamics, 2017, 1: 1.

加了一段话:

> 五十多年前,受到发明数字计算机和建立遗传 DNA 模型的鼓舞,科学家们满怀信心地认为,完成认识生物智能和创造机器智能的任务,已经胜算在握了。在开始时,进展看上去非常迅速。占满空调房间的巨大电"脑"缩小到了可以放到手提包里。计算速度每两年就翻一番。
>
> 其实,这些进步所显示出来的,并非问题的解决,而是问题的困难性。我们就像那些"发现"了美洲的地理学家一样,他们在海岸上看到的并不只是一串小岛,而是有待探险的整个大陆!使我们深为震惊的,与其说是在脑如何思考的问题上我们已然得到的发现之深度,倒毋宁说是我们所承担的阐明和复制脑高级功能的任务之艰巨。

笔者认同弗里曼教授对心智研究现状的估计。我们经过惊涛骇浪远渡重洋,已经站在了海岸边,展现在我们面前的是有待揭开心智之谜的整个大陆;而为了实现这个任务,还有艰险的探索等待我们去努力。

然而,诚如坎德尔所言:"人们(其中包括政策制定者)正开始认识到,21 世纪科学所面临的核心挑战,就是更深入地认识人心智的生物机制问题。"不管有多少艰难险阻,心智研究必将成为 21 世纪科学研究的最前沿!这种研究将汲取历史上的经验教训,不再把研究局限于内省或是行为主义的范围,而是深深扎根于神经科学的研究之中。神经科学研究需要多样性,需要梳理学科所面临的重大而又有望在不久将来能取得突破的课题,开发新的技术①,并且通过多学科合作研究,把自下而上的方法和自上而下的方法紧密结合起来,把还原论方法和整体论方法结合起来,通过多种方法和手段,从各个方面和各个层次,

① 2014 年,欧盟和美国的两大脑研究计划最后都把重点放到了开发脑研究所需的新技术方面去了。

从分子和细胞等微观层次一直到系统等宏观层次，以及跨层次地对脑与心智开展研究。

本书讲的只是这场远征在近年来有所发现的某些故事，还有大量的故事由于篇幅以及笔者自己水平和知识所限，而未能介绍。即使这样，在所介绍的一些问题中，也还远不是都已经有了共识。在许多问题上依然存在着争论，甚至非常激烈，但科学永远是在激烈的争论中前进的。笔者期望，读者将以批判的态度去阅读本书，用自己的大脑去思考书中所讲的一切。当然，并非只靠您个人的思考就能判断错对，而是要通过实践才能检验真伪。希望有读者能由此走上科学研究的道路，用您自己的工作证实或者否定您自己的设想。对于不正确设想的否定，相当于关闭了一条死路，说不定因此另一扇希望之门会因此而向您徐徐打开，引导您走向胜利的巅峰呢！

希望本书能够引起读者的兴趣。教师或许也可以从中找到一点“调味品”，掺到您的讲课之中，使课程更为生动。对于希望系统学习有关心智的神经科学的读者，本书的内容显然是很不够的，笔者愿意郑重推荐人称“认知神经科学之父”的加扎尼加教授的专著《认知神经科学：关于心智的生物学》①。此书被许多人誉为认知神经科学（按照此书的副书名，也就是“心智的生物学”）的“圣经”。

对于那些希望在心智的某个方面进一步读一点既有深度又有趣作品的读者，笔者愿意推荐下列这些书。

在神经病学的科普著作中，被坎德尔誉为“当代布罗卡”的印度裔美国神经科学家拉马钱德兰的经典科普作品《脑中魅影》②具有极强的可读性和启发性，令读者欲罢不能。他的新作《脑的秘密：一个神

① Gazzaniga M S, Ivry R B, Mangun G R, et al. Cognitive Neuroscience: The Biology of Mind [M]. W.W. Norton & Company Inc., 2013.

② 拉马钱德兰、布莱克斯利著，顾凡及译《脑中魅影》，长沙：湖南科学技术出版社，2017.

经科学家对人何以为人的探寻》①也秉承了前书的风格，读来令人兴趣盎然。在这方面的作品中，当然也不可不提萨克斯的一系列著作。他的著作也已经成为神经科学科普作品的经典。

对感知觉问题特别有兴趣的读者，笔者推荐布吕尼的《感觉的秘密：感知觉的科学以及我们如何审视周围的世界》②。

对记忆问题特别有兴趣的读者，笔者推荐坎德尔的自传体著作《追寻记忆的痕迹》③。坎德尔是当前意识研究的领军人物，以自己的亲身经历来讲述意识研究之路，自然具有很大的启发性。另外，本书也有很强的可读性。

对情绪问题有特别兴趣的读者，笔者推荐当前情绪研究的领军人物达马西奥的一系列作品，这些书名都已列在第三章的参考文献中，此处不再重复。

对意识问题特别感兴趣的读者，笔者推荐被坎德尔誉为"20 世纪最伟大的生物学家"克里克的名作《惊人的假说——灵魂的科学探索》④，以及他的长期合作者、德裔美国神经科学家，当前意识研究的领军人物之一科赫的著作《意识探秘：意识的神经生物学研究》⑤。还有下列几本书也很有趣。

Gazzaniga M S. Who's in Charge? Free Will and the Science of the Brain（谁说了算？自由意志与脑科学）[M]. Ecco, Harper Collins, 2011.

Iacoboni M. Mirroring People: The Science of Empathy and

---

① Ramachandran V S. The Tell-Tale Brain — A Neuroscientist's Quest for What Makes Us Human [M]. W.W. Norton & Company, 2011.

② Brynie F H. Brain Sense: The Science of the Senses and How We Process the World Around Us [M]. AMACOM, 2009.

③ 坎德尔著、罗跃嘉等译《追寻记忆的痕迹》，北京：中国轻工业出版社，2007.

④ 克里克著、汪云九等译《惊人的假说——灵魂的科学探索》，湖南科学技术出版社，1998.

⑤ 科赫著，顾凡及、侯晓迪译《意识探秘：意识的神经生物学研究》，上海：上海科学技术出版社，2010.

How We Connect with Others(镜中人：同感的科学及我们如何探知他人)[M]. Picador, 2009.

Eagleman D. Incognito：The Secret Life of the Brain [M]. Canongate Books Ltd, 2011.(中译本：伊格曼著、唐璐译《隐藏的自我：大脑的秘密生活》,长沙：湖南科学技术出版社,2013.)

Mlodinow L. Subliminal：How Your Unconscious Mind Rules Your Behavior. Pantheon Books, 2012.(中译本：蒙洛迪诺著、赵崧惠译《潜意识：控制您行为的秘密》,北京：中国青年出版社,2013.)

加扎尼加、萨克斯、达马西奥和拉马钱德兰都是笔者最喜欢的作者,读者可以从网上搜索到他们的著作清单,此处就从略了。

其实上面提到的这些图书,几乎都有中译本。其中有些在此处没有给出相应中译本书名,大多数只是由于笔者没有读过,无从判断译作的质量;也有一些,笔者抱着极大的期望读了,却非常失望。读者如果找到这些书的中译本,应该自己判断翻译的质量。而即使笔者在上面推荐过的中译本(当然也包括笔者的译本),甚至是原作,也不见得一点错误都没有,读者在阅读的时候也还是得独立思考。对于笔者编著的这几本书(包括本书)也一样。笔者欢迎读者的批评指正!

最后,如果读者要想跟踪有关心智研究的最新进展,那么就得阅读期刊,笔者特别要推荐《科学美国人·心智》(*Scientific American Mind*)。这是一本专门介绍心智研究的高级科普杂志,其作者都是工作在这个领域中的一流专家。其次,《科学美国人》(*Scientific American*,此刊有中文版,题名《环球科学》)虽然并非专门的脑科学杂志,但也有部分内容是由神经科学领域中的一流专家写的高级科普文章。这些文章不仅科学性相当强,而且还有较强的可读性,并且列出了原始参考文献,给那些希望深入了解的读者指出了该到哪儿去找资料。此外,《发现》(*Discover*)、《新科学家》(*New Scientist*)以及《纽约时报》(*New York Times*)网站上的科学版,也有部分内容是由资深的科学记者撰写的科普文章,值得一读。

笔者相信，兴趣是最好的老师。如果有了兴趣，把工作当成了爱好，那么可以期望一定能在工作中做出成绩。祝愿读者为解开心智之谜作出自己的贡献！